押し寄せる業界再編の波を
乗り越える

地銀の次世代
ビジネスモデル

The Next Generation of Business Models for Regional Banks

［編著］大和総研

日経BP

激変の経営環境でも地域密着で道は開ける

　銀行業は、近年の金融環境の変化とともにテクノロジーの脅威にさらされている。特に地域銀行は、基盤となる地域経済の持続可能性にも疑問が投げかけられる中、現在の形を維持できるのかどうか、模索が続いている。

　テクノロジーの活用におけるキーワードの1つに「オープン・イノベーション」がある。それは心地よい言葉であると同時に、怖い言葉でもある。例えば、Facebookが発表した「リブラ」を考えてみると、銀行口座を持てない人々にも低コストの資金送金を可能にするこのサービスは「金融包摂」そのものであり、社会的に心地よいイノベーションに見える。一方、銀行にとっては、これまでの国際送金網を根本から揺るがす「ディスラプション（破壊）」をもたらす恐ろしいイノベーション、と捉える向きもあるだろう。金融システムの安定性確保の観点からも、現時点で「リブラ」に問題なしとは言えないが、決済を含めた銀行ビジネスが大きく転換に向かう流れが止まることはないと思われる。

　地域銀行は、このようなテクノロジーの進化にどう対峙すればよいだろうか。高齢化が進む地方でも、テクノロジーが進化していくことは確実であり、地域銀行は自らの変革により、新しいテクノロジーの長所を積極的に取り入れるべきだ。

　ただし、テクノロジーが進化しようとも、地域銀行の存在意義である「地域密着型金融」は価値を持ち続ける。地域の課題に寄り添う地域密着型金融にあらためて取り組むことが、まさに求められていることだろう。地域の社会課題解決に真摯に向き合い、地域産業を育成する中で、地域銀行の新たなビジネスモデルが見えてくるものと期待される。

　その際、究極の地域密着型金融である信用金庫・信用組合などの協同組織金融機関との差別化が1つの課題となる。メガバンクと信用金庫・信用組合との中間に立つ地域銀行の存在意義が問われるゆえんだが、そこには地域銀行ならではの強みもある。その1つは、金融の中心地である東京へのアクセ

スだ。金融だけでなくグローバルの様々な情報を得やすいポジションを活かして地域活性化に取り組むことが、他の主体にない強みになるのではないだろうか。

　激変する経済・社会環境の中で、地域銀行は様々な課題に向き合っていかなくてはならない。将来のビジネスモデルは、画一的ではなく、地域の特性によって異なってくることは必然だ。それを追求するのはほかならない地域銀行自身であるが、本書からそのヒントの一片でもつかんでいただけたら幸いである。

株式会社大和総研 理事長　　中曽 宏

まえがき　　高まる地銀の次世代ビジネスモデルの必要性

　地域銀行の既存のビジネスモデルの持続可能性への懸念が叫ばれて久しい。次世代のビジネスモデルへの方向付けを早急に行う必要がある。ただし、地域銀行内部では、果たして「地域×銀行＝地域銀行」という方程式が成り立つのか、という議論で止まっている可能性がある。この背景には、将来的な「5つの揺らぎ」という地域銀行の本質的な経営課題が存在し、それへの対応が組織的に難しいことがあると考えられる。

　揺らぎの1つ目は、超低金利環境における「基礎的ビジネスモデルの揺らぎ」。基礎的ビジネスモデルとは、預金という比較的短期の資金を調達し、それを貸出、有価証券という比較的長期の資産で運用して収益を上げることを意味する。しかし、将来的に、長期と短期の金利の差が縮小したままの状態が長く続き、稼ぐ力が揺らぐことが想定される。

　2つ目は「法制度の揺らぎ（変化）」である。銀行業は法的に「決済＋信用創造＋預金」の機能の3つの組み合わせで成り立っていると考えられている。しかし、将来的には、金融業態別の業法の見直しによって、3つの組み合わせである必要がなくなる可能性が指摘されている。さらに、足もとの「法制度の揺らぎ」である横断的な金融サービス仲介法制によって、デジタルプラットフォーマーによる銀行業への参入の積極化が見込まれる。

　3つ目は「顧客基盤の揺らぎ」。少子高齢化の急速な進展による人口減少の影響で、地域の個人と法人の両方の顧客が少なくなり、顧客基盤が揺らぐことである。

　4つ目は「地域の情報の優位性の揺らぎ」である。その背景は、テクノロジーによる決済の多様化の進展によって、主に利便性の部分で地域銀行の決済の優位性が揺らぐことである。このため銀行の決済を通じて得ていた顧客の情報が質量とも減少していく。地域銀行が、顧客情報から離れていくことが懸念される。

　5つ目は「地域の金融仲介機能の揺らぎ」である。上記の4つの揺らぎが

顕在化すれば、金融仲介機能という地域銀行の本来的な機能が揺らぐ恐れがある。加えて、ESG（環境・社会・ガバナンス）、SDGs（持続可能な開発目標）などが注目される中で、地域の持続可能性を高めるために、これまで以上に地域の社会的課題解決のために資金を供給する必要が出てくることが想定される。このため、将来的には、従来通りの金融仲介機能を発揮するだけで十分なのか、という懸念が高まる。地域により密着した情報によって、地域のカネに加えて人、モノ、情報を動かし、地域の社会課題を解決するような情報生産機能、金融仲介機能を発揮することの重要性がより高まるのではないか。「地域のために」をレゾンデートル（存在意義）としてきた地域銀行の真価がまさに問われる。

　これまで大和総研は、上記の「5つの揺らぎ」で述べたような地域銀行が抱える重要な経営課題の分析を重ねてきた。本書では、これらの経営課題を解決するための方向性を示しながら、地域銀行の今後の中長期にわたる戦略、あるいは地域金融のあり方を提言していく。銀行業という今後ますますオープン化していく世界と、地域というクローズしたままの世界の両方をコントロールしながら、地域と銀行を両立させていくモデルを提言していく。

地域×銀行の次世代ビジネスモデルの概念図

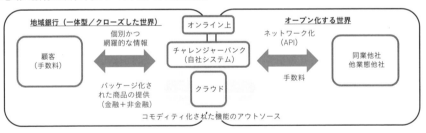

（出所）大和総研

目次

まえがき　高まる地銀の次世代ビジネスモデルの必要性‥iii

第Ⅰ部 なぜ次世代ビジネスモデルへの
変化が求められているのか

第1章 10年後も既存のビジネスモデルが
持続しているか‥‥‥‥‥‥‥‥‥‥‥‥‥‥‥‥‥‥‥‥2

1. 銀行の運用ビジネスは構造的に稼げなくなるのか‥‥‥‥‥‥‥4

2. 期待が大きい預かり資産ビジネスは停滞したまま‥‥‥‥‥‥12

3. 持続可能性を高める鍵は戦略より企業文化の変革か‥‥‥‥‥‥22

第2章 10年後の競争力は何で担保されるのか‥‥‥27

1. やはり規模か‥‥‥‥‥‥‥‥‥‥‥‥‥‥‥‥‥‥‥‥‥‥28

2. それとも地域密着か‥‥‥‥‥‥‥‥‥‥‥‥‥‥‥‥‥‥‥33

3. それとも再編か‥‥‥‥‥‥‥‥‥‥‥‥‥‥‥‥‥‥‥‥‥36

第3章 自己変革できるか‥‥‥‥‥‥‥‥‥‥‥‥‥‥42

1. 現中計の特徴と懸念‥‥‥‥‥‥‥‥‥‥‥‥‥‥‥‥‥‥‥43

2. 中計における効率性の向上を示す経費率（OHR）の状況‥‥‥‥51

3. 中計における預かり資産関連の記載状況と地銀の
預かり資産ビジネスの状況‥‥‥‥‥‥‥‥‥‥‥‥‥‥‥‥57

4. 今後の中計に求められる要素‥‥‥‥‥‥‥‥‥‥‥‥‥‥‥62

5. 既存ビジネスの安定を早期に達成することが
新規ビジネスの成功の鍵 ································· 66

第4章 期待される機能を果たしているか ················ 68

1. 労働生産性の向上が求められている分野への
地方銀行の資金供給の現状 ································ 69
2. 地域の資金の循環の状況（貨幣流通速度） ··············· 72

第II部 │ 銀行編 （アンバンドルの波に耐えられるか）

第5章 テクノロジーの進化が銀行を変える ·············· 80

1. テクノロジーの進展が規制を含めた銀行の外部環境を
大きく変化させる ·· 81
2. テクノロジーで銀行の何が変わるのか（アンバンドル化の波） ········ 85
3. 最もインパクトが大きいソーシャル・イノベーションが現在発生中 ··· 87
4. デジタルバンクは将来の顧客との隙間を
埋める金融イノベーションとなるか ······················ 90
5. 金融版CASEを体現する先端事例がオープン化の中心 ········ 92
6. オープン化の耐性は金融業態別で異なる ················ 94
7. オープン化による新たな9つのアンバンドル要因と
既存の金融機関の対応の実情 ···························· 96
8. 既存の金融機関から新たな発想は生まれるのか ··········· 100
9. 銀行業の商品・サービスのコモディティ化のスピードは速い ··· 101
10. アンバンドルの中での2つの次世代銀行ビジネスモデル ········ 103

第6章 規制の変化が銀行（金融）を変える ·············· 105

1. 銀行業（金融）の定義が変わるか ······················ 106

2. 規制による銀行業の機能分化 ……………………………………… 108

3. 溶ける金融業態の壁 ……………………………………………… 110

4. まとめ（プラットフォーマーによる金融業界の参入に追い風）……… 121

第7章　ボリューム顧客層の変化が銀行を変える …… 123

1. 将来の銀行にとっての「顧客本位」の捉え方 ……………………… 124

2. 低所得者層のマス顧客化
　（人口・所得・資産・負債から見る家計の変化）………………… 125

3. 金融行動・態度から見る家計の特徴 ……………………………… 134

4. まとめ（将来のボリューム層の特性は低所得化と二極化）………… 147

第8章　社会の意識の変化が銀行を変える ……………… 148

1. ESG 間接金融の方向性
　（社会の意識が変わる中での銀行の新たな経営課題）…………… 149

2. 地銀の本業融資に求められる ESG ……………………………… 153

3. 地域金融エコシステムの再構築を ………………………………… 158

4. まとめ（銀行自体が抱える課題と SDGs で解決を目指す課題は重なる）
　 ………………………………………………………………………… 159

第9章　情報の流れが銀行を変える ……………………… 160

1. 顧客情報から遠ざかる銀行 ……………………………………… 161

2. 情報銀行は敵か味方か ………………………………………… 165

3. まとめ（地域の情報を網羅的に確保する必要性が増す）………… 170

第10章　ビジネスモデルの単純化が銀行を変える …… 171

1. リーマン・ショック後の先進主要国の銀行の
　ビジネスモデルの「単純化」 ……………………………………… 172

2. FinTech から見通す次世代銀行モデルの方向性 ………………… 176

3. まとめ（アンバンドルの波に耐えるには本業の早急な立て直しが必要）
.... 181

第Ⅲ部 │ 地域編
（地域の「将来の姿」に寄り添えるか）

第11章 地域の「将来の姿」に寄り添えるか 184

1. 地方創生へのコミットの重要性を認識すること 185
2. 地方創生は社会学的には"貴い"取り組み 188
3. 避けられない地域の課題への寄り添い方 189

第12章 人口が質・量とも変わる地域経済 192

1. 止まらない高齢者の高齢化 193
2. 人口減少への対策は待ったなしの状況 206
3. 仕事の場である企業数の減少 214

第13章 相続が進めば地域経済・社会が変わる 220

1. 富裕層の分布と資産保有の特徴 221
2. 相続資産の地域間移転 223
3. 相続による資産流出と地域の家計金融資産の関係 229
4. 相続の問題への寄り添い方（地域の金融資産の域外流出を防ぐには）
.... 232

第14章 人手不足による事業廃業が進むと地域経済はどう変わるか 235

1. 人手不足の背景 236
2. 平均所得向上に向けた地域の人手不足問題への寄り添い方 243

3. 事業承継問題の実態と対策 ……………………………………… 246

第15章 「社会的課題」の増加で資金の流れが変わる …… 253
1. 地域社会の意識が変わる（地方公共団体の取り組み状況）………… 254
2. ソーシャル・ファイナンスの必要性が増す ……………………… 258

第IV部 ｜ 求められる「地域×銀行」の ビジネスモデル

第16章 オープン化を続ける銀行業の次世代ビジネスモデルへの対応 …………………………………………………… 266
1. 安易な地銀不要論を覆すために
   死守すべき2つの付加価値と達成すべき3つの条件 …………… 268
2. 既存の仕組みで資金決済基盤を守れるか ……………………… 271
3. 情報は域外に逃げていかないか ………………………………… 284
4. 販売力を自前の人材とデジタルだけで強化できるか ………… 290
5. グループ経営を強化できるか …………………………………… 296

第17章 胎動する地銀の次世代銀行ビジネスモデル ………………………………………………………………………… 301
1. 地銀の次世代銀行ビジネスモデルの方向性 …………………… 302
2. 胎動する地銀の次世代ビジネスモデル ………………………… 303

第18章 地銀の次世代ビジネスモデルの基本構想 …… 313
1. 地銀の次世代銀行ビジネスモデル ……………………………… 314
2. 地域の問題に寄り添うための次世代ビジネスモデル ………… 318

第19章 銀行の次世代ビジネスモデルは花開くか ……… 321

　1. 銀行の次世代ビジネスモデルは花開くか ………………… 321

　2. 次世代銀行ビジネスの成否を左右する付加価値の相性 ……… 321

　3. 結局は人の「つなぐ力」で次世代銀行ビジネスモデルは花開く …… 323

索引 ……… 326

執筆者略歴 ……… 332

第 I 部

なぜ次世代ビジネスモデルへの変化が求められているのか

第1章　10年後も既存のビジネスモデルが持続しているか

地域銀行の持続可能性への懸念とは何か

　地域銀行（以下、地方銀行および第二地銀）の既存のビジネスモデルの持続可能性への懸念とは何だろうか。2014年7月の「金融モニタリングレポート」において金融庁は、以下のような懸念を表明した。「全国的な人口減少に伴う貸出規模の縮小が予想される中で、こうした（多くの銀行で計画されている）貸出の量的拡大といったビジネスモデルは、全体としては中長期的に成立しない可能性がある」。その2年後、金融庁は2016年9月の「平成27事務年度 金融レポート」（金融レポート）に、2025年3月期の地銀の利益率（顧客向けサービス業務利益率）は、全体の6割超が赤字になるとのショッキングな試算を示した。

　なぜ、地銀の既存ビジネスモデルの持続可能性の維持が難しいとのシナリオが描かれたのか。それを考える上で、**図表I-1-1**に示した、そのシナリオに関する5つの論点が重要な鍵を握る。これらは、経済・社会の構造変化と規制の抜本的な見直しなど、地銀の事業環境に大きな変化をもたらすものである。そして、いずれの変化も地銀の伝統的なビジネスの収益にマイナスに働く可能性が高い。加えて、**図表I-1-2**に示す通り、地銀自身による既存のビジネスモデルの変革が可能かどうかに関して6つの論点を検討する必要もある。現状では、いずれの変革も難しいと想定されているからである。

　本章ではこれらの主な論点を簡単に検証することで、なぜ既存のビジネスモデルの持続可能性が低いのかについて触れていく。

図表Ｉ-1-1　低い持続可能性シナリオの論点（マクロ経済・規制上の論点）

論点①	・現状の日銀の金融政策は続くのか
論点②	・中長期的に経済の低成長は常態化するのか
論点③	・顧客基盤が構造的に劣化する中で貸出は継続して増えていくのか
論点④	・求められる役割を果たすことが困難な中で規制は業態を守ってくれるか
論点⑤	・貯蓄から投資の流れは進むのか

既存の銀行ビジネスモデルの持続可能性は維持できるのか

（出所）大和総研

図表Ｉ-1-2　持続可能性を高めるための変革は可能か（地銀自体の論点）

論点①	・生産性は向上していくのか（稼ぐ力の低下で浮き彫りになるコスト高）
論点②	・支店ネットワークは付加価値を維持できるか（決済基盤は維持できるか）
論点③	・地域密着はさらに深められるか（情報生産機能が維持できるか）
論点④	・戦略より既存の企業文化が勝る構造が変わるか（人・組織が動くか）
論点⑤	・個別で変革できなければ再編は有効か
論点⑥	・金融仲介機能は維持できるか（域内の成長に資する資金循環促進）

既存の銀行ビジネスモデルの持続可能性は維持できるのか

（出所）大和総研

1. 銀行の運用ビジネスは構造的に稼げなくなるのか

(1) 預貸業務（調達運用）のビジネスモデルは維持できるか

伝統的な銀行ビジネスモデルの特徴

　まずは地銀を含めた銀行の伝統的なビジネスモデルの特徴とは何かを確認しておく。最大の特徴として長期と短期の金利差で稼ぐことが挙げられる。つまり、預金という比較的短期の資金を調達し、貸出、有価証券という比較的長期の資産で運用して、収益を上げることである。通常、期間リスク（期間の長さによってリスクも大きくなること）が高いため長期の金利が短期の金利より高く、長短の金利差によって（低い金利で調達して高い金利で運用）構造的に稼ぐことができる仕組みとなっている。しかし、マイナス金利を含む超低金利政策のもと、長期と短期の金利の差が非常に低い水準にあると、預貸金利鞘（預金金利と貸出金利の差である利鞘）が低くなり、稼ぐ力が構造的に低下する。**図表 I -1-3** に示すように預貸金利鞘に有価証券運用を含め

図表 I -1-3　銀行の総合的な利益を示す銀行業態別の総資金利鞘は低迷

（注）総資金利鞘＝資金運用利回り（貸出金および有価証券等の利回り）－資金調達原価（預金債券等の利回りと経費率などの調達コストの合計）
（出所）全国銀行協会データより大和総研作成

た総合的な利鞘である総資金利鞘は低迷してきている。

長期と短期の金利差は拡大するか

　では将来的に金利が上がり、それに伴い長期と短期の金利差が拡大して収益環境が変わるのだろうか。長期的に見ると、金利の水準は潜在成長率に左右されると言われている。大和総研の中期予測（2020年1月）では、2020年度から2029年度の潜在GDPの成長率（前年度比）は平均＋0.6％と予想され、予測期間の後半に成長率が低下する見通しとなっている。さらに、今後10年程度においても、地銀の収益を改善させるような長期と短期の金利上昇は見込まれないとしている（**図表I-1-4**）。現実的な幅での金利上昇により、長短金利の状態を表すイールド・カーブの右上がりの傾斜が急になれば（長期－短期の利回りの差が大きい）、銀行の収益を大きく改善させることとなる。仮に金利が上昇し、長短金利の格差が拡大したとしても、大和総研のイールド・カーブのシナリオ分析では、最も楽観的なシナリオでも資金利益は大きく改善しないという予想となった[※1]。

図表I-1-4　短期金利と長期金利は今後も低迷が見込まれる

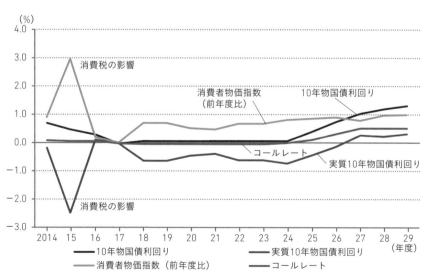

（注）2018年度までは実績。2019年度は見込み。実質化は、消費者物価による。
（出所）内閣府資料より大和総研作成

図表Ⅰ-1-5　都道府県別の企業・事業所数と貸出金（残高）

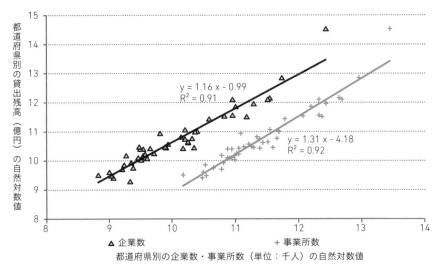

（注）企業数・事業所数は、2016年6月1日時点で、貸出金は、2017年9月末時点のデータ。事業所は、民営かつ事業内容等の不詳を含むベース。
（出所）総務省・経済産業省「経済センサス」、日本銀行「都道府県別預金・現金・貸出金」より大和総研作成

貸出ボリュームの伸びは持続可能か[*2]

　将来的に収益を改善させる金利の上昇が見込めないとすれば、貸出のボリュームの伸びが見込めるかが、地銀の収益改善の鍵となる。都道府県別に見ると、事業所数が少ないほど貸出残高も小さく、両者の相関が強いことがわかる（**図表Ⅰ-1-5**）。都道府県別の貸出残高と生産年齢人口も同様に相関が強い。

　全国ベースで生産年齢人口と貸出残高の関係を見ると、1980年から2004年までは、前者が増えれば（減れば）、後者も増える（減る）、という比例関係が見られたが、それ以後、両者は相反する関係となった。つまり生産年齢人口が減少しているにもかかわらず、貸出残高が増えていたのである（**図表Ⅰ-1-6**）。この貸出残高増加の産業部門別の寄与度を見ると、不動産向けの

＊1　内野逸勢・長内智「顕在化する地銀の"再編の芽"」大和総研調査季報　2019年　新春号 Vol.33
＊2　長内智、鈴木雄大郎「地銀の貸出増加は長期的に持続可能か？」2019年2月15日大和総研レポート

図表I-1-6　貸出ボリュームの伸びは持続可能か（生産年齢人口の減少）

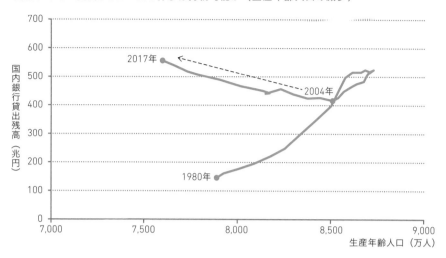

（注）生産年齢人口は暦年（10月1日時点）、国内銀行貸出残高（兆円）は年度（3月）末時点。
（出所）総務省「人口推計」、日本銀行「資金循環統計」より大和総研作成

貸出残高の寄与度が大きい。ただし、近年に発生した銀行の不祥事などで不動産向けの貸出残高が減少に転じている中、貸出ボリュームがこのまま増えるのか、その持続可能性に懸念がもたれている。

ミドルリスク向け貸出のニーズはあるのか

　地銀の貸出のボリューム増が期待できない中、財務の健全性に少々難はあるものの、貸出金利が比較的高いいわゆるミドルリスクの貸出先の潜在的な借入ニーズが注目された。越境した他の地域での地銀の貸出は、全般的に信用力が高く低金利を前提とした貸出先をターゲットとするが、個別行で見ると戦略的にニッチな分野で高めの金利を設定している地銀もある[3]。マイナス金利を含む超低金利の環境下では、ミドルリスク向けの貸出と、さらに健全性が低く信用リスクの高い貸出の金利差の見分けが付きにくいという課題に、一部の地銀は直面することとなった。地域をまたぐ越境貸出におけるミドルリスクは、その地域の企業の信用リスクのデータと経験の蓄積が相対的

---

[3]　日銀レビュー「地銀の越境貸出の動向」2019年5月31日

に低いため、信用リスクの正確な見極めがより難しくなる。ミドルリスクと判断した貸出先が、実は信用リスクが高い貸出先であったことが判明し、不良債権化する事例も散見される。令和最初の金融行政方針[*4]（以下、「金融行政方針2019」）では「信用コスト率は、景気が緩やかに回復する中で、過去の平均と比べて極めて低い水準で推移しているものの、2017年度以降は上昇しており、今後注視していく必要」があるとしており、貸出先全般の信用リスクの悪化が懸念される。このためミドルリスク向けの貸出は一層困難になることが想定される。

量も価格も上昇しないシナリオが続くか

　量（貸出ボリューム）も価格（利鞘）も上昇しないとなれば、預貸ビジネスの先行きは厳しい。大和総研による地銀105行の預貸ビジネスの収益性（事業会社の営業利益率ベースとなる貸出業務利益率）試算[*5]では、2025年3月末の時点で8兆円の預金残高を維持できる銀行の貸出業務利益率はすべて黒字となり、8兆円未満の地銀は赤字が多い結果となった。ただし、預貸ビジネス以外の収益の中心となる預かり資産ビジネス等からの利益、すなわち役務取引等利益を加えた「顧客向けサービス業務利益率」では、規模のハードルは下がり、約5兆円の規模の預金残高を維持している地銀はすべて黒字となり、それ未満の地銀は赤字が多い結果となった。

(2) 有価証券運用への過度な依存はご法度

リスク運用商品がますます多様化する中で運用体制を十分に整備できるか

　有価証券運用は地銀の収益を支える柱の1つであるが、金融庁は過度な依存体質となっている地銀に対して注意喚起している。例えば、2019年度の中間決算以降、コア業務純益に含まれる投資信託の解約益の開示が義務付けられたことは、その方針の具体的な現れの1つと言える。

[*4]　金融庁「利用者を中心とした新時代の金融サービス　金融行政のこれまでの実践と今後の方針（令和元事務年度）について　重点施策の概要」2019年8月
[*5]　内野逸勢、菅谷幸一「10年後に求められる地方銀行の姿に向けて　～金融レポート、金融行政方針を踏まえた地方銀行の本質的な課題～」2017年3月7日大和総研レポート

この背景には、運用環境が非常に厳しくなっている中、これまで以上に運用ポートフォリオを多様化する必要があるが、地銀は人的な制約があるため、リスク管理を含めた十分な運用体制を構築することが難しいことが挙げられる。資金運用の体制面では、リスクアペタイト・フレームワーク（RAF）[*6]の導入が進められているものの、人材の確保において課題を有する地銀が多く、体制の整備が進まない可能性が指摘されている。

厳しい運用環境が続く

　世界的に超低金利環境が続き運用環境がますます厳しさを増す中、「金融行政方針2019」では地銀の有価証券運用の体制に対する懸念が示されている。地銀の有価証券の保有状況（2019年3月末時点）を見ると、全体の保有高（80兆円）の4割強を占める国債・地方債33兆円のうち18兆円が今後3年間で償還を迎える。同行政方針では「今後とも、地域金融機関の経営体力やリスクコントロール能力に見合ったリスクテイク等の観点も踏まえて、モニタリングを実施」するとしている。

　抜本的に地銀全体の収益構造を変えていくために、過度に依存することを避けつつ、有価証券運用は本業を支える"黒子"という役割に位置づけられることとなろう。

　実際に地方銀行の有価証券の残高は大幅に減少してきた。2014年度に81兆円あった残高が、2018年度には15兆円減少して66兆円となった。これは国債の保有残高が同期間において33兆円から16兆円に減少した分とほぼ等しい。地方銀行全体の資産残高は同じ期間において291兆円から328兆円に増加したため、国債の保有残高の構成比率は28％から20％に低下した。その代わり、現金預け金が21兆円から42兆円に倍増し、構成比率は8％から13％に上昇した。日銀の長期国債等の買い入れという量的緩和およびマイナス金利政策の影響を含めて、運用環境が厳しいことが見て取れる。ただし、マイナス金利政策の影響が懸念されている日本銀行への「預け金」に関して

---

*6　「経営者が経営目標を達成するために策定するリスクアペタイトを起点にした業務・収益計画、コンプライアンス方針、リスク管理方針、リスク枠・損失限度、ストレステスト、報酬制度、研修計画など、さまざまな内部統制の仕組み」（日本銀行金融機構局金融高度化センター「金融機関のガバナンス改革」2015年4月より）

は、日銀当座預金のマイナス0.1％が適用された政策金利残高のうち地銀分はほとんどゼロに近く、比較的影響は小さいとみられる[*7]。

(3) 金融庁が重視する利益率は、顧客向けサービス業務利益率

このような厳しい地銀の事業環境を見据えて金融庁は、「金融行政方針2019」の中でも「持続可能な収益性と将来にわたる健全性の確保の観点から懸念のある地域金融機関に対しては、早期警戒制度を活用し、早め早めの経営改善を促す」とし、持続可能な収益性の維持を担保する本業を強化する改革を促していると考えられる。他方、日銀は4年を超えるマイナス金利政策の副作用として金融システムへの影響を注視している。しかし、日銀は基本的に金融政策では、地銀が直面する少子高齢化社会の急速な進展という構造変化による収益の悪化を食い止めるのが難しいと認識している模様である。

預貸ビジネスの落ち込みを役務取引等収益が補填できるか

金融庁は、本業の収益として預貸ビジネスに加えて手数料収益が見込める預かり資産ビジネスから成る顧客向けサービス業務利益の重要性を強調している。預貸ビジネスの収益の見通しが構造的に厳しいため自己資本の拡充が難しく、バランスシートに貸出等のリスク性資産を増やす余地が乏しい状況にある。このため銀行のバランスシートを活用しないで収益を上げられる（手数料を稼ぐ）預かり資産ビジネスの重要性が高まっているのである。銀行の手数料収益は役務取引等収益で示される。預かり資産ビジネスは、具体的には、主に証券・保険等のリテール向けの手数料ビジネスが当てはまる。役務取引等収益の中には、事業承継、M&A等のアドバイザリービジネスである法人向けの手数料ビジネスなども含まれる。

[*7] 2016年1月の金融政策決定会合において、マイナス金利の導入とともに、日銀当座預金を3段階の階層構造に分割し、それぞれの階層にプラス金利、ゼロ金利、マイナス金利を適用すると発表。2019年10月時点での各金利適用残高は、「基礎残高（＋0.1％適用）」が208兆円、「マクロ加算残高（0％適用）」が158兆円、「政策金利残高（－0.1％適用）」が22兆円。詳しくは中村文香・土屋貴裕「マイナス金利政策を採用する中央銀行の工夫」2019年12月16日大和総研レポート参照。

図表Ⅰ-1-7　地銀の顧客向けサービス業務利益率と貸出業務利益率（2025年3月期）

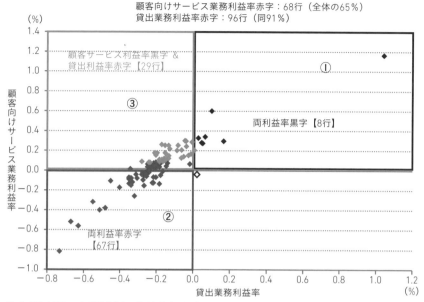

顧客向けサービス業務利益率赤字：68行（全体の65%）
貸出業務利益率赤字：96行（同91%）

（注1）顧客向けサービス業務利益率＝対顧客業務純益（貸出金残高×預貸金利鞘＋役務取引等利益－営業経費）÷預金。2025年3月期の貸出金残高は各都道府県の生産年齢人口をベースに、同預貸金利鞘は過去の預貸ギャップをベースに試算。同営業経費は貸出残高との比率から試算。役務取引等利益は2015年3月期の計数。
（注2）貸出業務利益率＝貸出業務純益（貸出金残高×預貸金利鞘－営業経費）÷預金。
（出所）各行決算短信等より大和総研作成

6割の地銀が赤字——顧客向けサービス業務利益率の予想

　前述のように金融庁の金融レポート（「平成27事務年度 金融レポート」）において、2025年3月期に6割超の地銀が顧客向けサービス業務利益率で赤字になるという試算（以下、試算）が出された。大和総研ではこの金融レポートの算出方法（**図表Ⅰ-1-7　注1参照**）に基づき、2025年3月期の顧客向けサービス業務利益率と役務取引等利益を除いた貸出業務利益率を算出した。これをグラフ化したものが**図表Ⅰ-1-7**である。貸出業務利益率の試算では2025年3月期に9割の地銀が赤字になるという結果になった。

　実績（2015年3月期）と「試算」を比較すると、同図表中「①両利益率黒字」は37行から8行に減少、「②両利益率赤字」は29行から67行に増加、③顧客向けサービス業務利益率黒字、貸出業務利益率赤字は39行から29行に減少する結果となった。試算では2025年3月期の役務取引等利益の水準が2015年3月期のままであることを前提にしていることから、投資信託（投

信）ビジネスを含む預かり資産ビジネスの強化が地銀の持続可能性を左右すると言える。

2. 期待が大きい預かり資産ビジネスは停滞したまま

(1) 投信ビジネス以外の役務取引等収益の状況

法人役務収益の先行きをどう考えるか

前述のように役務取引等収益では証券・保険等のリテール向けの手数料ビジネスに加え、事業承継、M&A等の法人向け手数料ビジネス（この収益を法人役務収益と言う）がある。地銀の事業は、これまで長期にわたり、中小企業向けの貸出を中心としているため、法人向けビジネスの企業文化が根づいており、法人向けの手数料ビジネスに注力する方が取り組みやすい。加えて、地域の事業承継を次の世代にスムーズに進めるために社会的意義は高い。

確かに、地銀ごとに算出方法に相違があるものの、法人役務収益が役務取引等収益の1割から2割程度と比較的高いシェアを占める大手地銀も存在する。しかし、事業承継、M&A等関連の手数料ビジネスは、例えば大手地銀等の法人向け貸出の地域シェアが高ければ高いほど手数料は一時的には増えるが、中小企業の数は今後さらに減少していくため、持続的に手数料収益を支えることができるかは疑問が残る。

保険の販売による手数料ビジネスの先行きをどう考えるか

地銀のリテールビジネスにおける生命保険の販売については、相対的に好調を維持している模様である。しかし、生命保険業界においても顧客本位の業務運営がより強化され始めていることに鑑みれば、将来的に好調が持続するかは不透明である。将来、商品ごとの手数料の厳格な開示の義務付けが導入されれば、生命保険の手数料水準との対比で資産形成のための商品として生命保険が適切かということも問われるだろう。

一方、高齢化が進展する中、長生きリスクをカバーするトンチン年金などの商品は今後注目される。この商品は生命保険会社の側でもメリットが高い。市場での運用に大きく依存した商品ではなく、生命保険会社の蓄積したノウ

ハウによる生命表を活用した“運用”商品に、将来的にはなりえる。加えて、生命保険商品の契約は比較的長期にわたるため、それを通じて顧客の将来的なライフスタイル（つまり所与の社会的、文化的、経済的条件のもとで示す生活の態様）に関する貴重な情報が得られる。生命保険商品の契約を短期的に積み上げて短期的な収益を確保すること以上に、中長期的に地銀全体の金融商品サービスの販売につながるような、顧客本位を強化するためのきっかけとして生命保険商品を位置づけることが今後重要だ。

（2）停滞する銀行の投信ビジネス（増加基調の個人預金）[*8]

社会的に重要性が高まる資産形成と資産運用ビジネス

　証券ビジネス（投信ビジネス）は営業体制の整備不足に加え、金融庁による顧客本位の業務運営のさらなる徹底という方針の影響もあり、地銀の預かり資産残高が積み上がらないのが現状である。

　地銀全体の経営から見れば、バランスシートの資産側の大半を占める貸出のボリュームが将来的に減少していく中で、負債側の預金を収益性の観点から“適正”と想定される残高水準へ調整することが戦略的に必要と考えられる。預金と貸出のギャップ（預貸ギャップ）が大きいほど預貸利鞘が低くなることが金融庁から指摘されているためである。「貯蓄から資産形成へ」の流れを本格的に創り出すことで、将来的には預金残高をオフバランス化する戦略が現実的のように思える。

　他方、リテール向けの預かり資産ビジネスの社会的意義は、顧客の健全な資産形成に資するという意味において非常に大きい。これは“人生100年時代”を考慮すると、長寿化の進展により長生きリスクが高まっていることに加えて、公的年金の実質的な受給水準が低下することが見込まれており、自助努力による、健全な資産形成の必要性が高まっているからである。NISAやiDeCo等の税制優遇制度が拡充されているものの、「貯蓄から資産形成へ」の流れがなかなか進んでいない[*9]。この流れが本格化しないまま役務取引等

[*8]　内野逸勢、森駿介「地銀の預り資産は単に増やせばよいのか」2018年11月13日大和総研レポート

収益の主な源泉の１つである預かり資産ビジネスの重要性が高まっているとも言える。収益的にも社会的意義からも、地銀自身が「貯蓄から資産形成」への流れを加速させることが重要だ。

銀行全体の投信ビジネスは停滞

しかし、足もとでは地銀だけではなく、銀行全体で見ても投信ビジネスは芳しくない。銀行窓口での投資信託販売が解禁された1998年以降、銀行窓口販売は、家計の資産形成に対して重要な役割を担ってきたが、近年では銀行の投信ビジネスは停滞している。

家計の投資信託保有残高は1998年末の26.1兆円から、2019年9月末には70.9兆円まで増加した。少子高齢化の進行などに伴う社会保障制度の持続可能性への懸念が広がる中、資産形成の手段として投資信託が定着したことが背景にあるだろう。2003年から2007年までの家計の投資信託保有残高および投資信託への資金純流入が急増した期間では、銀行等を通じて販売された公募株式投資信託の純資産総額は増加した。この間、家計の金融資産全体に占める投資信託の比率も2.0%（2003年3月末）から4.7%（2007年12月末）まで上昇しており、投資信託の普及が一定程度進んだと言える。しかし、2013年以降の動向を見ると、家計の投資信託保有残高は多少の増減はあるものの75兆円前後で横ばいとなっており、2016年以降は一部の期間を除き投資信託からの資金純流出も継続している。家計の金融資産全体に占める投資信託の比率も、ここ5年間では4%前後でほぼ横ばいである。投資信託を通じた「貯蓄から資産形成へ」の流れは足もとでは進展が見られていない。

投資信託は、このように足もとの状況は芳しくはないものの、家計の資産形成の手段として一定の普及を見た。しかし、銀行の投信ビジネスは停滞している。公募株式投資信託の純資産残高は100兆円を超える水準まで増加しているが、そのうち銀行等を通じて販売された残高は30兆円を下回る水準

---

*9 「日本では、団塊の世代が資産形成に取り組み始めた時期に米国の401kのような制度の導入が不十分であったと言えよう。このため、団塊の世代の資産形成において、『貯蓄から資産形成へ』の流れが本格化する機会を逸したと捉えてもいいのかもしれない」（内野逸勢・坂口純也「日本の資産運用業界の再編は進むのか〜 米英のようにサプライチェーンのアンバンドルが進展するか〜」大和総研調査季報　2019年 秋季号 Vol.36より）

図表Ⅰ-1-8　公募株式投資信託の販売態別純資産残高

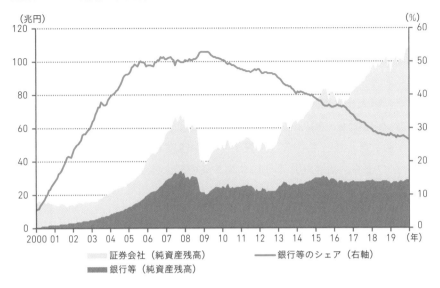

(注1) 公募株式投資信託の直近値は、2019年12月。
(注2) 公募株式投資信託はETFなども含んでおり、家計以外の主体の保有分も含まれると考えられる。
(出所) 投資信託協会資料より大和総研作成

で横ばいを続けている。この結果、銀行等の残高シェアはリーマン・ショック後の2009年2月の53%をピークに、2018年には30%を下回る水準まで落ち込んでいる（**図表Ⅰ-1-8**）。銀行による投信ビジネスの取り組み状況が順調であるとは言いがたい状況だ。

　一方、預金の増加は、銀行にとって預金口座維持のコスト負担増につながると言われている[*10]ものの、個人預金残高は着実に増加している。国内銀行における個人預金残高は、2012年度末には400兆円に達し、2018年度末には約470兆円となっている。この結果、個人預金対比で見ても銀行等経由での公募株式投資信託の純資産残高の比率は、2015年度以降は低下基調にある。銀行は預かり資産ビジネスが重要であると認識しながらも、投資信託の残高をなかなか積み上げられていない状況だと推測できる。

---

*10　2012年2月の金融審議会「我が国金融業の中長期的な在り方に関するワーキング・グループ」（第11回）の資料では、国内金融機関ごとの預金残高（平残）とITコスト総額の間に強い相関があることが示されている。預金残高増加は、ITコストの増加につながる口座数・取引回数の増加を伴うためだと考えられる。

地銀の投信が積み上がっていない

　次に、個別行の決算説明資料などをもとに、地銀の投信預かり資産の動向を確認すると、上場地銀全体（単体ベース）の投信預かり資産の残高は、2013年3月末の9.5兆円から2018年3月末には8.9兆円と5年間で6％強減少した。

　また、個人預金対比での投信預かり資産残高の比率（以下、「投信預かり比率」）を見ても、2012年度末から2017年度末にかけて同比率が低下した地銀が約7割となっている（**図表Ⅰ-1-9**の45度線の下側に位置する地銀の比率）。つまり、前述したようにコスト高の個人預金残高が増え、投資信託の残高が減少している地銀が相当数存在する。

地域の有価証券保有ニーズへの対応に格差が出ている

　地域の有価証券保有ニーズと地銀の預かり資産ビジネスの取り組み状況を示したのが**図表Ⅰ-1-10**である。ここでは、都道府県別の家計の有価証券比率（「有価証券」÷「預金」で算出）を地域の有価証券保有ニーズとする。

図表Ⅰ-1-9　投信預かり資産残高／個人預金の地銀別の変化

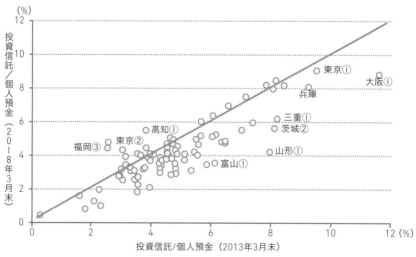

（注1）単体ベース。
（注2）個別行名ではなく、本店を有する都道府県名で表記。なお、各都道府県内に複数の地銀がある場合は、数字（①、②等）をランダムに附番。
（注3）図表内の直線は、45度線。
（出所）各行決算資料より大和総研作成

有価証券比率は、都道府県別の平均値は約19％だが、京都（35％）、千葉（34％）、東京（33％）と高い地域がある一方で、鹿児島、北海道、青森、愛媛など10％前後の水準の地域も少なくなく、有価証券保有ニーズには地域差がある。また、地銀の預かり資産ビジネスは個人預金残高に対する投資信託と公共債の預かり資産残高の比率（以下、「預かり資産比率」）で捉えることにする。地銀の平均は5.3％だが、こちらも、栃木や東京、岡山の地銀が10％近くの水準である一方、1％台の水準の地銀もいくつか存在しており、地銀間で預かり資産ビジネスの積極度に格差が見られる。

　有価証券比率と地銀別の預かり資産比率を対比すると、有価証券比率が相対的に高い地域に所在するものの、預かり資産比率が相対的に低い地銀（**図表Ⅰ-1-10**の左上のエリア）は、地域の高い有価証券保有ニーズを十分に取り込めていない、と考えることができるだろう。逆に、有価証券比率が低い

図表Ⅰ-1-10　都道府県別で見た有価証券比率と地銀別の預かり資産比率

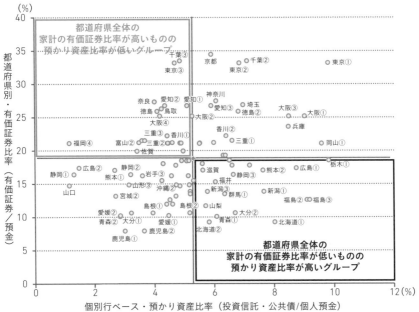

（注1）単体ベース。
（注2）個別行名ではなく、本店を有する都道府県名で表記。なお、各都道府県内に複数の地銀がある場合は、数字（①、②等）をランダムに附番。
（注3）「有価証券比率」は2014年時点。「預かり資産比率」は2018年3月末時点。
（出所）総務省、各行決算資料より大和総研作成

地域にあるものの、預かり資産比率が高い地銀は、うまく有価証券保有ニーズを取り込めていると捉えることもできる（**図表Ⅰ-1-10**の右下のエリア）。

(3) 投信預かり資産はなぜ積み上がらないのか（販売体制の問題）

金商法上の組織的対応が追い付いていない

なぜ投信預かり資産が積み上がらないのか[11]。すでに1998年の投信窓販解禁から20年以上経過し、加えて金融商品仲介、証券子会社などの投信販売のチャネルが多様化している。しかし前述のように、投信預かり資産残高は減少している。

考えられる主な要因として、①金融商品取引法（以下、金商法）上の商品販売体制の整備が追い付いていない（コンプライアンス体制の整備など組織的な"販売体制"の構築・拡充が課題）、②金商法上の商品販売に対して付与されるインセンティブが不十分（組織的な販売力強化が課題）、という2つが挙げられる。

上記①については、銀行法上の預金等の商品に加え、金商法で規制される商品（有価証券等）、あるいは保険業法で規制される保険商品などを取り扱う「総合金融機関」に必要な販売体制の組織的な整備が順調に進んでいないという問題が考えられる[12]。取り扱う商品の多様化に対して、コンプライアンス体制、銀行員の教育体制などの販売体制の構築・拡充が間に合っていないことが考えられる。この問題によって全社的な販売力の底上げが不十分になっているとすれば、早期に整備する必要がある。

上記②については、組織的な販売体制が整備されていても、有価証券等の販売力向上のためインセンティブが、預金商品の販売と比較して十分に付与されているかという点も重要だ。インセンティブが不十分なため投資信託を販売するモチベーションのある銀行員を活かせていないとすれば問題だろう。

---

[11]　投信預かり資産残高を積み上げても、短期的には収益性が高まらないという戦略的な理由もあろう。

[12]　途中解約や満期などの際に元本を下回る可能性のある預金（外貨預金、デリバティブ預金など）・保険（外貨建て保険・年金、変額保険など）等の販売・勧誘業務において銀行法、保険業法等で、金商法と基本的に同等の利用者保護規制がある。金商法では、適合性の原則、書面交付義務、標識の掲示義務、広告規制、禁止行為などの販売・勧誘ルールが規定されている。

今後本格的に求められる顧客本位の業務運営

　すでに、2017年3月30日に「顧客本位の業務運営に関する原則」が金融庁から公表されているように、今後はより顧客本位の業務運営が求められることになる。国民の安定的な資産形成を図るためには、金融商品の販売、助言、商品開発、資産管理、運用等を行うすべての金融機関等（以下「金融事業者」）が、インベストメント・チェーン（顧客・受益者から投資先企業へと向かう投資資金の流れ）におけるそれぞれの役割を認識し、顧客本位の業務運営に努めることが重要との観点から定められたものである。

　同時に、金融事業者の取り組みの「見える化」を促進する観点から、金融庁は、顧客本位の業務運営の定着度合いを客観的に評価できるようにするための指標（KPI）を取組方針等に盛り込むよう働きかけてきた。これにより一部の金融事業者が自主的にKPIの設定・公表をしたが、金融事業者によってまちまちであるため、金融庁は、顧客がKPIを活用して「顧客本位の良質な金融商品・サービスを提供する金融事業者」を選択することは容易ではないとの結論に至ったようだ。

　2018年6月29日に「投資信託の販売会社における比較可能な共通KPIについて」が公表された。比較可能な共通KPIは、「①運用損益別顧客比率」「②投資信託預かり残高上位20銘柄のコスト・リターン」「③投資信託預かり残高上位20銘柄のリスク・リターン」の3指標からなる。この共通KPIが公表されたことで、2018年8月末にオンライン証券が、9月に入ってからはメガ3行、大手証券会社1社が導入を始めた。その後も共通KPIの導入を公表する金融機関の数は増え、2019年12月末には373社（2018年12月末比270社増）となった。

預かり資産は単に増やせばよいのか

(a) 収益効率を高めるような預かり資産の積み上げが意識されているか（コア顧客層の確保）

　前節とはやや逆説的な問いだが、預かり資産は単に増やせばよいのだろうか。ここでは、預かり資産の収益性を検討するために「預かり資産利益率」を用いる。「預かり資産利益率」は、地銀ごとの「その他の役務利益（［その他の役務収益−その他の役務費用］で算出）」を「預かり資産残高（投資信託、

図表 I -1-11　地銀別の預かり資産残高と預かり資産利益率

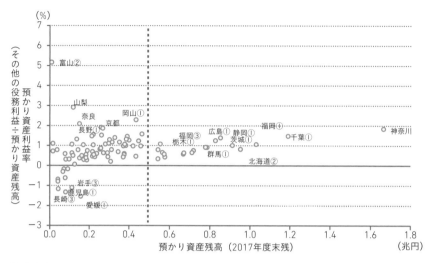

（注1）単体ベース。
（注2）個別行名ではなく、本店を有する都道府県名で表記。なお、各都道府県内に複数の地銀がある場合は、数字（①、②等）をランダムに附番。
（注3）預かり資産残高は、投資信託、保険、公社債の合計。ただし、保険の預かり残高を公表していない5行は投資信託と公社債のみ。公社債の預かり残高を公表していない1行は投資信託と保険のみ。
（注4）破線は預かり資産残高が5000億円の水準。
（出所）各行決算資料より大和総研作成

保険、公社債の預かり資産残高の合計）」で割ることにより算出する。言い換えると、預かり資産利益率は預かり資産当たりの役務取引等利益の水準を表し、地銀の預かり資産ビジネスの収益性の代理変数になりうると思われる[*13]。

　まず、預かり資産残高5000億円未満の銀行では、預かり資産利益率のばらつきが大きくなっている（**図表 I -1-11**）。その中でも、富山、山梨、長野や奈良、京都、岡山など預かり資産利益率が相対的に高い地銀もある。これらの地銀については、預かり資産利益率が4%以上と相対的に高い（全国平均2.2%）。

　一方で、預かり資産残高5000億以上の場合は、預かり資産利益率のば

[*13]　なお、その他の役務利益は役務取引等利益から為替手数料関連の利益を除いたものである。その他の役務利益には、預かり資産ビジネス以外の利益も含まれる可能性があることは留意点であるが、その他の役務利益の内訳は多くの地銀で公開していないため、ここではその他の役務利益を預かり資産ビジネス関連の利益とみなして分析を行っている。

らつきが小さくなっており、おおむね1〜2％の水準に収れんしているように見える。預かり資産残高の大きい地銀は資産や収入がそれほど大きくない「マス顧客層」もターゲットにしており、地銀の間で収益性に差が出にくくなっていることが背景となっている可能性がある。

　以上をもとに預かり資産ビジネスを考えると、預かり資産残高が5000億円以上の場合は預かり資産利益率は一定の水準に収れんする傾向がある、つまり収益性のぶれが小さくなることから、預かり資産を積み上げていくことがその他の役務利益の絶対額を増加させる正攻法だと考えられる。一方で、預かり資産残高が5000億円未満でも、預かり資産利益率が高い銀行があることから、収益率を高めるような預かり資産の積み上げ方を検討するという選択肢もありうるのではないだろうか。例えば、収益性の高いコア顧客層の確保も選択肢の1つとして考えられる。

（b）証券子会社と銀行の連携（銀証連携）がシナジーを生んでいるか

　コア顧客層への効果的かつ効率的な販売という観点では、銀証連携が1つの手段となる。日本銀行からは「地域銀行の証券子会社の経営動向」という日銀レビューが2018年5月に公表された。その中では、地銀の証券子会社の設立が着実に増えていることと、証券子会社の経営が総じて軌道に乗っていること、資金利益が減少する中で連結ベースでの利益への貢献が増えていることなどを踏まえ、証券子会社設立の有効性が語られている。この有効性を維持していくことが必要だが、そのための課題は何であろうか。

　第一に、銀行による銀証連携の図り方である。この日銀レビューでは、親銀行がマス顧客を、証券子会社が富裕層をマーケティングの対象として、顧客セグメントを棲み分ける銀行が多い、としている。しかし、この棲み分けよりも、親銀行と証券子会社が協力して、まずは既存のコア顧客層を囲い込むことが必要だ。棲み分けをすると、コアの顧客の囲い込みが疎かになる可能性が高い。さらには単に預かり資産を増やせばよいということになりかねない。銀行にとって収益性の相対的に高いコア顧客層を囲い込むこと、つまり、収益性の高い預かり資産を積み上げることにプライオリティを置くことが重要だ。

　第二に、収益性の高い預かり資産を積み上げた上で、さらなる収益機会を

追求するために、マス顧客層への対応が求められていく。収益性が相対的に低いマス顧客層へのリーチには、コストを低減させ生産性を高めていくことが必要となる。金融商品仲介、投信窓販を含めた地銀グループ全体の証券ビジネスの体制を戦略的に考えていき、「全社的な販売力の向上」を目指す必要がある。これまでの証券ビジネスの体制でよいのか、人員配置、ミドル・バックの業務内容やシステムを含めて再検討が求められる。

　第三に、今後、新たに証券子会社を設立する地銀の場合、設立当初からコスト削減の革新的な解決策（ブレークスルー）を地銀グループ全体として求める体制を検討する必要がある。先述の日銀レビューでは、近年は、総合金融サービス業としての高い経営の自由度を確保できることから、単独新設が増えているとしている[*14]。この場合、例えば、証券子会社自体を渉外営業員がいないオンライン証券会社にして、人的、システム的にも軽量化を図る、生産性向上のために顧客分析を飛躍的に高めるデータサイエンティストの活用などの施策を検討することが有効になるだろう。

3. 持続可能性を高める鍵は戦略より企業文化の変革か

(1) 預かり資産の停滞から見る構造的な問題

戦略上の課題ではなく企業文化の問題か

　預かり資産ビジネスの停滞している現状を見てきたが、戦略上の課題という側面よりも企業文化の問題と捉えた方がよいと考えられる。**図表 I-1-12**は地銀の預かり資産ビジネスの課題を「なぜ預かり資産が増えないか、収益率が改善しないか」という観点から整理したものである。「抜本的解決」と記述してあるが、これは企業文化に根づく問題を解決できないと実現はできないと思われるからである。図表中の項目として最大の問題は、図中（課題①）の3つ目の課題である「『中途半端』な販売体制の改善が進まない」ことである。金商法上の商品販売体制の未整備、インセンティブの問題、顧客

＊14　上記日銀レビューによれば、2018年3月末時点で営業している23社の設立の形態は、既存証券の買取型が7社、共同出資型が6社、単独新設型が10社、となっている。

図表Ⅰ-1-12　預かり資産ビジネスの販売体制の抜本的解決の必要性

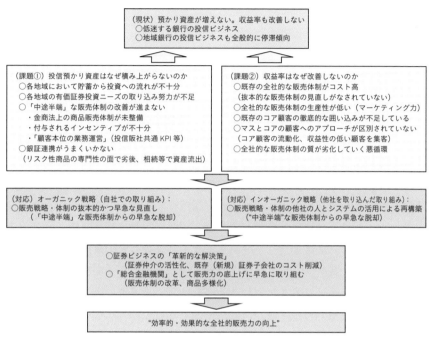

（出所）大和総研

本位の問題が挙げられているが、リテール向けの預かり資産ビジネスが根づいていない企業文化に根本的な問題があるのではないか。このため銀証連携がうまくいかず、顧客のニーズはあるにもかかわらず収益機会を逃していると推測される。

戦略よりも企業文化が勝る

　地銀が証券ビジネスに参入して約20年以上たつが、依然として、このような構造的な問題を抱えている。これを踏まえると、変革のためには「戦略よりも企業文化が勝る」ことを組織的に認識する必要があろう。企業文化を変えることができなければ戦略が有効に機能しないことになる。地銀の経営者は企業文化を変えられるか、変えられないかという経営判断を下す必要に迫られているように思える。前者であれば、人材の教育、組織の抜本的な改革が必要となり、後者であれば他社との連携・統合によって新たな人材を活

用する、組織を再編することが必要となる。すでに、このような判断に基づく戦略を打ち出し、実行に移している地銀もあり、この意味において地銀の戦略は多様化していると言える。

(2) オーガニック戦略からインオーガニック戦略へ

企業文化を変えるための外部の経営リソースの活用

　企業文化は脈々と受け継がれてきた財産（レガシー）であり、臨機応変に変えることは難しい。このため地銀が企業文化を変えることができないと経営判断すれば、外部の経営リソースを活用することとなる。いわゆる単独の経営資源で戦略を遂行するオーガニック戦略から、他社の経営資源を活用するインオーガニック戦略への移行である。例えば、銀証連携が構造的にうまくいかない場合、証券子会社を廃業し、大手証券会社との連携を経営判断するという極端な戦略を実行する地銀が出てきている。企業文化が染みついた行員に預かり資産ビジネスを担わせるのではなく、連携により専門性の高い人材に任せる戦略である。他方、地銀単独では負担しきれないシステムをネット証券大手との連携によって解決する事例が出てきている。いずれの戦略にしても、不得手だけれど重要性が高い分野の生産性を向上させることを目的としている。ただし、ここで紹介したインオーガニック戦略は、自行の企業文化を守るためのものであり、伝統的な銀行を第一に優先する「銀行ファースト」の文化に変化はない。時代が求める変革と言えるのか疑問が残る。

既存の銀行とは企業文化が異なる新たな銀行を立ち上げる

　インオーガニック戦略を取り入れながらも自らの企業文化の変革を目標に据えている地銀の事例もある。デジタルバンクを設立することで、ゼロから銀行を設計し直すという戦略である。これは、現状の企業文化に根差した組織・業務・システムを抱えたままでは変化に対応できないとし、ゼロから銀行（あるいは企業文化）を創り上げるという発想に基づく経営判断と整理できる。

(3) 中途半端な組織のままで定着してしまう可能性

企業の将来の姿を描く（フォーキャスティング）が大事

　企業文化を変えることは非常に困難である。変えることに焦点が当てられる傾向にあるが、変えたその先の将来の企業文化のあり様が不明瞭であると、意図する方向とは逆に変化してしまう可能性がある。その結果、制御不能になり、これまで以上に問題の多い文化を形成することにもなりかねない。この意味合いにおいて、フォーキャスティング（将来の企業文化のあり様の見通し）が非常に重要となる。

　一方、既存の文化のままでいいかと言えば、そうではない。中途半端な体制のままで生産性・効率性が上がらず、構造的な問題がより複雑化し、コントロール不能になる可能性がある。1つの解決策としては、二重投資であってもスモールスタートで新しい企業文化を持つ組織を設立し、新旧を比較しながら、既存の組織を大きく変える方向に舵を切ることが重要ではないか。負のレガシーとなる文化、つまり「悪しき文化」は着実に変えて、「良き文化」である正のレガシーを守る仕組みを変えていくことが求められている。これが、次世代の銀行ビジネスモデルが必要な理由である。

中途半端な販売体制が維持され組織全体の販売力が劣化する悪循環

　地銀のサプライチェーンにおいて、企業文化に根差す重要かつ喫緊の課題が蓄積している部分は顧客接点＝販売体制だろう。伝統的な「銀行ファースト」が蔓延し、預かり資産ビジネスの販売力の改善を妨げている部分である。本章の冒頭に述べたように、5年後に想定される地銀の顧客向けサービス業務利益率の状況を踏まえると、預かり資産ビジネスを安定収益源として定着させていく必要がある。そのためには少なくとも「総合金融機関」として販売力の底上げに早急に取り組まなくてはならない。その取り組みが不十分であると、「中途半端な販売体制」が続くことになってしまう。将来的にコア顧客層が変化し、ニーズが多様化する中でも、「中途半端」な販売体制が維持されれば、顧客ニーズを正確に把握できなくなり、販売体制を変えることも難しくなる。さらに今後は、顧客本位の業務運営が求められコンプライアンス・コストの負担が増える可能性が高い。「中途半端な販売体制」を維持

するモチベーションだけを高める悪循環に陥ることを回避するためにも、これまでの延長線上でなく、販売戦略・体制を抜本的かつ早急に見直し、「全社的な販売力の向上」を図る必要がある。

第2章　10年後の競争力は何で担保されるのか

再編で競争力は向上するのか

　地銀のビジネスモデルの持続可能性を担保する戦略は何だろうか。メガバンクと伍するような規模の追求なのか、信用金庫や信用組合のレベルにまで地域密着の度合いを徹底的に高めていくことなのか、あるいはオーバーバンキングを解消するような再編なのか。

　上記の3つの戦略の方向性はどれも間違っていないが、1つの戦略だけではなく、現状の規模、地域密着度合い、企業文化などの現状の姿を客観的に把握した上で、中長期的に将来的な姿を検討していく必要がある。

　足もとでは、規模の追求、地域密着、再編などの既存のビジネスの競争力を高めるための地銀の戦略に対する外部の評価は高くない。なぜ3つの戦略の評価は高くないのか。その理由として、伝統的な地銀のビジネスモデルの負のレガシーが足かせになっていると考えられる。地銀としては「当たり前」として認識していたコアコンピタンスが今の時代では強みではなく、いつの間にか弱みに転じていると考えられないだろうか。

1. やはり規模か

(1) 効率性と規模の関係

規模が重要だが、もろ刃の剣にもなる

　銀行が装置産業であることは紛れもない事実であり、安全安心を担保しながら効率性と生産性を高めていくためには、規模の経済を働かせることが一定程度必要である。ある程度の規模を維持することで経営資源の確保が見込めることも重要な要素である。それによって決済＋資金供与＋預金の各機能を統合した地域におけるプラットフォームを機能させることができる。ただし、ただ単に規模を拡大する時代は終わったと認識すべきだろう。

依然残る「量の追求」による生産性の維持

　今後は、量の追求による生産性の向上という銀行業の「生産性」の認識の変革が求められる。この議論はすでに2000年代前半になされていた[15]。これまで銀行業は「物的生産性」、つまり1人当たりの貸出額、1人当たりの預金量で生産性を測定する傾向にあった。しかし「付加価値[16]生産性」、つまり1人当たりどれだけの利鞘（利息）、手数料を生み出すかに変化させていくべきだろう。例えば、マイナス金利を含む極端に低い金利環境の中において、利鞘で生産性を改善することは難しく、法人向けの手数料ビジネスで生産性を向上させていくことが現実的である。これが生産性の議論から導かれる量から質への転換ということだ。将来的には、貸出利息収入とコンサルティング収入などの法人役務収益とのバランスを考える、あるいは中小企業のオーナーをターゲットとしたリテール顧客向けの証券・保険等の預かり資産関連のビジネスにつなげるなど、顧客本位のトータルサービスの視点が求められる。

---

[15]　池尾和人・永田貴洋「日本経済の効率性と回復策に関する研究会」報告書「第6章 銀行：規模に隠された非効率」大蔵省財政金融研究所、2000年6月
[16]　上記の報告書では、「付加価値額は、いうまでもなく産出額から中間投入を控除したものであるが、金融業の産出額は、帰属利子に受取手数料を加えたものと定義されている。この帰属利子とは、受取利子および配当から支払利子を引いた差額であり、いわゆる利鞘と呼ばれるものに相当」とされている。

効率性が低い「プラットフォーム（人・モノ）」の存在

　付加価値生産性を向上させるために預金と貸出から手数料関連の金融商品とサービスに"売り物"を変えていく必要がある中で、これまでの規模と質のままのプラットフォーム（＝支店ネットワークのみではなく、銀行業務に関わる人、モノ、カネすべての経営資源を含む業務基盤）で対応できるのかという懸念がある。このため地銀のプラットフォーム全体の質を変える必要がある。それ以上にコストを削減していくことが重要となる。地銀の中計には、このプラットフォームの効率化を目指し、OHR（Over Head Ratio：営業経費÷業務粗利益。事業会社の経費率に相当）の低下を目標としている銀行が見受けられる。稼ぐ力の維持・向上とともに、確実に全体の営業費（人件費＋物件費）を削減していく意思の表れである。装置産業である地銀は、総資産が多いとOHRが低い傾向があり、規模の経済の効果が見て取れる。

　しかし、最近では**図表Ⅰ-2-1**に示す通り、2011年度と2018年度の比較において、総資産とOHRは負の相関関係にあるものの、総資産の多寡にかかわらず、OHRが悪化してきた。つまり業務粗利益が長期に低迷する中、固

図表Ⅰ-2-1　OHRと総資産の関係（2011年度と2018年度の比較）

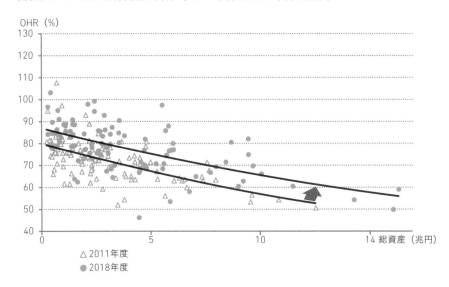

（注）OHR（オーバーヘッドレシオ：営業経費÷業務粗利益：事業会社の経費率に相当）
（出所）全国銀行協会資料より大和総研作成

定費が賄えない状況が規模に関係なく続いている。預金・貸出残高というバランスシートの"規模"を活用したビジネスに注力して業務粗利益の拡大を目指すことは、現在の事業環境が続けば、自己資本の増強も難しく、ますます困難になる。とすれば、「貸出・預金の規模」よりも顧客にフォーカスする手数料ビジネスを中心に中長期的にはプラットフォームの質を変える、つまり規模の象徴であった地銀の「フルバンキング店舗」ネットワークを変える必要があるだろう。他方、テクノロジーの進展によって販売チャネルの多様化が本格化しようとしている。このような経営課題に対して、地銀はフルバンキング店舗の機能を絞ることに加えて、店舗数を本格的に削減するような動きが見られる。ただし、店舗の再編の仕方によっては地銀の付加価値に大きなマイナスの影響を与えかねない事態も想定され、銀行業の効率性の観点からは大胆な戦略が、地域密着としての視点からは繊細かつ慎重な対応が求められる。

(2) 店舗ネットワークに求められてきた機能が劣化

顧客が変化する中で資金移動ネットワークとしての価値は維持できるか
　地銀の店舗ネットワークは、これまで地域密着の役割を担うプラットフォームであると同時に地域の中で店舗数が多ければ、地銀の規模の大きさや、地域における確固たるポジションを示す象徴であった。これは地域金融機関の店舗の中心的機能である資金移動（振込・口座振替、当座勘定取引等）が活性化することで、地域経済圏を形成する「資金移動ネットワーク[17]」が構築されていたからである。資金を送る人と受ける人が多いほど当事者間の組み合わせは増えるため、店舗の数に比例してネットワークの価値は加速度的に高まる。これまでは、域内の密度の高い資金移動ネットワークが域内の中小企業との融資等の取引を活発化させること（＝域内の資金の流れが活発になること）で地域経済圏の成長につながっていたが、その関係が希薄になってしまった。
　裏を返せば、店舗の中心的な機能である中小企業向けの融資業務、窓口で

＊17　鈴木文彦「経済圏別の地域金融機関シェアの試算」2018年9月7日大和総研レポート

の決済・為替業務などは、需要が減退するに伴い機能も低下しているため、密度の高い店舗網での金融商品・サービスを通じた資金循環の活性化が難しくなっているとも言える。また、地域産業のサービス化で設備投資資金の需要が細るといった構造的な問題もある。そもそも地域の中小企業が減少する中、資金ニーズが伸びていかないことが背景にある。他方、個人の決済手段が多様化する中、銀行の店舗を活用する機会が減少している。このため、顧客の目線からすれば、地銀のフルバンキングを備えた銀行業に特化した店舗は、地域になくてはならない店舗から、あまり必要のない機能を備えた店舗となった。

顧客に密着できる仕組み・慣習を維持できるか

　地域密着が希薄化している問題は支店だけの問題だろうか。地銀は一般的に長期の貸付の中心である証書貸付に依存してきたため、運転資金等の使途となる比較的短期の貸出である手形貸付を減少させてきた。一度、担保による長期の融資をしてしまえば、顧客の事業の状況に関する情報収集の頻度を低下させて、コストを抑えることができる。加えて、融資の際の審査モデルの利用が「効率化」の目的で業務のプロセスとして行内で一般化した。このため融資を介した中小企業との取引関係が希薄となり、顧客の情報から遠ざかり、目利き力が失われたと考えられる。「一般化した業務プロセスにおける慣習」に倣ってきた世代が銀行内の支店長などの中心的役割を担う経営層となりつつあると言われている。このような状況は、顧客との密着が希薄化するという問題をより深刻化させている可能性もある。一方で、銀行の慣習上、預金を集めることを止められず、預金と貸出のアンバランスを示す預貸ギャップが拡大していることも考えられる。支店ネットワークの問題というよりも担保主義、審査モデルが顧客との密着を妨げる要因だった可能性が指摘されている。

地銀全体の店舗数が費用対効果面から過剰ではないか[18]

　顧客から求められる店舗の機能が劣化し、必要性が低下する中で、店舗数

---

*18　坂口純也「地銀の店舗は付加価値を保てるのか」2019年9月30日大和総研レポート

は減少しているのだろうか。実際には、**図表I-2-2**が示すように2012年度から2018年度の地銀全体の店舗数は、地元の店舗を廃止し、越境の店舗を増やしたため、3%の微減という状況となった。効率化という側面からは評価の分かれるところだ。結局、店舗内店舗（物理的に廃止された店舗を他の店舗内に吸収）という苦肉の策で店舗の実数は減少する一方で、域外の中心部では店舗を増やしてきた。店舗のネットワークの付加価値を維持するための機能を軸にした再編は、本格的に実施されていない可能性がある。

店舗の再編は本格化するか

　機能を軸にした店舗の再編の本格化は、フルバンキング店舗が当たり前と認識されてきた銀行の文化を踏まえると、非常に取り組みが難しいと捉えられる。店舗数の減少については個別の銀行で幅があるものの、その難しさが理解できる。規模を追求する戦略を方向転換するためには、ここでも文化をも変える必要がある。一方、引き続き地銀が規模を維持する土俵で勝負しよ

図表I-2-2　店舗数の変化（地銀全体）

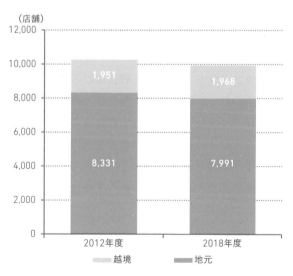

（注1）バーチャル支店を除く。
（注2）期間中に店舗内店舗となった店舗は廃止店舗として計上。
（出所）日本金融通信社『日本金融名鑑』、『ニッキン資料年報』、各行資料より大和総研作成
QGIS Development Team, (2019). QGIS Geographic Information System. Open Source Geospatial Foundation Project.

うとすれば、メガバンクだけではなく異文化を持つ非金融の携帯キャリア、コンビニエンスストア等のプラットフォーマーと競争する必要が出てくる。地銀の追求する規模では「中途半端な存在」となる可能性が高い。

店舗ネットワークは「規模と文化の象徴」であり続けるか

　店舗という「銀行の規模と文化の象徴」であるプラットフォームの効率化と質の変化、地域の社会構造の変化に適応できなければ、既存の店舗ネットワーク全体の付加価値が劣化してしまう。例えば、これまでのように店舗ネットワークによって顧客の資金の流れをただ生み出すよりも、資金の流れを生み出すための付加価値の高い情報の流れを創出することが重要になる。この場合でも、地域のために地銀のプラットフォームが効率的に機能し、地銀の経営基盤の安定につながることが求められる。

2. それとも地域密着か

(1) 地銀と信金・信組の地域密着の仕組みの違い

信金・信組の地域密着の仕組み

　規模ではなく地域密着が地銀の付加価値であるとの論調が高まっている。確かに特定地域（顧客）の密着度合いでは、信用金庫（信金）・信用組合（信組）が相対的に高い[*19]。その理由として、店舗ネットワークを地域の経済圏に密着させており、限定した地域の個人・零細中小企業等の顧客の情報に担当者が常時触れられる状態にあり、密着度が高いことが挙げられる。顧客・地域との密着度が高ければ、顧客との信頼関係が高まり、リスク管理も含めてより効率的かつ効果的な仕組みになるという好循環を生んでいる。担当者が様々な商品をワンストップで提供することが可能となる。ただし、個

[*19] 「少なくとも店舗数に着眼すると、都道府県でトップの地方銀行も経済圏単位では県庁所在地を除いてトップとは限らない。県庁所在地以外の地方都市では信用金庫がトップのケースが多い。拠点網、ひいては従業員を中小企業の活動範囲である経済圏に集中配置する戦略がうかがえる」（鈴木文彦「経済圏別の地域金融機関シェアの試算　中小地方都市で存在感を示す信用金庫」2018年9月7日大和総研レポートより）

別の信金・信組では異なるが、全体的に中小零細企業を対象とするため個別の貸出のロットが小さい上に信用リスクが高くなる傾向にある。加えて、高い密着度を維持していくためには収益に直接的に結びつかない細かい密着の手間がかかる。コスト増加圧力をコントロールして収益性を維持するために給与を含めたコストは相対的に低く抑えられていると考えられる。

地銀の地域密着の仕組み

　他方、地銀は地域の優良な顧客（貸出先）のみを対象にしてきたと言われている。このため、地域内において信用リスクが相対的に劣後する小規模のロットの顧客をターゲット先としてこなかった地銀が多いため、地銀は「地域のリスクの傍観者」という言葉が聞こえてくる。その一方、拠点とする都道府県レベルの地域全体をカバーすることで効率的に収益を上げることが可能となる仕組みが構築されてきた。要するに、信金・信組のように県内の特定の地域ではなく、都道府県レベルの地域内全体のより多くの顧客を対象とし、その中で優良企業を目利きして抽出する仕組みである。この仕組みが機能するためには、支店網というプラットフォームが、目利き力を機能させていることが前提となる。各地域のトップ地銀のように、支店網の規模が大きければ、目利き力を活用する機会が多くなることに加え、規模の経済が働くことで独占的シェアを維持できる。目利きと支店網により、地域内の多くの優良顧客と密着する地銀の仕組みと、特定地域（顧客）で密着する信金・信組の仕組みには違いがある。

(2) 地銀の域内シェアの大きさがモノを言うグリップ力の限界

地域密着とは相反しかねない地域内シェアの最大化によるグリップ力の強化

　比較的高い過去の利鞘の水準であれば、優良顧客からの利鞘の水準が低くても規模の経済が働くことで地銀の仕組みの方が効率的であった。これにより信金・信組の特定地域への密着よりも、都道府県レベルの地域全体の域内の市場シェアを高めることによる地域のグリップ力が競争の源泉（＝地域密着の仕組み）と捉えることができた。しかし、地域全体の生産年齢人口と事業者数が減少した結果、顧客の総数が減ることになると支店網を活用した規

模の経済が働かなくなり、逆に仕組み自体が競争の重荷となる。域内のシェアが高い、つまり規模の経済への依存が大きく、目利き能力を向上させる努力を怠ってきた地銀は、市場シェア拡大での成功体験が大きければ大きいほど、自身の"仕組みの呪縛"から逃れることが難しくなる。確かに事業性評価などで目利き能力を向上させる取り組みとして多くの地銀によるコンサルティング力の向上が挙げられる。しかし、シェア依存体質にどっぷり浸かった組織を急に変えることは限界があると言えよう。現在、金融庁は、信金・信組のような地域への密着をより一層追求することが地銀の付加価値を高めるために重要としている。ただし、見方によっては、そもそも各々の仕組みに差があるため、信金・信組の仕組みを追求すれば、地銀の仕組みでのグリップ力を弱める戦略に舵を切ることとなる。仮に、信金・信組の戦略をとるとすれば、仕組み自体を変える、コスト構造を変える必要が出てくる。これを避けるために、共同持株会社の傘下に仕組みの違う地銀と信金を共存させて、各々の仕組みの強みを引き出させるような構想が考えられる。その場合でも共同持株会社が強固に経営の舵を握り、各々のフロントの強みを活かせるように徹底して効率化したミドル・バックの共有が必要になってくる。ただし、地域のマーケット自体が縮小している状況では、この構想を実現するためのハードルは高いように思われる。

中途半端な地域密着

　地銀が、貸出・預金の域内のシェアを活用し、顧客基盤の維持・拡大を目指すために「コンサルティング営業」というキーワードが地銀の中計に頻出する。しかし、この営業体制が会社全体として機能するには、ここでも企業文化を変えていく必要がある。企業文化を変えないで、前述したように域内の高い市場シェアに依存してきた組織・行員のビジネスの習性が残ったままであれば、コンサルティング営業を中計の前面に押し出しても、組織として浸透せずに、中途半端な営業体制、地域密着の仕組みとして定着する可能性が高い。

3. それとも再編か

（1）再編の目的が曖昧

再編によって競争力は強化できるのか

　世間的に注目されるのは再編であるが、再編によって競争力が強化できるかが問題である。前述の"規模か"、"地域密着か"の二択であれば、前者は多数の地銀が集結して、共同持株会社を創設する、いわゆる「第四のメガバンク」構想ぐらいの規模がないと規模の経済を発揮できるような競争力は確保できない。後者は「仕組み」の異なる信金・信組との経営統合が必要となる。あるいは既存のビジネスを守りながらも、効率性を飛躍的に高める統合が求められる。

今のままでの再編では解決への方程式はより複雑になる

　ただし、過去10年程度の地銀のアライアンス（包括提携）を含む経営統合（2003年以降の公表ベース）を見ると、既存のビジネスモデルの延長線上で生産性を高めるなどの目的は確認できるが、具体的なビジネスモデルの変革については曖昧な部分が多い。自行単独で効率性が飛躍的に高められない状況において、企業文化が異なる他行も加わるとすれば、解決への方程式はより複雑になる。多くの再編では、域内のシェアを一層高めるための、あるいは域内市場の縮小を補うために域外に効率よく進出するための戦略と捉えることができる。その一方、喫緊の経営課題である生産性・効率性の向上に対する戦略が見えてこない再編が多く見られる。この背景には、域内の競争環境が激化する中で、無用な競争を控えて市場シェアをさらに高めることでグリップ力を強めて既存の仕組みを維持したいという、地銀のインセンティブの存在が透けて見える。

（2）経営統合の状況──2003〜2019年[20]

過去10年程度の地銀の絡む経営統合は21件

　過去10年程度の地銀のアライアンス（包括提携）を含む経営統合（2003

年以降の公表ベース）を整理すると、地域別では北海道・東北3件[*21]、関東5件[*22]、甲信越2件[*23]、東海2件[*24]、関西3件[*25]、中国・四国3件[*26]、九州・沖縄3件[*27]の合計21件に達している。これを経営統合方式で分類すると持株会社方式13件、合併5件、アライアンス方式3件であり、地方銀行同士が9件、地方銀行と第二地銀の組み合わせは10件、第二地銀同士は2件である。年代別で見ると2004年2件、2006年2件、2007年1件、2009年1件、2010年2件、2012年2件、2013年1件、2015年1件、2016年5件、2018年3件、2019年1件となった。

各地域の収益の逼迫度合いで見る経営統合の背景（推測）

　これら経営統合の先行きを予測するために、マイナス金利政策の導入前の10年間（2003年から2013年）において経営統合が発生した地方銀行の業界動向を踏まえることとする。**図表 I-2-3**は、金融庁が2016年に公表した「金融レポート」において、10年後の主な収益性評価の軸として示している「貸

＊20　内野逸勢「10年後の見据えた地銀再編の方向性」2017年5月25日大和総研レポート

＊21　①フィデアHD（北都と荘内。2009年持株会社方式）、②じもとHD（きらやか（第二地銀、以下地Ⅱ）と仙台（地Ⅱ）。2012年持株会社方式）、③北東北三行共同ビジネスネットNetbix（岩手、秋田、青森。2013年アライアンス方式）

＊22　①筑波（関東つくばと茨城（地Ⅱ）。2010年合併）、②めぶきFG（足利と常陽。2016年持株会社方式）、③コンコルディアFG（横浜と東日本（地Ⅱ）。2016年持株会社方式）、④東京TYFG（東京都民、八千代（地Ⅱ）、新銀行東京。2016年持株会社方式。東京きらぼしFG（2018年設立））、⑤千葉・武蔵野アライアンス（2016年包括的提携）

＊23　①ほくほくFG（北海道と北陸。2004年持株会社方式）、②第四北越FG（第四と北越。2018年持株会社方式、第四北越FGの下で第四北越に統合（2021年予定））

＊24　①十六（十六と岐阜（地Ⅱ）の2012年合併）、②三重と第三（地Ⅱ）による三十三FG設立（2018年持株会社方式。2021年に三十三銀行として統合予定）

＊25　①池田泉州HD（泉州と池田が2009年に持株会社方式による経営統合。その後2010年合併）、②紀陽（紀陽と和歌山（地Ⅱ）が2006年合併により紀陽HD設立。後に2013年紀陽となる）、③近畿大阪、関西アーバン（地Ⅱ）の経営統合による関西みらい銀行設立と関西みらい銀行とみなと銀行を傘下におく関西みらいFGの設立（2019年4月持株会社方式。持株会社はりそなHDの連結子会社、三井住友FGの持分法適用会社）

＊26　①山口FG（山口ともみじ（地Ⅱ）。2006年持株会社方式。その後2011年に山口を山口と北九州に会社分割）、②トモニHD（徳島（地Ⅱ）、香川（地Ⅱ）、大正（地Ⅱ）。2016年持株会社方式。徳島大正として2020年統合）、③四国アライアンス（伊予、百十四、阿波、四国。2016年包括的提携）

＊27　①ふくおかFG（福岡、親和、熊本ファミリー（地Ⅱ）。2007年持株会社方式。その後、十八を加えて2017年持株会社方式。十八と親和は2020年合併予定）、②九州FG（肥後と鹿児島。2015年持株会社方式）、③西日本シティ（西日本と福岡シティ（地Ⅱ）。2004年合併）

図表Ｉ-2-3　都道府県別地方銀行の預貸金利鞘の低下幅と同貸出金残高の変化率（2013年度対2003年度）

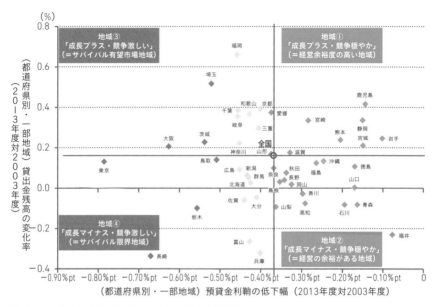

（注1）預貸金利鞘＝貸出金利回り－預金原価（預金利回りと預金経費率）
（注2）預貸金利鞘を本店が所在する地方圏別・都道府県別に単純平均。預貸金利鞘の低下幅によって、3段階（0.50％pt以上、0.4％pt以上0.50％pt未満、0.40％pt未満）に色分け
（出所）各行決算短信、有価証券報告書、ディスクロージャー誌より大和総研作成

出金残高」と「預貸利鞘」の2つの指標によって、貸出市場と競争環境の状況を簡単に示したものである。同図中の「全国平均」をベースに、縦軸の「貸出金残高の変化率」では「平均以上（＝成長プラス）」「平均以下（＝成長マイナス）」、横軸の「預貸金利鞘の低下幅」ではマイナス幅が「全国平均以下（＝競争穏やか）」「平均以上（＝競争厳しい）」とし、4象限（地域①から地域④）に区分した。

　これを踏まえ、右上の象限である「地域①」を「経営余裕度の高い地域」に、「地域②」を「経営の余裕がある地域」に、「地域③」を「サバイバル有望市場地域」、「地域④」を「サバイバル限界地域」にした。

　上記の4区分によって前述の21件の経営統合を整理すると、「地域①同士」が1件、「地域②同士」が1件、「地域③同士」が7件、「地域④同士」が3件、「地域①と②の組み合わせ」が4件、「地域②と③の組み合わせ」が1件、「地域③と④の組み合わせ」が3件、「地域①と③と④の組み合わせ」が1件とな

った。

利鞘の低下幅の拡大が再編に通じる地域の逼迫度のパロメーター

　以上を踏まえると、収益低下幅が大きい地域は利鞘の縮小と貸出の減少幅が大きい地域であると想定されることから、地域④が最も同低下幅が大きく、③、②、①の順で低下幅が小さくなる。地域③と④が絡む組み合わせは21件中15件（地域②と③の組み合わせと地域①と③と④の組み合わせの2件を加えている）と7割以上になる。このため、今後、地域③と④での経営統合は増えてくる可能性がある。地域①と②における脅威は、③と④の経営統合が効率性を向上させて、①と②に戦略的に進出してくることである。こうなれば、地域①と②であっても競争環境の激化によって利鞘の縮小幅が拡大していく可能性がある。

（3）5年後を見据えた再編の方向性——経営統合の目的が達成されるか

経営統合の規模別の収益性と効率性の状況（大規模な統合が有利）

　これを踏まえて、地方銀行が含まれている経営統合19件について、①OHR（営業経費率、2015年3月期の複数行平均値）と②顧客向けサービス業務利益率（2025年3月期の単純合算値）の各々と③貸出残高（2015年3月期の単純合算値）の関係を分析した。この結果、貸出金5兆円（大和総研試算における地方銀行の「顧客向けサービス業務利益率」が黒字になる水準）とOHRの地方銀行の平均によって、経営統合19件が以下の3つに区分された。

- 貸出残高（2015年3月期；単純合算値）が5兆円以上かつOHRが地方銀行平均以下の経営統合は8件（うち1件が業務利益率赤字）
- 同5兆円未満かつOHRが平均以上の経営統合は7件（うち4件が赤字）、
- 同5兆円未満かつOHRが平均以下の経営統合は4件（うち4件が赤字）であった。

経営統合で異なる目的

　当然のことながら、各行が掲げる経営統合の目的を達成することによって顧客向けサービス業務利益率を黒字にすることが重要となる。この経営統合の目的として、各行の開示資料を見ると、①規模の経済性による効率化の追求、②営業地域が重なる地銀同士の過度な競争の回避、③ターゲット顧客が異なる銀行同士の収益性を高めるような貸出ポートフォリオの多様化（分散化）による相乗効果、などが挙げられる。

必要なのは「統合目的の有意性」と「着実な戦略的コミットメント」

　統合する前に、客観的に自行が置かれている規模、地域の経営環境などを認識・分析して、「統合目的の有意性」を見いだせているかが経営統合の評価のポイントだ。単純に目的が有意であると想定される上記の①から③の経営統合は「自行の競争上の比較優位を活用して他の有望な市場を狙う動き」であり、逆に、懸念される経営統合は「地域内の貸出金利競争が激化し続けるという負の循環に陥るような経営統合に向けた動き（競争の回避のみなら懸念)」だろう。

(4) オーバーバンキング解消のためだけの中途半端な再編は避ける

金融庁が実施する構造改革を再編に活用

　これまでの論点を踏まえ、地銀の置かれた中途半端な立ち位置を考慮すれば、地銀のオーバーバンキングの解消のための再編が持続可能な競争力を担保することにはなりえないだろう。むしろ中途半端に再編をすると、将来的により難しい方程式を解く必要が出てくる。金融庁が実施している経営トップ層に対する1つひとつの地銀の構造改革を促すような取り組みがあって、その上で各地銀が自主的に競争力を確保するための1つのツールとして再編を活用すると考えるべきだ。

「企業文化は戦略に勝る」

　「第Ⅱ部　銀行編」で描く技術、規制、顧客、社会などの変化とともに、非金融に属する業種からの参入の活発化によってますます厳しくなる競争環

境を考えると、「企業文化は戦略に勝る」（ピーター・ドラッカー）と言われるように、企業文化を変え、変えた後の「あり方」を示し、その後の定着の方法までカバーした長期的な戦略が必要になる。文化は変えなければならないが、「あり方」から「定着」までのプロセスを間違えると、さらに中途半端な仕組みが定着する可能性が高い。その上で、技術の導入、顧客への対応、社会課題への対応を考えていく必要があるだろう。

域内シェアだけではなく地銀は地域の課題にどれだけ寄り添えるか

　地銀の付加価値の源泉は地域である。このため地域を深掘りできない地銀の収益性が限界を迎えることは相対的に早いと考えられる。金融庁が指摘するように、生き残りの道は、規模に関係なく、これまで以上に地域の深掘りができるか、それによって顧客の囲い込みができるかにかかっている。地銀と信金・信組の仕組みは異なるため、再編は難しいが、地域金融の仕組みの持続可能性を考慮すれば、両者の仕組みの間にある高い壁を超えるような再編が今後必要になる。地銀の地域密着を軸とした次世代ビジネスモデルは、次世代の地域金融エコシステム（生態系）の中心となるために欠かせない。

第3章　自己変革できるか

中計から見る本質的課題

　目先の環境変化のみに焦点をあてて、「地銀は変われない」という前提に立ってしまう論調が多いが、中長期的かつ地銀内部の構造的な視点からなぜ変われないのかに言及した資料は少ない。そこで、将来の長期的なビジョンを含む地銀の中期経営計画（中計）から地銀が抱える本質的な経営課題の分析を試みた。この分析の背景には、2019年に公表された金融庁の業務改善命令発出の過程に中計がチェック項目として加わったことがある。ここでは88行のすべての中計を人間とAIの目の両方を使って読み込んだ。

　本質的な経営課題とは、持続可能性を高めるための喫緊の経営課題に対して、投資家や監督当局が注目する評価項目に中計が十分に応えられていない点である。特に、効率性の向上や役務収益の拡大を計数目標として設定している地銀の数は、課題解決の緊急性に鑑みると多くない。

1. 現中計の特徴と懸念[*28]

（1）現中計に対する8つの懸念事項

持続可能性を高めるための取り組みが遅れている

　今回の分析によれば、持続可能性を高めるための喫緊の経営課題に対しての取り組みが遅れている地銀が多い。その理由はなぜだろうか。それは、過去の事業計画の延長線上で戦略を検討する体質から脱却できておらず、将来の姿を想定し、現在のあり方を考えていないのではないか。このため現在のコア事業の収益が将来的に減少していき、新たな収益の軸を強化していくべきと経営層が認識していても、組織としての認識や危機感の共有ができていないため、将来のあり方への方針・戦略が中計に現れてこないのではないか。

戦略と計数目標のつながりをより強く意識した中計が必要

　稼ぐ力の持続可能性を求められる地銀にとって、今後の中計に求められるのは、戦略と計数目標のつながりをより強く意識した中長期の計画を描くことと、それを実現できるように組織と人材をより変革することだろう。ただし、個別行で限界があるならば、すでに実施されている複数行の連携に活路を見いだし、業界全体の変化に結びつけていくことが必要ではないか。

8つの懸念事項（人・組織を動かせない中計は必要ないのではないか）

　上記の地銀の中計に対する懸念を含めて、**図表 I-3-1** に示す通り、8つの懸念として整理した。これは地銀のみではなく、すべての業種の企業に当てはまる。

---

*28　内野逸勢・坂口純也・森駿介「中期経営計画から見る地銀の本質的課題」大和総研調査季報　2019年 夏季号 Vol.35

図表Ⅰ-3-1　地銀の中期経営計画に対する8つの懸念事項

1. 目指す姿のイメージが湧かない：将来的な地域の社会・経済構造の変化に合わせた見通し（フォーキャスティング）をもとにした目指す姿のイメージが湧かない

2. 将来の姿に対する現在の姿の状況：将来の姿に対して現在の姿がどのような状況にあるのか、バックキャスティングが有効に機能していないのではないか

3. 存在価値の向上と稼ぐ力の強化がアンバランス：稼ぐ力を強化する戦略と比較して、存在価値が強調されすぎているのでは

4. 存在価値と顧客（地域）の付加価値との関係が不明確：顧客（地域）に対してどのような付加価値につながるか

5. 稼ぐ力の強化に対する戦略と成果の「つながり」が曖昧：様々な戦略が記述されているものの、成果とのつながりが曖昧

6. 計数目標の達成に向けた進捗の評価が曖昧：長期目標を立てても、それに対する進捗の評価が曖昧であると、戦略の見直しが曖昧になる

7. ＰＤＣＡが有効に働かない：上記の懸念点を踏まえると、特にＰ（プラン）とＣ（チェック）を有効に働かせ、ＤとＡを成果に結びつけているか

8. 人材・組織が効果的に動く中計になっていないのでは：人財の活用をうたってはいるものの、将来の地銀の姿について懸念を抱いているため、人・組織が動かない

（出所）大和総研作成

（2）頻出ワードからの示唆

テキスト・マイニングによってデジタル的に抽出した頻出ワード50

　現中計の特徴を把握するために、中計に記載された頻出名詞（以下「ワード」）をテキスト・マイニングによってデジタル的に抽出し、さらにすべての中計を"人の目"でアナログ的に読み込んだ。**図表Ⅰ-3-2**は、「地銀の中計の頻出ワード[29]上位50[30]」である。ここから以下の2つの大まかな全体的特徴をつかむことができた。

特徴①：収益よりも存在価値を重視した中計が多い

　第一の特徴は、「収益」よりも「存在価値」を重視した中計が多いことで

＊29　頻出語集計対象は、執筆時点において2019年度を計画年度に含むすべての地銀の中計のうち、グループで同じ資料を使用している銀行およびテキストの読み込みができない2行を除いた81行。
＊30　実際に抽出された単語は約1万語に及ぶ。総語数のうち上位50単語の出現回数が占める割合は23.5％、上位200単語が占める割合は46.4％である。

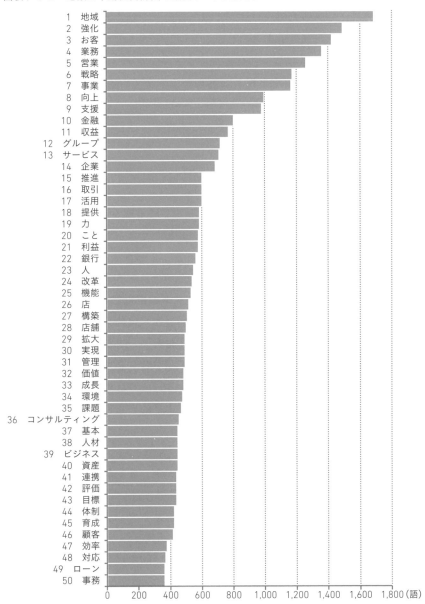

図表Ⅰ-3-2　地銀の中期経営計画の頻出ワード上位50

順位	ワード
1	地域
2	強化
3	お客
4	業務
5	営業
6	戦略
7	事業
8	向上
9	支援
10	金融
11	収益
12	グループ
13	サービス
14	企業
15	推進
16	取引
17	活用
18	提供
19	力
20	こと
21	利益
22	銀行
23	人
24	改革
25	機能
26	店
27	構築
28	店舗
29	拡大
30	実現
31	管理
32	価値
33	成長
34	環境
35	課題
36	コンサルティング
37	基本
38	人材
39	ビジネス
40	資産
41	連携
42	評価
43	目標
44	体制
45	育成
46	顧客
47	効率
48	対応
49	ローン
50	事務

0　200　400　600　800　1,000　1,200　1,400　1,600　1,800（語）

（注）句読点などの記号、「化」「性」などの接尾辞、「億」「円」などの単位、「中期経営計画」などの語は除いている。
（出所）各行中期経営計画から大和総研作成

ある。「収益」は11位、「利益」は21位、「効率」は47位だった。今回はワードのみの抽出であるため、ワードの組み合わせで見ると、収益を重要視している銀行が多い可能性もある。しかし、中計を「人の目」で読み込んだ印象からは、追求すべき収益・利益よりもランキングのトップにある「地域」のように社会的存在価値を重視した言葉がより多く存在している。「価値」は重要ではあるものの、ビジネスモデルの持続可能性に対する懸念が高まっている現状において、地銀の中計に対しても価値と収益のバランスがより問われているのではないか。

　例えば、地域密着を深める、あるいはSDGs（Sustainable Development Goals＝持続可能な開発目標の略称）を重視することで自行の社会的存在価値を高め、それを経済的な付加価値にまでつなげる取り組みが求められる。そのためには業務上の「改革」がキーワードとなりうるが、中計での出現順位は24位にとどまっている。

特徴②：監督当局から求められているキーワードの出現頻出度が高い

　第二の特徴は、中計に、その時々に監督当局から求められているキーワードの出現頻出度が高いことである。例えば、「お客」（本位）、「事業」（性評価）などがこれに該当する。**図表Ⅰ-3-2**において「お客」と「顧客」を合計すると「地域」を上回り、ランキングトップとなる。これは地銀では顧客をそれほど重視してこなかったが、当局に言われて本格的に重視し始めたとも解釈できる。

特徴③：計数目標に対する戦略的な具体策・アクションが不足

　中計を読み込んだ印象では、効率性の計数目標に対して、戦略的な具体策・アクションが不足している。計数目標に関するキーワードは多用されているものの、抽象的なワードあるいは言い回しが多用され、計数目標とそれを達成するための施策のつながりが希薄な中計が多い印象だ。例えば、顧客本位を重要視するのであれば顧客のニーズを把握する必要があるので「（顧客）情報」というワードの頻出度が上位にランクされてもよいはずだが、86位にすぎない。

特徴④：組織としてのコミットメントを示す特徴的な中計が少ない

　上記2つの人まかな全体的特徴は、あくまでも頻出ワードから見たものなので、個別行のディスクロージャー方針に依存している。しかし、それを踏まえても収益モデルの持続可能性を高めることが喫緊の課題であり、中計、特に計数目標に対する組織としてのコミットメントが注目されている状況下で、外部に対してコミットメントの実現性を示す施策が十分に記載されている特徴的な中計が少ないことが懸念される。

（3）株主がどの課題に注目しているか

短期的な戦略には差別化する要素が見られないためPBRが低い

　特徴的な中計が少ないことは、株主の評価と収益性を示す指標（PBRとROE）からも判断できる。規模の大小に関係なく、地銀の既存のビジネスモデルを強化する短期的な戦略には差別化する要素が見られないため、PBRとROEの格差がなくなってきている。このため、収益モデルの持続可能性に関する中長期の課題解決に向けた取り組みが重要視される。

投資家の注目点は効率性の向上と預かり資産関連ビジネスの積極的な拡大

　投資家から見れば、確かに、本業の預貸ビジネスは事業性評価などによるニーズの深掘りが期待されるものの、経済・社会構造の変化に伴う量と利鞘の両面による預貸ビジネスの収益の落ち込みを十分にカバーできるシナリオは描きにくい。その視点では、預貸ビジネスの落ち込みの影響を少しでも緩和することが可能な役務取引等収益関連のビジネスの積極的な拡大とともに、収益性、効率性を重視した経営が求められる。

地銀の喫緊の課題に対する認識不足が垣間見える中計

　ただし、前述の頻出ワードのランキングで見ると、「成長」は33位であり、47位に位置する「効率」よりも上位にある。前掲の**図表 I-3-2**には表示されていないが、効率性に関係する「削減」は118位、「経費」は122位に位置している。

　全業種の企業と投資家を対象としたアンケート結果[31]からは、中計で公

表している「重視すべき指標」の認識において企業と投資家との間にギャップが存在することがわかる。注目すべきは、先述したROEの指標に対する差分（＝認識ギャップ）が2番目に大きいことである。さらに認識ギャップが最大であるROIC（投下資本利益率）や、3番目の資本コスト（WACC等）に見られるように、投資家は運用環境が厳しい中、投下資本の収益性に対する意識が強い。このように投資家の収益性に対する目線は厳しくなっており、地銀に対しても同じである。地銀業界の場合、今後も業務粗利益の伸びが期待できない中、収益性を向上させるために経費を削減するという明確な共通課題が見えている。

個別行の意識改革を促すような業界全体の取り組みも必要ではないか

この課題解決に向けた個別行の施策では限界があるが、フィナンシャル・グループ内、あるいは複数銀行が連携して効率性を改善するための積極的な試みが増えており、解決のブレークスルーとなる可能性も高まっている（第Ⅳ部参照）。このような試みが地銀業界全体での効率性に関する課題解決のブレークスルーとなれば、業界全体の収益モデルの持続可能性も高まり、投資家からの評価が好転することも考えられる。

（4）ビジネスモデル持続可能性の課題に迫る金融庁の改正監督指針

監督当局からの指摘事項においても、持続可能性の問題を巡っては役務取引等利益の拡充と稼ぐ力（収益性および効率性）の向上が地銀の中心的な経営課題とされている。

2020年からは「持続可能性」が経営の交代を含む業務改善命令の対象に

金融庁は、収益モデルの持続可能性を判断する基準を示している。2019年6月28日に「中小・地域金融機関向けの総合的な監督指針」の一部改正の確定版（以下、「改正監督指針」）が公表され、同日付で施行された[32]。同指針では、3つのステップ[33]で、最終的に業務改善命令が発出されるこ

＊31　生命保険協会「企業価値向上に向けた取り組みに関するアンケート集計結果（2018年度版）」

ととなっているが、ステップ2において、銀行自身が作成する、将来の収益や自己資本の見通しを描いた経営計画の検証の内谷案が具体的に示されている。検証は、①地域の経済状況や顧客基盤の見通しなどの前提条件、②トップラインの増強、経費削減、増資等の実施中・実施予定の経営改善に関する施策とその効果、③将来発生が見込まれる費用（本店建替・償却、システム更改費用、固定資産の減損、繰延税金資産の取り崩し、信用コスト等）などに対して実施される。加えて、顧客向けサービス業務利益やそれを構成する内訳が含まれている。

　このように、監督当局からも経費削減への取り組みの強化が強く求められている。

持続可能性における課題は長期の取り組みとして明確に中計に盛り込む

　監督当局が指摘してきたビジネスモデルの持続可能性に関する課題はすでに認識できたことであり、既存の中計に具体的に盛り込めたはずではなかったか。特に、今回の改正監督指針の検証の部分に含まれる効率性に関する課題は、5年前の注意喚起の時点から、ある程度想定できたことであり、長期の取り組みが求められていたと考えられる。

　後述するように、効率性に関する取り組みの記載が少ない中計が多い事実を踏まえると、地銀には監督当局あるいは投資家が捉えてきた経営課題に対する明確な認識が不足していると言わざるをえない。

＊32　金融庁ウェブサイト（https://www.fsa.go.jp/common/law/guide/chusho/index.html）参照。中小・地域金融機関向けの総合的な監督指針の対象である中小・地域金融機関は、一般的には、地方銀行、第二地方銀行、信用金庫、信用組合だが、監督指針改正の該当箇所の対象は「銀行」とされている。

＊33　ステップ1では、監督当局が今後の地銀の決算ごとに5年程度の将来のコア業務純益（投資信託解約損益を除く）、ストレス時の自己資本に関して、一定の水準を下回る銀行を抽出する。ステップ2では、監督当局が、抽出された銀行自らの経営計画等において想定する将来の収益や自己資本の見通しの妥当性について検証する。ステップ3では検証の結果においても、持続可能な収益性や将来にわたる健全性について改善が必要と認められる銀行に対しては必要な業務改善が促される。ステップ3によっては経営陣の退陣も含まれる可能性も指摘されている。詳細は金本・小林（2019）を参照。

(5) 持続可能性に関する経営課題の明確な認識不足が中計における本質的な課題

効率性と預かり資産関連の計数目標の記載は約半分にとどまる

　この認識不足が露呈しているか否かを検証するために、中計において重要視される指標がどの程度記載されているかを調査した。**図表 I -3-3** は、88行の地銀の中計に記載されている計数目標を12の項目に分類して集計したものである（同図表（注）参照）。

　結論から述べると、「効率性」について掲載している地銀の割合は55.7%にとどまり、約半分が認識不足だった。さらに、役務取引等利益に関係する「預かり資産関連」も同40.9%となり、半分以上が認識不足だった。

貸出残高や預金残高といった規模の「成長性」目標計数の割合は3割強

　ただし、上記の2つの目標計数を掲載している地銀の割合は、貸出残高や預金残高といった規模の「成長性」の割合（31.8%）よりも高いことには留意が必要だ。とはいえ、投資家、監督当局が地銀業界に対して求める緊急性

図表 I -3-3　地方銀行中期経営計画の計数目標の分類結果

分類項目	銀行数	割合（%）
成長性	28	31.8
効率性	49	55.7
収益性	82	93.2
健全性	51	58.0
事業融資関連	15	17.0
その他法人融資	21	23.9
個人向け貸出関連	10	11.4
法人役務関連	24	27.3
預かり資産関連	36	40.9
事業承継関連	9	10.2
ESG、SDGs関連	6	6.8
その他	11	12.5
合計	88	100.0

（注）分類方法について例示すると、「成長性」は預金残高、貸出残高、預貸率など。「効率性」はOHR、経費、経費削減など。「収益性」はROE、当期純利益、経常利益、コア業務純益、業務利益、顧客向けサービス業務利益額など。「健全性」は自己資本比率、不良債権比率など。
（出所）各銀行の中期経営計画から大和総研作成

の高い課題であることを踏まえると、「効率性」や「預かり資産関連」を目標計数として記載している銀行の割合が半分程度という水準が高いかという疑問が残る。

　これらを踏まえ、ビジネスモデルの持続可能性を高めるために投資家および監督当局から重要と認識されている「効率性」の計数目標と、預かり資産ビジネス（特に証券ビジネス）の計数目標を中計に記載している銀行、および無記載の銀行の計数目標の達成度合いとその主因について、以下で分析することとする。

2. 中計における効率性の向上を示す経費率（OHR）の状況

（1）効率性を示す指標OHRを計数目標として掲げている地銀のOHRは低い

メガバンクのOHRが急上昇し、2016年度以降は地銀との差が縮小
　図表 1-3-4 はメガバンク・地銀の経費率（OHR）の平均値を示したものである。ここから明らかなように、地銀のOHRはメガバンクよりも一貫して高く、2015年度以降は両者ともOHRが悪化傾向にある。後述するが、銀行業界全体の傾向として、低金利による利鞘の縮小に起因する業務粗利益の減少に経費削減が追い付いていない。メガバンクのOHRが急上昇し、2016年度以降は地銀との差が縮小してきたことは注目される。

特定の計数目標の設定の有無によって経営の成果に差が生まれるとの仮説
　中計で示される計数目標が経営の方向性の表れであるとすると、特定の計数目標の設定の有無によって経営の成果に差が生まれるとの仮説が立てられる。すなわち、効率性の計数目標（以下「効率性計数」）を設定した銀行は、設定していない銀行よりも効率性の向上を目指した経営努力が行われるものと期待できる。では実際に、中計の効率性計数の設定は、期待される成果を伴っているのだろうか。

図表Ⅰ-3-4　銀行の経費率（OHR）の推移

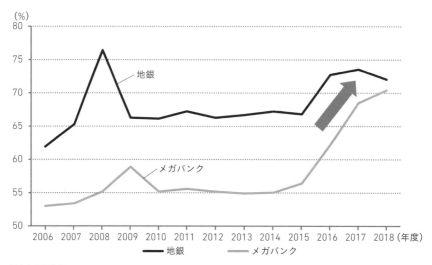

（注）加重平均値
（出所）全国銀行協会資料から大和総研作成

図表Ⅰ-3-5　効率性計数の有無によるOHRの差異（箱ひげ図）

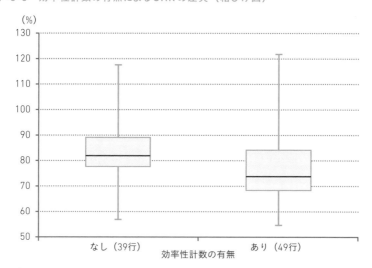

（注1）箱ひげ図の箱の上辺は第3四分位、中央は第2四分位、下辺は第1四分位の点で、ひげはそれぞれ最大値・最小値を表す。
（注2）OHRは2017年度の実績値。
（注3）中央の黒色の横線は中央値。
（注4）平均値の差は1％水準で有意。
（出所）各銀行の中期経営計画、全国銀行協会資料から大和総研作成

計数を設定している銀行ほどOHRの水準が低い

この点を確認するために、どのような銀行が効率性計数を設定しているかという点をまずは2017年度という一時点で検討する。**図表I-3-5**は、同計数の設定の有無で銀行を分類し、それぞれの分類でのOHRの水準を比較したものである。同計数を設定している銀行ほどOHRの水準が低い傾向にあることがわかる。

(2) 中計を通じて組織として効率性を意識しているかどうかが効率的経営の分水嶺

ここから示唆されるのは、経営および組織が効率性を意識しているかという点が、効率的な経営を行う1つの分水嶺になっている可能性である。一般的には、実績値が良好な水準を維持しているほど目標の達成が難しい。このような計数目標に内在する性質を踏まえると、OHRの低い銀行よりも高い銀行ほど（効率性改善の余地が大きいほど）効率性計数を設定しやすいと考えられる。しかし、**図表I-3-5**が示す結果はそれとは異なり、効率性指標を

図表I-3-6　中計発表半期を基準とした効率性計数の有無によるOHR（平均）の推移

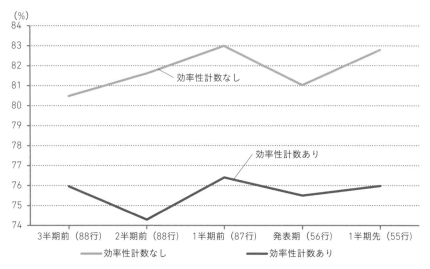

（注1）単純平均値。
（注2）平均値の差はすべての半期で5％以下の水準で有意。
（注3）発表期・1半期先のデータには、2019年度に中期経営計画を発表した銀行は含まれていない。
（出所）各銀行の中期経営計画、決算短信から大和総研作成

計数目標として記載している銀行（49行）のOHRが相対的に低くなっている。

中計発表前後のOHRの平均水準の推移でも計数を掲げている地銀が効率的

　もちろん上記の分析は一時点の比較で、中計の開始からの時間軸を踏まえたものではないから目標設定の成果を示しているわけではない。しかし、中計の開始時期を踏まえて複数の年度の計数で比較しても、やはり計数を掲げることと効率性の向上に関連はあるようだ。**図表 1-3-6**は、中計の発表時期を基準としたOHRの平均水準の推移である。

計数目標の有無による差は目標を起点とした経営の改善が蓄積された結果

　効率性計数を設定している銀行は、設定していない銀行よりも中計の発表半期前後でOHRが有意に継続して低い。先行研究によると（樋渡ほか（2018）[34]）、効率性計数の設定行の多くは以前から効率性計数を設定していたとされる。このことも踏まえると、計数目標の有無による差は、目標を起点とした経営の改善が蓄積された結果として表れている可能性はあるだろう。

　ただし、当然ではあるが、単に計数目標を設定することが成果につながるわけではない。高見（2013）[35]によると、中計の記載事項の遂行度はタイムラグを伴って経営成果に影響を及ぼすものの、その影響の程度は中計の内容（企業の能力に適合的な目標であったかなどの観点）によるとされている。結局のところ、目標の設定が成果につながるかどうかは、各行がどの程度中計を意識しているか、その認識を組織に浸透させているか、という問題に帰結すると考えられる。

地銀のOHRの悪化は業務粗利益の減少による部分が大きい

　OHRを要因分解すると、昨今の地銀の効率性の悪化は、業務粗利益の減

＊34　樋渡洸子・高橋悠輔・土屋宰貴（2018）「地域銀行の中期経営計画の特徴点」、日銀レビュー 2018-J-9

＊35　高見茂雄（2013）「中期経営計画が経営成果に及ぼす影響——大手化学メーカーを対象とした実証研究——」『メルコ管理会計研究』6巻（1＋2号）、pp.37-49、メルコ学術振興財団

少による部分が大きい。リーマン・ショック後の2010年度から2017年度の期間において、地銀全体で見ると、業務粗利益の減少がOHRの悪化に寄与してきた。つまり、業務粗利益というトップラインの急激な減少に、営業経費の削減のペースが追い付いていなかったと言える。

地銀別のOHRの構成要素の変化の比較

地銀各行別にOHRの構成要素の変化を比較すると、効率性を追求する難しさがより浮き彫りになる。**図表Ⅰ-3-7**は、各行の2013年度から2017年度にかけての業務粗利益と営業経費の変化率をプロットしたものである。なお、個別行の業務粗利益は有価証券関係損益によってばらつきが生じやすいことには留意が必要である。

業務粗利益（売上）減少・経費増加という非効率な変化の地銀が約9割

同図表上の直線（45度線）が、各行の効率性を評価する基準となる。すなわち、直線の左上に位置している地銀は業務粗利益の変化に対して営業経

図表Ⅰ-3-7　業務粗利益と営業経費の変化

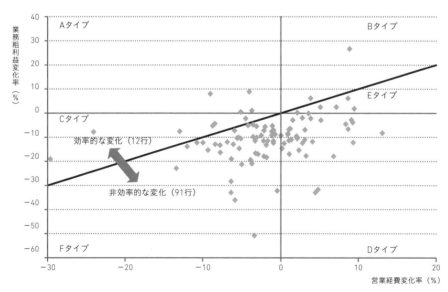

（注）変化率は2017年度実績値の2013年度比。
（出所）全国銀行協会資料から大和総研作成

費を適切にコントロールできた一方、直線の右下に位置している地銀は営業経費のコントロールが業務粗利益の変化を十分にカバーできていなかったと言える。

　直線による二分類をさらに細かく分解する。上記の直線に加え、営業経費と業務粗利益の変化率の0%を基準として見ると、6つのタイプに地銀を分類できる（**図表Ⅰ-3-8**）。Dタイプに当てはまるのは業務粗利益が減少しているのに経費が増えている銀行、Eタイプは業務粗利益は増えているがそれ以上に経費が増えている銀行、Fタイプは経費の減少以上に業務粗利益が減少している銀行である。大部分の銀行がDタイプとFタイプに属している。ここからわかることは、業務粗利益の増加をほとんどの銀行が成し遂げられていないことに加え、業務粗利益が減少している中でも、それに応じて経費を十分に削減できている銀行はわずかなことである。業務粗利益が減少しているにもかかわらず経費が増加しているDタイプは32行、業務粗利益の減少に見合う経費を削減できていないFタイプは54行である。

装置産業である銀行の営業経費の柔軟なコントロールは難しい

　ただし、銀行が装置産業であることを考慮すると、営業経費の柔軟なコントロールは難しいことから、上記の現状はある程度理解できる。しかし、これまでの営業経費の削減ペースでは収益性の水準を維持することは難しく、稼ぐ力の強化、コスト削減に対してこれまで以上の工夫が求められている。一方、業務粗利益を拡大させた銀行についても、トップライン拡大の成果がコストに見合うかという費用対効果を慎重に検討する必要がある。

図表Ⅰ-3-8　タイプごとの銀行数

分類	タイプ	粗利益変化率	経費変化率	行数
効率的	A	0%以上	0%以下	4
	B	0%以上	0%以上	2
	C	0%以下	0%以下	6
非効率的	D	0%以下	0%以上	32
	E	0%以上	0%以上	5
	F	0%以下	0%以下	54

（出所）全国銀行協会資料から大和総研作成

トップラインの目標ありきの計画はリスク大

　トップラインを拡大させつつ、効率的に経費もコントロールできている銀行、すなわちAタイプやBタイプに含まれるのは6行しかない（**図表Ⅰ-3-8**）。逆にトップラインを拡大させつつもそれ以上に費用が増加しているEタイプに含まれる5行は費用対効果を見直す必要がある。今後の中計では、トップラインの目標ありきの計画よりも、効率性を主としてトップラインの拡大とコスト削減の戦略のベストミックスを検討し、実行に移すことが、より必要になる。

3. 中計における預かり資産関連の記載状況と地銀の預かり資産ビジネスの状況

(1) 預かり資産関連指標の記載状況

中計で預かり資産関連の目標計数を設定している地銀は依然4割程度

　第1章でも説明したように資産ビジネスの重要性が高まっている中、地銀が預かり資産ビジネスをビジネスモデルの中でどのように位置づけているのかを探るために、各行の中計での預かり資産関連の記載状況を定性的に確認する。**前掲図表Ⅰ-3-3**でも見た通り、現在の中計のうち36行（全体の41％）で預かり資産ビジネスに関連する計数目標が設定されている。他方、これらの地銀のうち、前回の中計でも預かり資産ビジネスに関連する計数目標を設定していた地銀は10行程度にとどまる。預かり資産ビジネスの優先順位を高める地銀が増加していることが示唆される。

預かり資産残高に代表される「ストック」に着目した目標へ移行

　次に、現在の中計の計数目標を見ると、預かり資産関連指標のうち非金利収入や役務取引等利益の水準や業務粗利益等に対する比率などの収益や利益に関する目標がおおむね半数を占める（**図表Ⅰ-3-9**）。次に多いのが、預かり資産残高や投資信託残高などのストックに関する目標である。前中計で散見された投資信託などの預かり資産の「販売額」に着目した計数目標が現中計では見当たらないことも踏まえると、顧客本位の業務運営の観点から、預

図表Ⅰ-3-9　預かり資産ビジネス関連の計数目標

収益・利益目標	非金利収入（注1）
	非金利収入比率
	役務取引等利益（注1）
	役務取引等利益比率
	投資型商品収益
ストック目標	預かり資産残高
	投資信託残高
	銀行単体の投資信託残高と証券子会社預かり資産残高の合計
	個人の総預かり資産残高（注2）
	職員当たり預かり資産残高
保有先数目標	預かり資産保有先数
	現役世代の個人預金顧客に占める投信・保険契約者数
その他	FP資格取得者数
	ライフプランの提案を行った顧客数

（注1）非金利収入や役務取引等利益については、預かり資産ビジネス以外の手数料ビジネスが念頭に置かれている可能性がある。
（注2）個人預金と投資信託、保険等の合計。
（出所）各行中期経営計画から大和総研作成

かり資産残高の積み上げを通じた投資信託の信託報酬のような手数料収入の確保を中心とする「ストック型」への移行という流れに沿った計数目標が設定されていると捉えられる。

(2) 預かり資産関連指標の記載と成果の関係性

効率性の指標のように統計学的に有意な差は見られない

　次に、預かり資産関連指標の有無が実際の預かり資産ビジネスの成果に結びついているか、という点を定量的に確認する。OHRの分析と同様、預かり資産関連指標の設定の有無で地銀をグループ分けして分析した。効率性について見た**前掲図表Ⅰ-3-5**とは異なり、両グループの平均値には統計学的に有意な差は見られない。

　また、中計発表前後の「役務収益比率」の推移を時系列で比較すると、預かり資産関連指標を設定する地銀の方が高い時期が多いものの、こちらも効率性計数で見た**前掲図表Ⅰ-3-5**と異なり両グループの平均値に有意な差は見いだせなかった。

外部環境への依存が大きくコントローラビリティが相対的に低いからか

　これは、外部環境に左右されづらい効率性の向上という経営課題と異なり、預かり資産ビジネスは外部環境に依存する部分が大きく、地銀のコントローラビリティが相対的に低いことが主因と考えられる。このため、現在の中計発表前後の期間においてほとんどの地銀で投資信託の残高が増加していないのは外部環境によるところが小さくないだろう。

　預かり資産ビジネスにおいては、経営課題として認識レベルを高めるだけではなく預かり資産ビジネスの取り組みをさらに工夫することで、「非資金利益比率」と「役務収益比率」を高めることが重要となる。次項では、中計に見られる強化策を見ていく。

（3）中計から見る預かり資産ビジネスの強化策と個別行での取り組みの差

　以下では、預かり資産ビジネスの施策の方向性を示した上で、中計の記載状況も踏まえつつ預かり資産ビジネスの強化策を検討する。

方向性：収益を意識した預かり資産の積み上げ

　前掲図表 I-1-11（地銀別の預かり資産残高と預かり資産利益率）を見ると、預かり資産利益率は預かり資産当たりの役務取引等利益の水準を表しており、地銀の預かり資産ビジネスの収益性の代理変数になりうる。

　同図表を見ると、預かり資産残高が小さい地銀においてはばらつきが大きいものの、預かり資産残高が一定水準を超えると、預かり資産利益率はおおむね1〜2％に収れんしていることがわかる。そのため、小規模でも顧客のロイヤリティの高い預かり資産を維持するか、預かり資産を積み上げて規模の利益を追求することが、役務取引等利益を安定的に増加させる正攻法だろう。

　また、役務取引等利益の目標が明確であれば、預かり資産利益率が1〜2％程度であることを前提に、どの程度計画的に預かり資産残高を積み上げなければいけないか、経費をどの程度削減していかなければいけないか、という検討も可能になる。

　収益性の高い預かり資産の積み上げを同ビジネスの戦略の方向性とした場

合、中計に記載された強化策が、どの程度有効なのか、どの程度の期間で成果が見込めるかを検討することが重要だ。以下では記載事項やその意義と、個別行の取り組みの違いについて触れていく。

強化策①：ボリューム顧客層のニーズを掘り起こすための人材強化策

　各行の中計を見る限りは、強化策として、**前掲図表 I-3-2**の頻出ワードに含まれているような「コンサルティング」機能強化や「人材」育成などがしばしば挙げられている。ほかにも、顧客のライフステージに応じた提案や商品の拡充、非対面チャネルの強化などが掲げられている。ただし、中計における具体性の程度には地銀ごとに差がある。例えば、ファイナンシャル・プランニング関連資格の取得者数や専門の担当者数などのように、定量的な目標が設定されている地銀がある一方、人材育成を強化する旨の文言のみ示されている地銀も少なくない。

　また、顧客のライフステージに応じた提案については、デジタルツールを活用して最適なポートフォリオを提案するなど、具体的な施策が立てられている地銀もある。金融審議会の市場ワーキング・グループでの「高齢社会における金融サービスのあり方」に関する議論でも、世帯が多様化する中で老後の収入・支出や商品・サービスの「見える化」をいかに図っていくかという点が主要な議題の１つとなっており、このようなテクノロジーの活用は顧客起点での提案力の向上に資すると思われる。ほかにも、いくつかの地銀では、「富裕層」や「資産形成層」などセグメントを分けて営業体制を構築することや、資産・所得の分布情報等を用いて営業人員・店舗の戦略的見直しを行う旨が記載されているケースも複数見られた。

　このようにそれぞれの地域の顧客層を把握することが、預かり資産ビジネスを考える上で重要だ。例えば「資産形成層」については、50歳代・60歳代は近い将来に退職金や相続などのキャッシュフローが見込まれるケースも増えるだろう。また、団塊ジュニア世代は金融資産が積み上がっていないものの、人口規模は大きく、団塊世代の保有資産の将来的な相続人と捉えることもできる。これらの層に対しては、将来のキャッシュフローに備えて資産運用に関する知識等を積み重ねるためにも、積み立て等の少額での資産形成を促していくことが有効かもしれない。

「富裕層」の分布把握については、それぞれの銀行で保有する情報に加えて各種統計による把握も考えられる。例えば、人口動態等のデータからは、今後も個人金融資産における高齢世帯の保有比率が高くなると予想される[36]ことから、森（2019a）で推計しているような高齢富裕層の地域別の分布なども参考になるだろう。2019年度に公表された中計の一部には、市場ワーキング・グループでの議論を背景に、高齢化への対応についての言及も散見される。長寿化が進展する中、退職後でも「運用しながら取り崩す」ニーズや認知機能低下により運用パフォーマンスが悪化することを回避するための運用商品へのニーズの高まりなども予想される。例えば、資産の目減りを抑制するために定率での取り崩しを行う運用商品[37]や、認知機能低下リスクに直面する高齢者から運用判断を金融機関に一任する投資一任サービスなど、高齢者のニーズに即した商品の提供が考えられる。預かり資産ビジネスだけでなく、信託業務や見守りサービスなど、高齢化が進む中での他の手数料ビジネスも検討課題となりうる。

強化策②：次世代のボリューム顧客層のニーズの先取り

　中計の中で、預かり資産を保有する顧客数など「保有先数」に関する計数目標を掲げる地銀は2行のみと少なかった（**前掲図表1-3-9参照**）。しかし、日本の家計の資産選択行動や家計金融資産の保有の現状を踏まえると、預かり資産残高のみならず「保有先数」に関連した指標にもより着目すべきかもしれない。

　その第一の理由は、家計の資産選択行動の観点から見ると、現状、わが国家計がリスク性資産の保有に消極的なのは「少額からでも投資ができる」ことを知らないためと考えられる。金融庁（2016）は、「有価証券投資が必要」と思うのに投資しない理由を投資未経験者にアンケートした結果、最も多かった回答は「まとまった資金がないから」（73％）だったと指摘している。2018年1月からは少額からの長期・積立・分散投資を支援するための非課

---

[36] 駒村（2019）では、個人金融資産における高齢世帯の保有比率は、特に75歳以上世帯の保有比率が2015年（22％）から2030年（31％）にかけて上昇すると推計している。
[37] 「運用しながら取り崩す」段階において注意すべきリスクである「順序リスク」や、そのリスクを回避するための「定率」での取り崩しの有用性については、森（2019b）を参照。

税制度として「つみたてNISA」が導入されているが、「貯蓄から資産形成へ」を推し進めるには、まずは、「有価証券投資が必要」と考えているものの「少額からでも投資ができる」ことを知らない層へのアプローチが有効と思われる。

　第二の理由は、「保有先数」を増加させることが中長期的な収益に資する可能性があるためである。確かに、単に「保有先数」が増加したとしても短期的には利益につながりにくいかもしれない。他方、老後への生活不安が高まる世代でもある中高年層は、先に見たように近い将来にキャッシュフローが見込まれる世代でもある。野尻（2019）が行ったアンケート調査によれば、退職金を受け取った高齢者のうちおおむね半数は退職金を投資に振り向けている。また、そのうち退職金の半分以上を投資に振り向けた高齢者も約45％と少なくない。中高年層を中心に「保有先数」を増加させることを通じて将来の相続人を顧客として獲得することは、中長期的な観点で収益性が期待できるのではないだろうか。

4. 今後の中計に求められる要素

　今後の中計に求められる要素として、いかに計数目標を達成するか、その達成の確率をいかに高めるかという視点から、以下の3つの要素を追加する。

（1）計数目標と戦略のつながりを深める

長期的な事業環境の見通しの設定（リスクシナリオを含む）が特に重要

　まず、計数目標と戦略のつながりを深めることが重要だ。そのためには、①長期的な事業環境の見通しの設定（リスクシナリオを含む）、②ビジネスモデルの持続可能性に対する危機感の組織的共有、③効率性計数等の優先度の高い目標の設定を伴う十分な経営課題の認識、④それを踏まえた組織的な方針と全体戦略、⑤その計数目標の達成を担保する具体的な施策、⑥最後に地道に目標を達成するという組織的な熱意が理想としては求められる（**図表Ⅰ-3-10**）。

優先度の高い目標の設定を伴う十分な経営課題の認識が重要

　ただし、地銀によっては、中計ではそこまで詳述する必要がないとの認識があり、基本的には銀行の中計のディスクロージャー・ポリシーに依存するところが多い。このため実際には記載されている以上に高いレベルの認識の下、計数目標と戦略のつながりを熟慮した上で、経営努力を行っている地銀もあることには留意が必要だ。

　その留意点を踏まえても、本章の分析で明らかなように、効率性については、中計において経営課題を認識している地銀のOHRの推移が良好であることがある程度検証された。多くの地銀にとっては、まずは、上記の③が最低限必要ではないか。

(2) 中計の見直しの頻度を高める

期間が長いほど中計の計数目標への継続的なコミットの可能性が高まる

　計数目標の達成度合いは、中計の期間の影響を受けている可能性も否定できない。

図表I-3-10　今後の中期経営計画で必要な要素

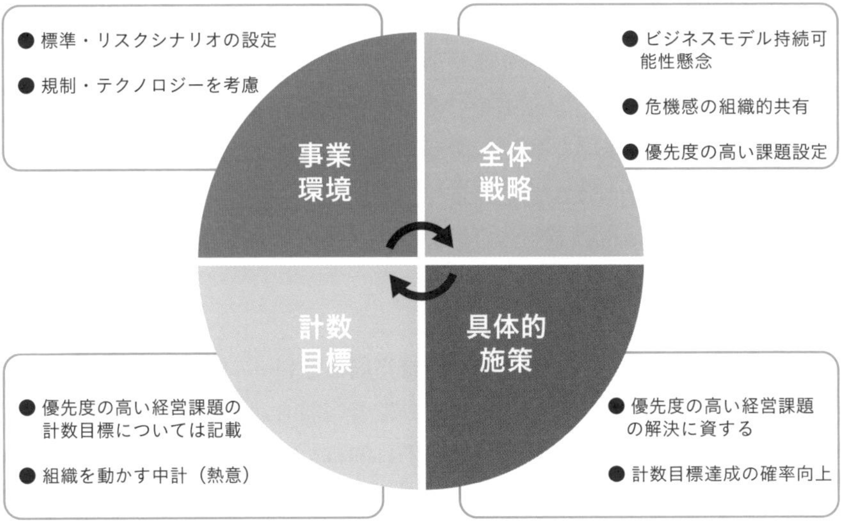

- ● 標準・リスクシナリオの設定
- ● 規制・テクノロジーを考慮

事業環境

全体戦略

- ● ビジネスモデル持続可能性懸念
- ● 危機感の組織的共有
- ● 優先度の高い課題設定

計数目標

具体的施策

- ● 優先度の高い経営課題の計数目標については記載
- ● 組織を動かす中計（熱意）

- ● 優先度の高い経営課題の解決に資する
- ● 計数目標達成の確率向上

（出所）大和総研

現状では、中計の期間は通常3年とする地銀が多いものの、5年あるいは複数の中計をまたぐ10年程度の期間を定める銀行も見られる。期間が長いほど、中計の計数目標に対する継続的なコミットの可能性が高まり、組織に十分に浸透するなどのプラスの効果が見込まれる。長期にわたる経営計画があれば、その期間内の3年ごとに中計を見直して、長期の計数目標の達成に向けて、戦略を見直すことが可能である。

変化のサイクルの短期化に合わせ中計の見直しの頻度も高める

　ただし、テクノロジーの進展などにより事業環境の変化のサイクルが短期化する中、中計の見直しの頻度を高めることは必要ではないか。例えば、毎年の見直しを検討することも考えられる。見直しの頻度を高めることで、実行中の戦略の施策(テクノロジーへの設備投資、コスト削減施策、人材配置、組織体制、社員教育制度など)の進捗状況、その効果の測定がより精緻になり、施策のてこ入れ、見直しを柔軟に行うことが可能となる。

(3) 複数の事業環境シナリオの設定

標準シナリオに加えてリスクシナリオを設定することの重要性

　中計の見直しの際には、複数の事業環境のシナリオを立てることも一考に値しよう。例えば、標準シナリオに加えて、リスクシナリオを設定することにより、リスクシナリオが現実化した場合の戦略変更をあらかじめ想定することができるからである。特に、金利、地域の経済状況などマクロ経済指標に関するリスクシナリオの設定は重要だ。加えて、日進月歩のテクノロジーの変化によるビジネスモデルへの影響などもリスクシナリオに組み込むことも考えられよう。

事業環境のシナリオ設定は投資家や監督当局も注目

　事業環境のシナリオ設定は、投資家や監督当局も注目している。投資家については、生命保険協会「株式価値向上に向けた取り組みに関するアンケート(平成29年度版)」の結果が参考になる。地銀を含む企業の中計の内容充実に向けて「重視するもの(企業)・改善すべきもの(投資家)」としてその

他を含む11の項目を挙げている。これらの項目の中で投資家が改善すべきものと回答した比率が最も高いのが「事業環境や見通しに関する分析を踏まえた戦略の策定」である（67.2％）。同項目を重視している企業の比率も54.0％と高いが、それ以上に投資家は改善を求めていると言える。加えて監督当局は、前述の改正監督指針において「地域の経済状況や顧客基盤の見通しなどの前提条件」を検証の項目に入れている。

(4) 組織や人を変革させる中計に変化できるかが変革の鍵

中計には組織全体のコミットが必要

　中計において、経営層が明確に課題認識をしていても、銀行全体が計数目標を達成するために組織的に動くことが難しい場合があろう。つまり、計数目標に対する経営層のコミットの意識が高かったとしても、組織全体がコミットしない限り計数目標の達成は難しい。このため中計の計数目標と戦略の組織への浸透が必要となろう。逆に組織全体のコミットメントを見込むことができない中計は作成する意味がないと言えなくもない。

変革が必要とはいえ組織と人は急には変われない

　これまで行内の隅々まで浸透してきたビジネスモデルを急に変化させることは難しい。特に行員の行動様式を変えるには膨大かつ継続的な経営努力が求められる。しかし、既存の組織・体制・業務の仕組み、それを支える人材が変化できなければ、急速に既存の収益モデルが陳腐化する可能性を否定できない。多くの銀行が人材（財）というワードを使用しているように、人材（財）である行員が変化を惜しまなければ、収益モデルの持続可能性を担保する地銀独自の付加価値を維持することができるのではないか。

5. 既存ビジネスの安定を早期に達成することが新規ビジネスの成功の鍵

（1）逆説的だが既存ビジネスの収益の安定を早期に達成することが重要

　中計から判断して地銀はこれまでの延長線上の変化ではなく、新しい変化を生み出せるのだろうか。逆説的になるが、新しい変化を生み出すためには、既存ビジネスを徹底的に効率化して収益の安定を早期に達成することが重要だ。

　そのためには、前述した通り、規模か、地域密着か、再編かの戦略よりも、既存ビジネスの生産性を徹底的に追求するような変革する力を強化する必要がある。ただし、その場合、変革の推進力は何だろうかということが問題となる。結局、1人ひとりの行員のモチベーションが変革の推進力となろう。ただし、推進力の強さは新しいことにコミットしたくない行員と新しいことにチャレンジする行員のせめぎ合いの結果に左右される。チャレンジしたい行員が多ければ、企業文化の「流動化」が起こる。流動化が発生するか否かが変革の鍵となる。つまり経営層にとっては銀行業に従事してきた行員の行動原理の柔軟性の有無の見極めが重要だ。柔軟性がない場合、すでに一部の地銀で見られるように、銀行内部の金融商品仲介への外部の証券ビジネスの専門人材の活用というドラスティックな対応が考えられる。この場合、行員は既存の法人向けの貸出業務に注力し続けることとなる。ただし、経営層が外部の人材を取り入れてまで変革に踏み切るためには、既存のビジネスモデルに対する組織的な危機感の共有が必要ではないか。

（2）新しい変革には銀行業はグループの中の1つの会社という意識が必要

　特に預かり資産ビジネスにおいてこの行員の柔軟性が試される。それによって人材教育とシステム導入・維持というコスト負担が大きい部分を、自前で負担し続けるのか、他社を活用するのかという、オーガニック戦略かインオーガニック戦略かの経営判断が可能となるだろう。これらの経営判断によって早急に既存ビジネスの収益を安定化することが喫緊の課題である。

その上で、新しい変革を生み出すためには、銀行業はフィナンシャル・グループの中の1つの会社というグループ経営の意識が必要になる。

　テクノロジーの急速な進歩と金融業態の規制緩和の方向性を考慮すると、個別行の経営努力には限界があり、既存の事業基盤が完全に負のレガシーとなる可能性がある。この状況になれば、単独の収益モデルの持続可能性も低下し、そのような銀行が増えれば業界内の再編もままならなくなる。

　前述のように、複数の銀行の業務提携によって効率性向上のブレークスルーを追求する動きもある。それを業界全体の持続可能性、生産性向上につなげていくためにも、個別行の中計においては「効率性」と「預かり資産ビジネス」の抜本的な課題解決の優先度をさらに高めていく必要があるのではないか。

第4章 期待される機能を果たしているか

「ソーシャルインパクトを伴う域内資金循環」の活性化が課題

　前章まで論じた稼ぐ力の強化に加えて、地域と銀行を両立させるためには地域の金融仲介機能が十分に発揮できているかが重要なポイントとなる。現状では、域内の資金循環の活性化が経済活性化につながっていないのではないかという懸念がある。

　地銀の付加価値が地域の経済成長あるいは社会的課題解決にどのように寄与しているのかが明確ではないと、地域と銀行を両立させることは難しい。

1. 労働生産性の向上が求められている分野への地方銀行の資金供給の現状[*38]

（1）労働生産性の低い業種では貸出金が減少

　ここでは地方銀行が、地方創生を目的として、金融庁と地域の中小企業が求めている、あるいは地域住民の期待している金融仲介機能を十分に発揮できているかを見ていく。

　図表 I-4-1は、アベノミクス以前の過去10年間における全国ベースでの業種別の地方銀行貸出金残高の変化率（2003年度対2013年度比）と労働生産性（従業者1人当たりの付加価値額）の関係を見たものである。両者には正の相関が見られる。つまり、概して、労働生産性が高い業種は貸出金残高が増加しているが、労働生産性の低い業種では貸出金が減少している。地方銀行全体で見ると、労働生産性の低い業種に資金を循環させることが地方創生に資するとの認識とは逆行している状況と言える。

（2）地方の産業（特にサービス業）の労働生産性の向上に資する事業性評価

　このような現状を踏まえて、金融庁は、事業性評価を通じて、労働生産性が低い業種の生産性を高めることが地域金融機関の役割としている。

　労働生産性の向上に関しては、平成28事務年度金融行政方針の中で「我が国のGDPの7割強を占めるサービス業については総じて生産性向上の余地が大きく、金融機関が事業性評価を通じて、企業に有益なアドバイスとファイナンスを行い、顧客の企業価値の向上を実現することは可能である」とし、低い労働生産性の業種の生産性を向上させることが、地域金融機関の「持続可能なビジネスモデル」強化の1つの方法であり、「地域経済の活性化」につながるとしている。現状では、**図表 I-4-1**に示す通り、労働生産性の低い業種に対する貸出金は増えていない。

　大和総研では、都道府県別主要4業種（2012年度のGDPで付加価値ウエイトが高い「サービス業」（28.3％）と「製造業」（23.1％）、地域活性化へ

＊38　内野逸勢「地域金融エコシステムの再構築へ」大和総研調査季報 2017年 夏季号 Vol.27

図表 I-4-1　業種別の地方銀行貸出金と労働生産性の関係（全国ベース）

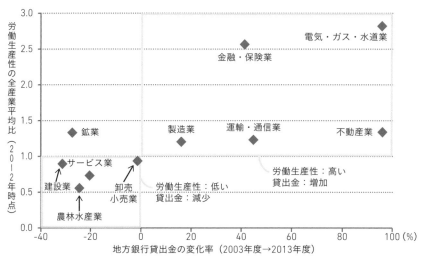

（出所）各地方銀行有価証券報告書、ディスクロージャー誌、総務省・経済産業省「経済センサス」より大和総研作成

　の貢献が期待されている「農林水産業」、貸出金残高が増加している「不動産業」）において、都道府県別の地方銀行の産業別の貸出金残高の変化率と労働生産性の関係を分析したところ、労働生産性の全産業平均比（1.0倍以上が労働生産性が「高い」）において、高い業種である製造業と不動産業では、大半の都道府県で貸出金残高の増加が見られた。以下では地方銀行の寄与によって労働生産性向上が期待されているサービス業と農林水産業における貸出残高の変化と労働生産性の関係を見ていく。

サービス業（全産業平均比すべての都道府県で1.0倍を割り込む）

　図表 I-4-2 に示す通り、サービス業では、労働生産性の全産業平均比がすべての都道府県で1.0倍を割り込んでいる。貸出金残高が増加しているのは、47都道府県中9府県（埼玉、鹿児島、宮崎、和歌山、京都、岡山、徳島、福岡、愛媛）の地方銀行であった。この中で全産業平均比が0.9倍以上は鹿児島、宮崎のみである。逆に、同0.9倍以上でありながら地方銀行の貸出金残高が減少している県は、岩手、秋田、千葉、福島、鳥取、島根、佐賀、長崎、熊本だった。

　サービス業中分類で見ると、労働生産性の全産業平均比には地域別で差が

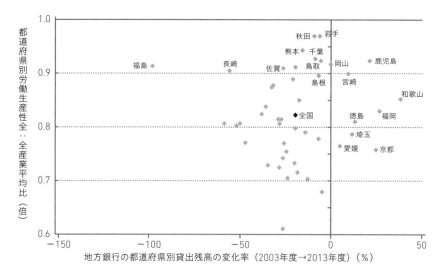

図表I-4-2　地方銀行貸出金残高の変化率と労働生産性の関係（サービス業）

（注）地方銀行貸出金残高の変化率（2003年度→2013年度）、労働生産性（2012年度）。
（出所）各地方銀行有価証券報告書、ディスクロージャー誌、総務省・経済産業省「経済センサス」より大和総研作成

ある。例えば、「医療、福祉」は、北海道・東北、北陸、四国、九州・沖縄
の地域では、1.0倍以上となっている。
　サービス業の中でも労働生産性が高い業種への貸出の伸びが期待される。
ただし、「医療、福祉」の貸出先の中心となる病院は、各都道府県の知事が
主導する地域医療構想の中で病床数の削減などの経営の効率化が求められて
いることには留意が必要だ。問題は、地方圏の観光業で中核となる「宿泊業、
飲食サービス業」などはすべての地域で0.4倍以下となっていることである。
「宿泊業」は地方圏の域内のサービス業種の中心を担うため、労働生産性を
高めることは重要ではあるものの、地方銀行のみで取り組むことには限界が
ある。

農林水産業（全産業平均比が1.0倍を超えているのは鹿児島のみ）
　農林水産業では、全産業平均比が1.0倍を超えているのは1県（鹿児島）
のみであり、貸出金残高も大幅に増えている。同平均比が1.0倍以下ではあ
るが、貸出金残高が増加しているのは7道県（岡山、群馬、熊本、宮崎、長

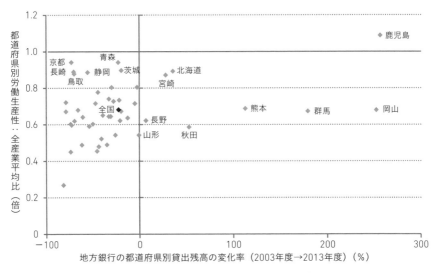

（注）地方銀行貸出金残高の変化率（2003年度→2013年度）、労働生産性（2012年度）。
（出所）各地方銀行有価証券報告書、ディスクロージャー誌、総務省・経済産業省「経済センサス」より大和総研作成

野、秋田、北海道）である。

　農林水産業の分野では、鹿児島銀行の「アグリクラスター構想」が、金融庁の「地域の面的再生・地域活性化につながる多様なサービスの提供」のモデル事業として取り上げられたことで知られている。注目すべきは、地元の産業分析をベースにターゲット分野を選定して、ターゲットとした産業のサプライチェーンを把握するために、実際に企業（酪農家）に人材を送り込んで、10年程度かけて、どのように資金を提供すれば産業が活性化するかを理解させた点だ。この結果、2010年には建設業を上回る貸出金の増加につながった。このような経営努力を重ねて、地域を深掘りしていく必要があるが、このような取り組みは、全国の地銀において期待されるほど見られないのが現状である。

2. 地域の資金の循環の状況（貨幣流通速度）

　次に、地域内の資金の循環の状況について、各都道府県の貨幣流通速

度*39（=「名目県内総生産」／「推定貨幣流通量」）という指標を活用して見ることとする。地方においても日銀のマイナス金利を含む非伝統的な金融政策によって資金量を増やしても、実体経済に資金が行き渡っていない現状があると想定される。

（1）資金増も実体経済に資金が行き渡らず（都道府県別で貨幣流通速度は低下傾向）

この現状について、都道府県別で貨幣流通速度を2001年度、2006年度、2014年度で見ると、平均は、各々0.92、0.90、0.72と低下している。各年度で見れば、2001年度に1.0を上回っていた県は14道県（北海道、岩手、福島、茨城、新潟、山梨、長野、静岡、滋賀、島根、佐賀、宮崎、鹿児島、沖縄）、2006年度では、15道県（北海道、青森、岩手、福島、茨城、群馬、山梨、長野、岐阜、静岡、滋賀、岡山、佐賀、宮崎、鹿児島）であったが、2014年度は該当なしだった（**図表I-4-4**）。貨幣供給量を増やしたにもかかわらず、必ずしも財やサービスはそれに見合うような増加をしていない。

（2）2001～2006年度は資金量増に伴い実体経済も成長

さらに、各都道府県の「名目県内総生産」と「推定貨幣流通量」の変化率と貨幣流通速度の変化幅の関係を見る。①2001年度から2006年度と、②2006年度から2014年度の各数値の変化を見たのが**図表I-4-5**（上段が①、下段が②）である。①では、都市圏（関東、中部、関西）の都市部（埼玉、東京、神奈川、静岡、愛知、三重、滋賀、京都、兵庫、岡山、広島、山口、福岡）を中心に、推定貨幣流通量と名目県内総生産とも増加している。これらの中で、この期間において、貨幣流通速度が上昇している県は、静岡、愛知、三重、滋賀に限られている。参考までに、製造業の付加価値額の対GDP比（2012年度）が20％台すなわちサービス産業のGDPに占める比率

---

*39　各都道府県の「名目県内総生産」を「推定貨幣流通量」で除して算出。「フィッシャーの交換方程式」（MV＝PT）を「V＝PT／M」と変換し活用。M＝一定期間内の貨幣の平均流通量、V＝貨幣流通速度、P＝物価水準、T＝商品・サービスなどの取引量。PTは名目国内総生産（名目GDP）を、MはM₂＋CDを代理変数として算出した。詳細は図表I-4-4注参照（出所：「地域通貨の経済的効果（試論）」ぶぎん地域経済研究所）。

図表 I-4-4 都道府県別貨幣流通速度（2001、2006、2014年度）

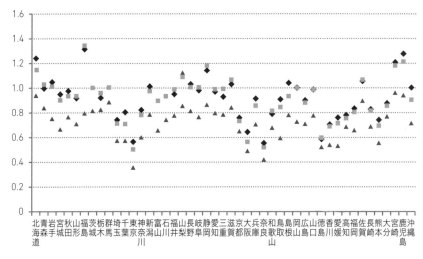

(注) 各都道府県の貨幣流通量は、各年度の国内の「M₂＋CD」（2001年）または「マネーストック」（2006年、2014年）の平均残高に、各年度末の各都道府県の預金比率を乗じて算出。貨幣流通速度＝名目県内総生産／貨幣流通量。
(出所) 内閣府「県民経済計算」（平成13年度～平成26年度）（93SNA、平成17年基準計数）、日本銀行資料（マネーストック、マネーサプライ）から大和総研作成

が高い都県である埼玉、東京、千葉、神奈川は同速度が低下していることが見て取れる。

（3）2006～2014年度は資金量増だが実体経済は低迷

　一方、②では、リーマン・ショック後ということもあり、貨幣流通量を大幅に増やしても、名目県内総生産が増加していない状況が見て取れる。名目県内総生産と貨幣流通量が両方とも増加している県は岩手、宮城、茨城、群馬、埼玉、千葉、徳島、宮崎、沖縄などである。

（4）地域産業のサービス化による資金ニーズの変化

　この理由を考えてみると、前述したように資金需要者側の資金ニーズの変化が考えられる。その変化の1つは**図表 I-4-6**に示す通り、各地域の産業のサービス化だ。もう1つの可能性としては、市場経済の分野では評価されない不稼働資産が増加していることなどが考えられる。

図表 I -4-5　都道府県別の名目県内総生産と推定貨幣流通量の変化率（上：2001年度→2006年度、下：2006年度→2014年度）

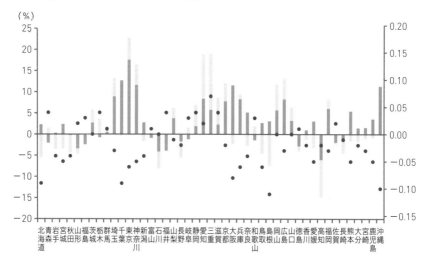

■ 推定都道府県内貨幣流通量（2006年度2001年度からの変化率）
■ 名目県内総生産（2006年度2001年度からの変化率）
● 貨幣流通速度（2006年度2001年度からの変化幅）右軸

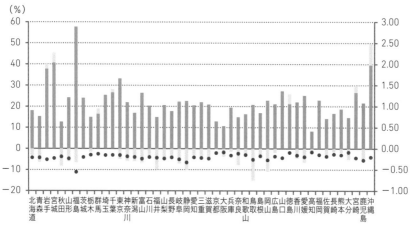

■ 推定都道府県内貨幣流通量（2014年度2006年度からの変化率）
■ 名目県内総生産（2014年度2006年度からの変化率）
● 貨幣流通速度（2014年度2006年度からの変化幅）右軸

（注）各都道府県の貨幣流通量は、各年度の国内の「M₂＋CD」（2001年）または「マネーストック」（2006年、2014年）の平均残高に、各年度末の各都道府県の預金比率を乗じて算出。貨幣流通速度＝名目県内総生産／貨幣流通量。
（出所）内閣府「県民経済計算」（平成13年度〜平成26年度）（93SNA、平成17年基準計数）、日本銀行資料（マネーストック、マネーサプライ）から大和総研作成

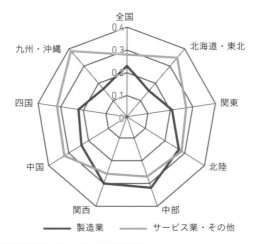

（出所）総務省・経済産業省「経済センサス」よりから大和総研作成

（5）地域金融は期待される機能を果たしていないのではないか

　この章の冒頭での「地域金融は期待される機能を果たしているか」という問いに対しては、否定的な答えとなる。その理由としては、1 節と 2 節で見てきたように、労働生産性の低い業種の生産性を高めて資金を供給し、域内の末端まで資金を循環させることが、現状の地域金融機関を中心とした地域金融エコシステムでは十分達成されていないことが挙げられる。

　上記の機能を果たすためには、現状の地域金融機関は付加価値の高い産業を発見して貸出を増やしてきたが（**前掲図表Ⅰ-4-1**）、それだけでなく付加価値の低い産業を付加価値の高い産業へ変革させる、あるいは付加価値の高い産業を創造するという新たな工程あるいは工夫が必要とされている。これまで発見を前提に組織が強化されてきたとすれば、今後、上記の域内産業の変革、創造に対応する組織に移行することが必要であることに留意すべきだろう。将来的には、預金取扱機関という制約の中で、稼ぐ力が落ちている地域金融機関が、地域の潜在的な資金ニーズに、タイムリーに、網羅的に、効率的に対応できるかは疑問だ。この観点から地域金融は、担い手が本格的に多様化することが求められているのではないだろうか。

［第I部　参考資料］

・大庫直樹（2016）『地域金融のあしたの探り方』、一般社団法人金融財政事情研究会
　内野逸勢・菅谷幸一（2017）「10年後に求められる地方銀行の姿に向けて」大和総研レポート（2017年3月7日付）
　https://www.dir.co.jp/report/research/capital-mkt/it/20170307_011797.html
・内野逸勢・森駿介（2018）「地域銀行の預り資産は単に増やせばよいのか」大和総研レポート（2018年11月13日付）
　https://www.dir.co.jp/report/research/capital-mkt/it/20181113_020440.html
・内野逸勢・長内智（2019）「顕在化する地域銀行の"再編の芽"」『大和総研調査季報』2019年新春号（Vol.33）
　https://www.dir.co.jp/report/research/capital-mkt/it/20190109_30021.html
・長内智・鈴木雄大郎（2019）「地域銀行の貸出増加は長期的に持続可能か?」大和総研レポート（2019年2月15日付）
　https://www.dir.co.jp/report/research/capital-mkt/securities/20190215_020630.html
・金本悠希・小林章子（2019）「地域金融機関の再編を促す制度整備」『大和総研調査季報』2019年夏季号（Vol.35）
・金融庁（2015）「平成26事務年度 金融レポート」
・金融庁（2016）「平成27事務年度 金融レポート」
・駒村康平（2019）「長寿社会と金融老年学の可能性（後編）」『生活福祉研究』通巻97号、pp.34-43、明治安田生活福祉研究所（現・明治安田総合研究所）
・高見茂雄（2013）「中期経営計画が経営成果に及ぼす影響——大手化学メーカーを対象とした実証研究——」『メルコ管理会計研究』6巻（1+2号）、pp.37-49、メルコ学術振興財団
・樋渡洸子・高橋悠輔・土屋宰貴（2018）「地域銀行の中期経営計画の特徴点」、日銀レビュー、2018-J-9
・野尻哲史（2019）「高齢者の金融リテラシー ～生活に不安を抱えながらも資産の持続力に楽観的～」、フィデリティ退職・投資教育研究所
・森駿介（2019a）「地域の中で高齢富裕層はどこにいるのか」大和総研レポート（2019年4月5日付）
　https://www.dir.co.jp/report/research/capital-mkt/it/20190405_020728.html
・森駿介（2019b）「顧客の資産寿命延長提案とサービスの考察」『月刊 銀行実務 』（2019年1月号）、pp.47-52、銀行研修社

第Ⅱ部

銀行編
（アンバンドルの波
に耐えられるか）

第5章　テクノロジーの進化が銀行を変える

オープン化の波にさらされる銀行業

　テクノロジーの進化で銀行に何がもたらされるのだろうか。テクノロジーの最大の特徴はオープン化だろう。オープン化とは、これまで企業内、業界内などで、いわゆる「ガラパゴス化」されて外界と遮断されていた世界が、外の世界とつながることで、内外の境界が限りなく低くなることである。昨今言われているオープン化の恩恵とは、ネットワークにつなぐことで、優れたFinTechを効果的に取り入れられることである。それも、常により有効なFinTechに絶え間なく進化を続けることが想定されている。銀行では、経営がこうした変化に対応するとともに、現場の行員が、AIとデータを活用するデータサイエンティストと協働してこの進化を取り入れるような柔軟な対応が求められる。

1. テクノロジーの進展が規制を含めた銀行の外部環境を大きく変化させる

　ダーウィンの進化論を大きく解釈すれば、変化する外部環境に対応できる者が進化して生き残れる。銀行業界に当てはめれば、これまでにないテクノロジーの進展が規制を含めた銀行の外部環境を大きく変化させており、銀行は生き残るための進化が求められていると言える。銀行がテクノロジーを単独で開発して進化することを求められているわけではない。テクノロジーのオープン化によって進化し続けるFinTechへのアクセスと取り込みが比較的容易となり、それを利用することで進化が可能となっている。

　ただし、外部のテクノロジーと「つなぐ」ことは内部環境の変化が半強制的に生み出されることを意味する。つまり、独自に内製化してきた銀行内の業務全体がその変化にさらされる。これは既存の業務に対してアンバンドル化の波が防波堤を越えて押し寄せることを意味する。個別行のみにかかることではない。規制という防波堤を越えて業界全体に押し寄せる。この変化の大きな波にさらわれて自分自身を見失い大海原を漂うのか、変化の波の中でも確固たるポジションを維持するために変革を遂げて生き残るのか、その大きな経営判断の時期が迫っている。

(1) 最大の変化は横断的な金融サービス仲介法制による上下分離のアンバンドル

デジタルの世界ではワンストップの提供体制が可能となる制度変更

　特に大きな変化は、テクノロジーによる変化の波が高くなっているのに防波堤自体が下げられることから始まった。2019年8月の金融行政方針（以下「金融行政方針2019」）[※1] で提示された「横断的な金融サービス仲介法制」（**図表Ⅱ-5-1**）の法的な整備である。2019年10月から「金融審議会　決済法制及び金融サービス仲介法制に関するワーキング・グループ」で検討が始ま

※1　金融庁「利用者を中心とした新時代の金融サービス　金融行政のこれまでの実践と今後の方針（令和元事務年度）について　重点施策の概要」2019年8月

り、2019年12月に金融庁から報告書が出された。その中では、デジタルの世界が金融業界に浸透していく中で、金融のインフラを担う伝統的な金融機関と、金融業態をまたいで金融商品・サービスの販売を担う機関との機能の上下分離が想定されていると思われる。つまりデジタルの世界では金融の業態を超えて、ワンストップで金融商品・サービスを提供できる体制が可能となる制度変更が実施される可能性が高い。

既存の金融機関に迫られる販売会社かインフラ会社かの選択

　既存の金融機関は顧客接点の販売の「土俵」で競うのか、金融システムの維持・安定のインフラの役割のみを担うのか、それとも販売とインフラの経営資源の配分を調整しながら一体で経営する仕組みを維持するのかの判断を迫られている。

図表Ⅱ-5-1　横断的な金融サービス仲介法制

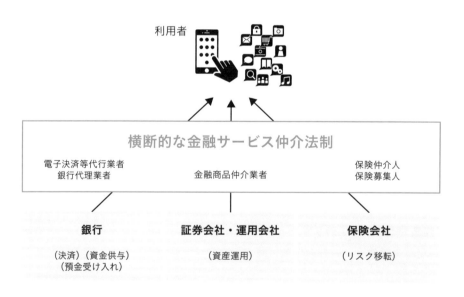

（出所）金融庁「利用者を中心とした新時代の金融サービス　金融行政のこれまでの実践と今後の方針　（令和元事務年度）について　重点施策の概要」2019年8月

テクノロジーの進化が規制を変化させる原動力

その背景には、新たな発想で進化するテクノロジーを活用して消費者の利便性を飛躍的に向上させるなどの付加価値を強みとする新しいビジネスモデルが、既存の金融業を機能分解しながら台頭していることがある。テクノロジーによる金融業の機能分解による新たな金融サービスの創出は、既存の規制・規範では対応できない。このためテクノロジーの進化は規制・規範を変化させる原動力となっている。第6章で詳述するが、金融庁は、金融業態別の規制（業法）の見直し、同一の機能、同一のリスクには同一の規制というように、機能ごとに規制を適用する検討を進めてきている。特に、銀行法という業法で保護されていた銀行業は、規制の変化によって機能分解（アンバンドル）する方向にあると言える。

(2) 既存の金融機関のアンバンドルへの対応は適切か

テクノロジーの導入だけの対応になっていないか

「金融行政方針2019」で想定されている「上下分離」という大きなアンバンドルについては、特にテクノロジーによる決済機能の多様化の影響が大きい。既存の銀行にとって顧客接点の中心をなす決済機能における「つけ入る隙間」の拡大は銀行にとって致命傷になりかねない。特に、デジタルプラットフォーマーによる既存の銀行の決済機能のアンバンドルが顧客の行動の変化につながり、規制の変化のうねりを生み出している。

それに対して守勢に回っている既存の銀行の多くは、変化のうねりを受け止める準備ができていない。テクノロジーさえ導入すれば、隙間が埋まるという思考回路と行動様式を維持している銀行が多い。例えば、業務プロセスの効率化を目指すRPA（Robotic Process Automationの略でロボットによる業務自動化を意味する）は、導入自体が目的となり、本来の導入目的である業務の標準化が進まず、業務プロセスが効率化していない。加えてオープン化していくメリットを享受できない、つまり、1つの銀行でしか使えないいわゆる「ガラパゴス化したRPA」が増えている。テクノロジーの導入によって業務を抜本的に改善するというよりも「従来の業務を守る＝自分の仕事を守る」という、テクノロジーの導入目的に人が追い付いてこない状態が続いて

いる。このため銀行から隙間を埋める金融イノベーションが生み出されてこない。

銀行自体の機能の分解ができているか

　他社の金融イノベーションに対応して自行を守る、あるいは金融イノベーションを自行で生み出して攻撃に転ずるためには、銀行自体が抱える多種多様な「機能」を分解し、自行のコアコンピタンスを維持することを評価軸として、機能を取捨選択し、再構築する必要がある。つまり、付加価値の低い機能はアウトソースし、付加価値の高い機能は自行に残すことが求められる。このような機能分解に基づく機能のアウトソースを戦略的に実行できなければ、テクノロジーの進展とその流れをベースとして規範・規制の変更を検討している規制当局の動きに対応できなくなる。

規制・規範の変更は日々進化するテクノロジーへの適合が目的

　加えて、規制・規範の変更は日々進化するテクノロジーに適合させることが目的である。規制とテクノロジーの変化に合わせて機能を再構築、ファインチューニング（調整）するためには組織の柔軟性が求められる。特に、システムの開発から現場に至るまで各サプライチェーンの要素ごとで柔軟な発想が必要となる。つまり、アジャイル（俊敏かつ柔軟）な対応が必要となる。これがいまどきのアンバンドルへの対応の大変なところである。

　テクノロジーがもたらす最大のアンバンドルが上下分離とすれば、既存のサプライチェーンを機能分解するアンバンドルの形態を把握し、なぜ最大のアンバンドルが発生したのか、その要因を押さえておく必要がある。以下では、テクノロジーの進化がもたらしうるアンバンドルを類型化して銀行への影響を確認する。

2. テクノロジーで銀行の何が変わるのか（アンバンドル化の波）

(1) テクノロジーだけの導入ではなく金融イノベーションで銀行が変わる

テクノロジーだけではディスラプターにはなりえない

　ここでテクノロジーとは何か、イノベーションとは何か定義してみよう。一般的にはAI・ビッグデータ、ブロックチェーンが当てはまる。ただし、テクノロジー自体が銀行業をディスラプト（破壊）するわけではなく、テクノロジーと規制・規範の変化を活用した新たな発想を生み出す人・企業が、ディスラプトを可能とする。

金融イノベーションが真のディスラプター

　では、ディスラプトとは何かと言えば、金融イノベーションが既存の金融機関のビジネスモデルを破壊している状態を示す。金融イノベーションは**図表II-5-2**の示す通り、革新的なビジネスモデルであり、「新たな発想×キーテクノロジー×正しい規範・規制」によって生まれる。

(2) 既存の金融業のビジネスモデルが有する「隙間」を埋める金融イノベーション

金融イノベーションが真のディスラプター

　さらに、同図表の金融イノベーションは「既存の金融業のビジネスモデルが有する『隙間』」に入り込み、それを埋めることを目的とし、ビジネスモデルを構成する業務単位（あるいは機能単位）に分解（アンバンドル）する（**図表II-5-2**）。アンバンドルされる側である銀行の中には、隙間を埋めるために、機能を分解して、ゼロから銀行業を再構築（リバンドル）して「守りの体制」を固め始めているところがある。

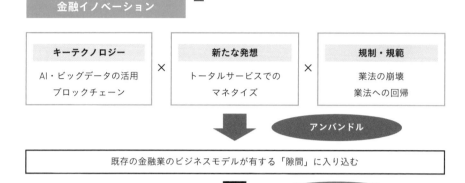

（出所）大和総研

「隙間」を埋める金融イノベーションを創出した主体がディスラプターとなりうる

　アンバンドルの主体はFinTech企業とは限らず、金融イノベーションを創出した既存の金融機関、プラットフォーマーなど様々である。既存の金融業あるいは金融機関が金融イノベーションを自力あるいは他者と協力して創出し、隙間を埋められればアンバンドルは回避できると考えられる。逆に、隙間を埋める力がなければ、他社によってアンバンドルされる可能性がある。ただし、前述したように、既存の金融機関が隙間を埋めるためには、自身のビジネスモデルを機能レベルでアンバンドルして再構築（リバンドル）する必要がある。

3. 最もインパクトが大きいソーシャル・イノベーションが現在発生中

(1) イノベーションの４つの分類

４つの隙間と金融イノベーション

「金融イノベーション」は、下記のプロセス、プロダクト、インフラ、ソーシャルの４つのイノベーションに分類される。隙間は下記の４つの「存在する場所」で定義され、これらの隙間を埋めるものが「金融イノベーション」と定義される。埋めるべき隙間はプロセス・イノベーションからソーシャル・イノベーションの順に大きくなる。

> プロセス・イノベーション：金融機関内部あるいは金融機関の間に存在する隙間を埋めるもの
> プロダクト・イノベーション：顧客と金融機関の間に存在する隙間を埋めるもの
> インフラ・イノベーション：金融機関が横断的に必要な金融インフラ上の隙間を埋めるもの
> ソーシャル・イノベーション：金融業を含む社会全体に存在する隙間を埋めるもの

ソーシャル・イノベーションへの対応が最初になることは想定外

図表 II-5-3 では、2018 年 4 月に刊行した『FinTech と金融の未来』で取り上げた 23 の先端事例をプロセスからソーシャルの金融イノベーションの種類によって分類した。同書ではディスラプティブの度合いが小さいプロセス・イノベーションから銀行が対応し始め、数年かけてソーシャル・イノベーションまで対応していくと想定していた。しかし、一部の銀行では、既存の体制を併存させながら、新たにデジタルバンクを設立することで、将来的に消費者の利便性を飛躍的に向上させるソーシャル・イノベーションに対応し始めている。つまり、既存のビジネスモデルの小さな隙間を見つけて金融イノベーションで埋めていくよりも、既存のビジネスモデルの体制を存続させな

がらも、将来的には新しいビジネスモデルの体制にリプレースする方向を目指している。

(2) なぜソーシャル・イノベーションへの対応が必要なのか

プロダクト・イノベーションである電子マネー・モバイル決済の台頭

図表II-5-3（以下の本文中の①〜㉓の附番は図表中の附番を参照）を活用して、ソーシャル・イノベーションへの対応の必要性を示す。まず、プロダクト・イノベーションに含まれる③電子マネー、④モバイル決済の台頭により、プロダクト・イノベーションが埋めるべき既存の決済サービスの「低い利便性」という隙間が顕在化した。次に、広く浅く顧客接点を持つデジタルプラットフォーマーが電子決済を活用して決済業者として金融の分野に参入し続けて、③と④を活用して、銀行の顧客接点の部分の隙間を埋めようとしている。

その一方、守る側の既存の銀行はモバイル決済との親和性を高めるためにオンライン販売チャネルの本格的な構築などの対応に迫られている。デジタルバンクの設立もその中に含まれている。他方、銀行では、既存の業務プロ

図表II-5-3　FinTechの23の先端事例と分類

イノベーションの種類	FinTechの導入事例	金融機関への影響
プロダクト	①P2Pレンディング　②レーティング ③電子マネー　④モバイル決済 ⑤テレマティクス保険　⑥P2P保険 ⑦AI投信　⑧ロボアドバイザー ⑨コピートレード　⑩アルゴリズム取引 ⑪市場向けデータ分析 ⑫クラウドファンディング ⑬証券マーケティング ⑭投資家教育/ゲーミフィケーション	ディスラプティブになりきれない 可能性が高い
プロセス	⑮アカウント・アグリゲーション ⑯マーケットプレース ㉑業務効率化技術	ディスラプティブにもなりうるが、 協業の可能性が高い
インフラ	⑳認証プラットフォーム ㉒オープンAPIと軽量システム構築 ㉓ビットコインとブロックチェーン	ディスラプティブに なりやすい
ソーシャル	⑰シェアエコノミー ⑱自然言語/動画プラットフォーム ⑲SNSと融合した金融サービス	最もディスラプティブになりやすい

（出所）大和総研

セスにおける“隙間”を埋めるために、プロセス・イノベーションである㉑業務効率化技術としてRPAの導入を進めている。銀行のオンライン販売チャネルの構築の本格化は、業務プロセスを根本的に見直すこととなり、本来あるべきRPAの導入を促しているとも言える。

モバイル決済の覇権争いがインフラおよびソーシャル・イノベーションにつながる

　モバイル決済をデジタルプラットフォーマーが活用することで、プロダクト・イノベーションの隙間が、ソーシャル・イノベーションの隙間を急激に拡大したと言える。その背景として、電子決済が顧客情報をグリップするために重要であること、銀行の決済は利便性において劣後していること、決済の分野の大胆な規制緩和が他の規制に先んじて実施されてきたことなどが挙げられる。これを契機として、プロダクト・イノベーションの隙間を積極的に埋めようとするデジタルプラットフォーマーのビジネス上のインセンティブが高まった。この結果、デジタルプラットフォーマーはプロダクト・イノベーションの隙間を埋めるだけでは飽き足らず、「横断的な金融サービス仲介法制」などの規制緩和の後押しもあり、⑲SNSと融合した金融サービスを本格的に目指し始めたことが、ソーシャル・イノベーションにつながったと考えられる。

　これによりデジタルプラットフォーマーに代表される非金融の企業と銀行との間で、電子マネー、モバイル決済の覇権争いが繰り広げられている。この背景には、決済の機能の進化・多様化が「横断的に必要な金融インフラ上の隙間」を埋めるインフラ・イノベーションとなっていることがあると考えられる。

4. デジタルバンクは将来の顧客との隙間を埋める金融イノベーションとなるか

（1）金融イノベーションはビジネスモデルを機能レベルまで分解して創出されうる

現状のビジネスモデルの経営資源は負のレガシーとなる可能性

　デジタルプラットフォーマーなどの主体は、ビジネスモデルを機能レベルまで分解（アンバンドル）して様々な金融イノベーションを駆使して"隙間"を埋めようとする。このため現状の銀行のビジネスモデルを成立させている経営資源・体制は将来的に負のレガシーとなる可能性が高くなる。銀行にとって、このような負のレガシー化を回避するために必要な視点は、既存のビジネスモデルの機能分解によって金融イノベーションを自ら創出することである。とはいえ、団塊の世代を中心とする現在の顧客層に即した既存のビジネスモデルの経営資源を活用して収益を確保することは、当面の間は必要だ。要するに将来のボリューム顧客層がデジタルネイティブ世代（生まれた時からネット環境が身近にあった世代）、デジタルアベイラブル世代（デジタル環境が簡単に利用できる環境で育った世代＝団塊ジュニア世代）に変化するタイミングの捉え方が重要となる。

ターゲットとなるボリューム顧客層が変化するタイミングは見極められるのか

　つまりターゲットとする既存のボリューム顧客層（ノンテック世代＝テクノロジーに不慣れな既存顧客層）あるいは次世代のボリューム顧客層（FinTech世代）がFinTechによる利便性を強みとした金融商品・サービスに付加価値を見いだすタイミングの見極めが重要となる。次世代のボリューム顧客層であるFinTech世代に対応できる組織体制への移行を慎重に進めながら、同時に既存のターゲット層であるノンテック世代の収益機会を逃さないようにしなければならない。

（2）金融イノベーションとしてのデジタルバンクの可能性

デジタルバンク設立に踏み出す地銀の登場

　ただし、上記の移行のタイミングを計ることは難しい。このため、移行期においては、**図表II-5-4**に示すように、既存の体制と将来の体制の両立を図るために、二重投資という問題はあるものの、チャレンジャーバンク（デジタルバンク）を設立する構想を実行に移している銀行が出現している。

次世代ビジネスモデルへの変革の意志を内外に示すなどの３つの設立目的

　デジタルバンクの設立目的は３つある。まずは、当然ながらFinTech世代と呼ばれる将来の顧客層への対応が目的である。次に、オンライン上でデジ

図表II-5-4　FinTech世代とノンテック世代への対応の構図

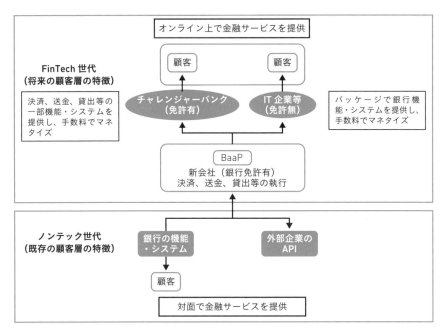

（注１）チャレンジャーバンクとは、若者など特定の利用者のニーズに合わせて、限定したサービスを提供する銀行。インターフェイスをスマホだけに限り、無店舗経営をしているという特徴を持つ。
（注２）BaaP（Bank as a Platform）とは、決済等のエグゼキューションに関するシステム・手法の提供など、銀行業のプラットフォームの機能に徹する銀行を指す。
（出所）大和総研

タルバンクのミドル・バックのシステムを、他銀行のデジタルバンクあるいは免許を持たない FinTech 企業等向けの BaaP[*2] のサービスとして提供し、手数料収入を得ることが目的となる。最後に、現在のノンテック世代向けの銀行全体のシステムが負のレガシー化する前に、チャレンジャーバンク（デジタルバンク）のシステムに移していくという次世代ビジネスモデルへの変革の意志を内外に示すことが目的としてある。装置産業である銀行の変革には、規模の大きな銀行ほど時間がかかるため、既存のシステムの維持コストが併存するという二重投資の問題を抱えながらも、デジタルバンクの設立に踏み出すことが必要となる。加えて、コスト負担増を見据えて、デジタルバンクの効率化を極限まで目指す努力を促すことが、その目的として挙げられよう。

　デジタルバンクが将来の顧客との隙間を埋めるプロダクト・イノベーションに発展するかについては不透明である。しかし、銀行全体のプロセス・イノベーションにつなげる、あるいはつなげる努力の起爆剤となりうることから重要と位置づけられている。

5. 金融版CASEを体現する先端事例がオープン化の中心

(1) 金融イノベーションの中核をなす5つのIT活用の新しい発想

　図表II-5-5 は、23の先端事例における5つのIT活用の新しい発想（AI、自動化、オンライン化、API化、分散化）の適用状況を整理したものである。

　自動車のCASE[*3] にたとえれば、金融版CASEはC（Connected）がオンライン化、A（Autonomous）が自動化、S（Shared）がAPI化、E（Electric）がAIに当たる。分散化は金融業界とってメインフレーム等の中央集権化されたシステムからの脱却であるから、オリジナルのCASEの発想にはない金融業界特有のEの形とも言える。

＊2　BaaP（= Bank as a Platform）とは、決済等のエグゼキューションに関するシステム・手法の提供など、銀行業のプラットフォームの機能に徹する銀行を指す。
＊3　Connected（つながる）、Autonomous（自律走行）、Shared（共有）、Electric（電動）の頭文字。

(2) 23の先端事例におけるIT活用の新しい発想

　同図表で5つのIT活用の発想（AI、自動化、オンライン化、API化、分散化）を多く駆使している先端事例は、⑰シェアエコノミー、⑱進化型UI（自然言語／動画プラットフォーム）、⑲SNSと融合した金融サービス、⑳認証プラットフォームである。5つのIT活用の発想のうち、4つの発想を活用している。

(3) 金融版CASEはシェアエコノミー、進化型UI、SNSと融合した金融サービス

　金融イノベーションの分類に当てはめると、⑰〜⑲はソーシャル・イノベ

図表Ⅱ-5-5　FinTechの各23先端事例におけるIT活用の発想

FinTechの導入事例	IT活用の発想				
	AI	自動化	オンライン化	API化	分散化
①P2Pレンディング	○		○		
②外部データを利用したレーティング		○	○	○	
③電子マネー		○	○		○
④モバイル決済		○	○	○	
⑤テレマティクス保険	○		○		
⑥P2P保険					
⑦AI投信	○	○	○		
⑧ロボアドバイザー	○	○	○		
⑨コピートレード	○	○	○		
⑩アルゴリズム取引	○	○	○		
⑪データ分析・市場予測	○		○		
⑫クラウドファンディング			○		
⑬証券マーケティング	○	○		○	
⑭投資家教育/ゲーミフィケーション			○	○	
⑮アカウント・アグリゲーション	○	○	○		
⑯マーケットプレース		○	○	○	
⑰シェアエコノミー	○	○	○	○	
⑱進化型UI	○	○	○	○	
⑲SNSと融合した金融サービス	○	○	○	○	
⑳認証プラットフォーム	○	○	○	○	
㉑RPA		○			
㉒オープンAPIと軽量システム構築			○	○	
㉓ビットコインとブロックチェーン			○		○

（出所）大和総研

ーションに属し、⑳はインフラ・イノベーションに属している。上記の⑰～
⑳はディスラプティブの影響が大きい。つまり金融版CASEを進める先端事
例であり、銀行のオープン化の流れを推し進める中心となる金融イノベーシ
ョンと言える。

6. オープン化の耐性は金融業態別で異なる

(1) オープン化への耐性はあるか

　このようなオープン化のプレッシャーは銀行業のみではなく、金融業界全
体に大きな影響を与える。ただし、このプレッシャーへの耐性は金融の各業
態によって差がある。つまり、業態別に採用してきた経営戦略、業界全体の
取り組み、規制の変化、テクノロジーの適用などの過去の業界を守る努力の
積み重ねによって、FinTechを活用して攻める立場なのか、守る立場なのか
という立場が異なることから、その耐性が異なるのである。以下では、
FinTech活用において「守る立場」にあるか、「攻める立場」にあるかで金融
業態を区分してみていくこととする。

(2) FinTechを活用して攻める業態と守る業態の差

「攻める立場」と「守る立場」に各金融業態を区分

　具体的には下記の3項目で「攻める立場」と「守る立場」に各金融業態を
区分する。

①基礎的ビジネスモデルの劣化度合い
・リーマン・ショックの影響が大きく、基礎的ビジネスモデルの劣化が激し
い業態　⇒　守る立場
・すでに規制緩和により大きな外的ショックを受けて基礎的なビジネスモデ
ルの変革が進展している業態　⇒　攻める立場
②業界再編の進展度合い
・基礎的ビジネスモデルは変化しておらず、業界全体の再編の進展の度合い
が相対的に遅い業態　⇒　守る立場

・基礎的ビジネスモデルは変化していないが自助努力として業界全体の再編を行い、今後見込まれる変化への耐性が強い業態　⇒　攻める立場

③ターゲット顧客層の変化

・どの業態も多かれ少なかれ少子高齢化による社会構造の変化の影響を受けるが、コア顧客層が変化し、その影響が特に大きい業態　⇒　守る立場

・いずれの業態においてもユニークなビジネスモデルを活かして競争力を維持している金融機関の存在　⇒　攻める立場

オープン化への耐性が最も弱いのは地銀か

　上記の3項目から評価すると、「守る立場」の金融業態は、再編の進展度合いが遅く、基礎的ビジネスモデルの劣化と社会構造の変化によるターゲット顧客の変化に直面する業態と言える[4]。この観点からすれば地銀と生命保険が"守る立場"となる。ただし、基礎的ビジネスモデルの劣化のスピードは負債（地銀は預金、生命保険は保有契約高）のデュレーション（≒期間）によって異なる。地銀が今後5年で劣化する可能性が高いのに対し、生命保険は10年程度で劣化すると想定される。逆に他の業態は「攻める立場」として、技術、ビジネスモデルの両面からFinTechを積極的に取り込んでいくことが求められる。ただし、その場合、既存の金融業の隙間に入り込む時にデジタルプラットフォーマーとFinTech企業が活用するテクノロジーだけではなく、その活用の発想を理解していないとコントロール不能なアンバンドルのリスクにさらされることとなる。業界の「当たり前」をそのままの状態にして、新たなテクノロジーと発想を理解していないと、隙間が生まれるのである。「守る立場」「攻める立場」に関係なく金融機関は、これまでの「当たり前」から脱却して、オープン化への耐性を強化する準備を進められる力があるのかを問われている。地銀に関しては、その懸念が最も強く、個別の地銀だけではなく、業界全体で準備を進める必要がある。

＊4　日経BP「FinTechと金融の未来」第5章の第2節参照

7. オープン化による新たな9つのアンバンドル要因と既存の金融機関の対応の実情

(1) アンバンドリングは機能の再編により発生する

　この業界の「当たり前」とは具体的に何か。既存のビジネスモデル（想定内の事業環境の中での）と銀行法等の各金融業態別の業法だろう。過去の再編、アンバンドルは、この「当たり前」、つまり事業環境と規制が変化した時に発生した。今回のアンバンドルは「当たり前」の変化が過去と違うことに特徴がある。

　単なる銀行同士あるいは金融業界の中の再編ではなく、非金融業を巻き込んだ金融業の機能再編のトリガーとなる大規模なアンバンドルが発生する可能性がある。すでにその芽は出てきている。このため金融イノベーションはこれまで行われてきた規制緩和以上に金融のビジネスモデルを根本から変革する可能性を秘めている。

　以下では、この動きを金融仲介機能の分解（主体の分散化）いう観点から見ていく。金融機能は大きく金融仲介機能と資金決済機能、ビジネスではホールセールビジネスとリテールビジネスとに区分できる。金融仲介機能はさらに資金提供機能、資産変換機能、情報生産機能に分けることができる。現在の金融イノベーションの多くがリテールビジネスにおける情報生産機能に関わっており、情報が、アンバンドルあるいは再編のキーワードとなる。

(2) 金融仲介機能の分解

　金融仲介機能の分解とは、これまで既存の金融機関が担ってきた金融仲介機能と資金決済機能の一部の機能をFinTech企業が担うことである。すでに情報生産機能、資金決済機能では、適用する機能の範囲が、少額、短期の比較的単純な金融商品のみと、ほぼ限定されるものの、デジタルプラットフォーマーを含むFinTech企業が2つの機能の一部を代替し始めていると言ってもよいだろう。さらに、アンバンドルが進み、仲介機能が細分化され、多数の主体が分割してこれを担うことになることが予想される。これがマスの顧客のマーケットで実現すれば、金融業の様相がかなり変化するだろう。究極的には、金融業の仲介機能が消滅するとの考え方もある。今後10年間に期

間を限定した場合、機能分解とアンバンドルはどのレベルまで進むのだろうか。特に、付加価値が高い金融サービス機能までもFinTech企業が代替するようなことが起こりうるかがポイントとなる。

(3) 新たな9つのアンバンドルへの既存の銀行の対応

　上記のポイントを踏まえ、**図表II-5-6**では金融イノベーションによってもたらされる9つのアンバンドルと各金融業態への影響を示した。『FinTechと金融の未来』では、9つのアンバンドルごとに影響を評価した。しかし、以下で述べる「①金融機能の部品化」「②商品・サービスの部品化」「③顧客接点の主導権の変化」「⑥システムのブレークスルー」が示すように、実際には複合的あるいは同時多発的に9つのアンバンドルが発生して化学反応を起こし、想定以上の影響力を持つアンバンドルが生み出されている。これらのアンバンドルへの対応は、一部の銀行で取り組みが始まっているのみである。一方、銀行のアンバンドルへの対応の多くは、RPAなどのFinTechを導入することにとどまっている。

図表II-5-6　従来と異なる9つのアンバンドルの要因と各金融業態への影響の程度

アンバンドル要因	銀行		保険		証券		AM	
	メガ	地域	生保	損保	個人	法人	個人	法人
①金融機能の部品化 （業法の壁崩壊）	◎	◎	△	△	○	○	○	○
②商品・サービスの部品化 （IT大手プラットフォーマーの台頭）	◎	◎	○	○	○	△	○	△
③顧客接点の主導権の変化 （ITとの親和性と主導権の変化）	◎	◎	△	○	○	○	○	△
④取引単位の変化 （超少額化、リスクコモディテイ化等）	◎	◎	△	△	○	○	○	○
⑤業務単位の変化 （業務の部品化、RPAの導入）	◎	◎	○	○	○	△	○	△
⑥システムのブレークスルー （省力化、分散化が可能か）	◎	◎	○	○	○	△	○	△
⑦求められる人の変化 （AI×データサイエンティスト×専門家）	◎	◎	○	○	○	△	○	△
⑧求められる組織の変化 （データトランスフォーメーション）	◎	◎	○	○	○	△	○	△
⑨FinTech企業サービスの受容性 （金融商品と顧客付加価値との適合）	◎	◎	○	○	○	△	○	△

（注）影響大◎（1〜2位）、影響中○（3〜6位）、影響小△（7〜8位）の3段階評価。
（出所）大和総研

RPA導入によって取り組みが進んでいるように見える「⑤業務単位の変化」

　この9つの中で銀行の取り組みが活発化しているのがRPAの導入が進む「⑤業務単位の変化」だろう。ただし、先述したようにRPAの導入が目的となってしまい業務プロセスの改善が進まない状況になっている。これまで人が介在することを前提にしていたため、RPAの導入により企業ごとに微妙に異なっていた業務プロセス単位を標準化することが求められている。その成果として、業務プロセスが均一化、画一化され、業務の外部委託が容易になる。しかし、実際には均一化・画一化が期待したほど進んでいないため、アンバンドルが進んでいない。複数の地銀がFinTech企業を共同で立ち上げ、業務プロセスを共通化・均一化させて統一的なRPAの導入に取り組んでいるものの、共通化する基準に対してコンセンサスが得られない模様である。とすれば、個別行のRPAのガラパゴス化が進み、効率化を目指す業務プロセスの改善が進展せず、業界全体の業務プロセスの改善も進まない可能性もある。

　その一方、販売チャネルはオムニチャネル化が進み、販売チャネルごとに商品開発からミドル・バック業務の効率的なサプライチェーンを持つことがますます求められている。例えば、乗合代理店に卸す生保の商品は、他社の商品との直接的な競争にさらされるため、そこに卸す商品の価格競争力はサプライチェーンの高い効率性によって生み出される。販売チャネルごとに適切なサプライチェーンを構築することで、営業職員の販売チャネルで提供する商品と乗合代理店に卸す商品の保険料の設定に柔軟性を持たせ、各販売チャネルの強みを強化することができる。一方、銀行が取り扱う金融商品・サービスは、安全性は高いものの、どの銀行で購入しても商品の内容に差がなく、他社との差別化が他の金融業態と比較しても難しい。銀行は本格的な販売チャネルの多様化に取り組み始めたばかりであり、生保の例に見られるような戦略のステージまでには達していないところが多いと考えられる。

「①金融機能の部品化」が進めば決済の「②商品・サービスの部品化」が進む

　次章で述べる「銀行業とは何か」という根源的な部分からの業法の見直しにより「①金融機能の部品化」が進み、業法の壁が低くなるという脅威が現実のものとなっている。すでに述べたように決済の分野での規制緩和が進み、

モバイル決済をビジネスモデルの起点とするデジタルプラットフォーマーが「金融機能の部品化」を活用して、金融商品・サービスをリバンドルする動きが活発化している。つまり、スマホ上においてアプリ（アプリケーションの略。スマホを使って特定の目的を達成するためのソフトウェア）を利用して様々なサービスを統合した「スーパーアプリ」の形態によって、多種多様な金融・非金融の商品サービスに参入するケースが増えてくると想定される。この形態が実現されると、簡単な金融商品・サービスの購入の手続きでは、業法に則った金融商品・サービスの製造元である既存の金融機関のブランドがスマホ上に登場する機会が少なくなる。このためスーパーアプリが強力なブランドとなり、既存の金融機関のブランド力が極端に低下することで、「②商品・サービスの部品化」、つまり既存の金融機関のブランドのいわゆるホワイトラベル化が進む可能性が高くなる。

「③顧客接点の主導権の変化」が進み「⑥システムのブレークスルー」が追求される

　こうした変化が定常化すれば、デジタルの領域で「③顧客接点の主導権の変化」が起こる可能性が高まる。金融機関の顧客がスーパーアプリの運営企業に流出することも予想される。いずれにしても政府が想定するようにスマホ上での金融商品・サービスの販売チャネルを利用する消費者が増えることに備えて、製造元の金融機関は価格競争力を高めるために自身の「⑤業務単位の変化」に本格的に取り組むことが求められる。それを実現するために、「⑥システムのブレークスルー」となるクラウド活用、API接続、デジタルバンクの設立などを戦略的に実施していく銀行が増えていくと考えられる。これにより、銀行は組織の変革に迫られ、「⑧求められる組織の変化（データトランスフォーメーション）」と「⑦求められる人の変化（AI × データサイエンティスト × 専門家）」を今以上に追求することが求められる。

　このようにアンバンドルの要因が複合的に絡む「スーパーアンバンドル」とも呼べる事象が発生していること、あるいは将来的に発生する可能性が高いことを踏まえれば、金融機関単独では対応できずに他の業態、あるいはFinTech企業、デジタルプラットフォーマーなどと連携する必要が出てくるだろう。ただし、最後のアンバンドルの要因である「⑨FinTech企業サービ

スの受容性」には留意が必要だ。つまり、FinTech 企業が生み出す付加価値が、ある程度普遍的な顧客本位に基づくことが前提となって上記のアンバンドルへの対応が求められている。この部分の見極めを誤ると、必要のない隙間を埋めることとなり、上記の対応が無駄になりかねず、コスト負担だけ増加する可能性がある。顧客の付加価値を生み出す自行の強みを把握することを最優先すべきである。

8. 既存の金融機関から新たな発想は生まれるのか

（1）新たな発想を生み出す継続的な能力の有無が持続可能性を担保する競争力の源泉

　とはいえ、金融機関のアンバンドルへの対応は着実に行うことが求められており、その意味において今後は新たな発想を生み出す組織的な力が持続可能性を担保する競争力の源泉と言える。新たな発想力の観点では、金融機関の競争相手は同じ金融業態の中に存在しない。第Ⅰ部でも示したように、過去に類を見ない事業環境の変化の中で、テクノロジーの革新的な進化を背景とした業法の壁を越えるサービスの発想力を持つ事業者（デジタルプラットフォーマー、FinTech 企業）との競争となる。

（2）金融と非金融の境目なく情報を収集して緻密に分析する能力が必要

　特に、新たな発想力に長ける事業者は、金融と非金融の境目なく情報を収集し、緻密に分析する能力が優れており、新たな発想の塊であると言える。データの質と量の爆発的な増加に加え、それを解析するテクノロジー（AI技術）が飛躍的に進化し、その進化をベースにマッシュアップ（＝ APIの借用により破格的に安く、すばやくアプリをつくる）という異種素材の効率的な組み合わせによって新たな創造的発想が生まれやすい環境が整備されているからである。その環境下では巨大な設備投資は不要である。本章の主要テーマである「オープン・イノベーション」自体が効率的に FinTech 企業等の新たな発想を継続的に生み出している源泉と言える。クローズされた世界の中では新たな発想は生まれない。

(3) FinTechから将来を見据えて業界の当たり前を疑う

　一方、既存の金融機関は、新たな発想を取り入れようとする動きが見られるものの、本格的な業務への応用には至らず、これまでの「当たり前」から抜け出ていない印象がある。前述のようにFinTech企業が持つ新しい発想力によるビジネスモデルは、業界の「当たり前」へチャレンジし、業界のアンバンドルを引き起こそうとしている。

　このような既存の金融業の隙間とそれを担うFinTech企業という関係の構図が存在する。ただし、この革新的なビジネスモデルの担い手となるためには、特にテクノロジーの発展をベースに、人の新たな発想を生み出す力を維持、強化することが重要である。そのためには、特に既存の金融機関は、FinTechから将来を見据えて現在の業界の当たり前を疑う嗅覚を経営・組織が持つことが必要だ。既存の金融機関が10年後に価値を持つ金融ビジネスの担い手となるためには、キーテクノロジーの発展、規範・規制の変化に柔軟に対応しながら、当たり前を疑うことによる新しい発想力を持続的に維持することが必要となる。

9. 銀行業の商品・サービスのコモディティ化のスピードは速い

(1) プラットフォーマーの参入による銀行業の商品・サービスのコモディティ化

　銀行業が以前から顧客に提供している商品・サービスのコモディティ化のスピードが、顧客接点のアンバンドル化も加わり、今後10年で相対的に上がることが見て取れる（**図表 II-5-7**）。商品・サービスごとに業務も異なるため、付加価値が低い商品・サービスに付随する業務の部品化のスピードもこれに応じて速くなる。付加価値の高い商品・サービスを特定するとともに、人、モノ（システム）、情報という経営資源を再配分して組織の変革ができるかが鍵となる。

図表II-5-7　金融業態別商品・サービスのコモディティ化のスピード

商品・サービス	コモディティ化のスピード	収益性	担う主体
決済・送金(個人)	速い	低い	FinTech企業／プラットフォーマー
決済・送金(法人)	速い	低い	銀行
貸出(短期)	速い	高い	FinTech企業／プラットフォーマー
貸出(長期)	遅い	低い(安定)	銀行
預金	速い	低い	銀行
低リスク金融商品(個人)	速い	低い	FinTech企業／プラットフォーマー
高リスク金融商品(個人)	遅い	高い	FinTech企業／プラットフォーマー
低リスク金融商品(法人)	速い	低い	金融機関
高リスク金融商品(法人)	速い	高い	金融機関
資産運用コンサル(個人)	遅い	高い	FinTech企業／プラットフォーマー／金融機関
資産運用コンサル(法人)	速い	低い	アセットマネジメント
生命(死亡)	遅い	高い	保険会社
生命(貯蓄)	速い	低い	保険会社
生命(第三分野)	遅い	低い	保険会社
損害(自動車)	速い	高い	保険会社／サービスプロバイダー
損害(住宅)	速い	低い	保険会社／サービスプロバイダー
損害(健康)	遅い	高い	保険会社／サービスプロバイダー

(出所) 大和総研

(2) コモディティ化が激しい商品をデジタルの世界に閉じ込める必要性が高まる

　金融業は次章で詳述するように業法の見直しの中、業態の壁が崩れつつある。業態間の競争も激しさを増してくる。テクノロジーによる変化への銀行の対応の成否は、コモディティ化して収益性の低い特にリテール向けの銀行の金融商品・サービスをいかに効率よくデジタルの世界に閉じ込めるかに依存すると考えられる。ただし、顧客から見た信頼性の維持は人に任されている部分があるため、テクノロジーが人をサポートする、あるいは人がテクノロジーの指示に従うといった人とテクノロジーとの丁寧な融合が銀行に求められる。

10. アンバンドルの中での2つの次世代銀行ビジネスモデル

(1) 上下分離による次世代銀行ビジネスモデル①

　前節までの論点を踏まえ、金融イノベーションによってアンバンドルが発生し、コモディティ化のスピードが増す中で、既存の銀行は以下の2つの次世代銀行ビジネスモデルを形づくっているように見える。

　第一に、**図表II-5-8**に示すように、チャレンジャーバンク（同図表の注1）とBaaP（同図表の注2）に分離するモデルである。前述したようにデジタルバンクを設立する銀行などが該当する。

図表II-5-8　上下分離による次世代銀行ビジネスモデル①

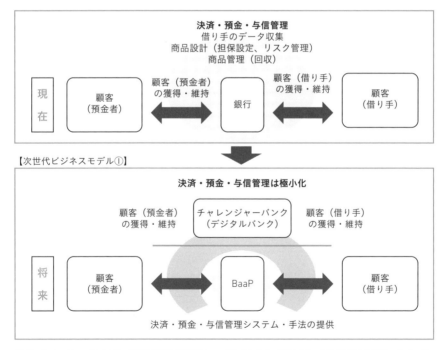

(注1) チャレンジャーバンクとは、若者など特定の利用者のニーズに合わせて、限定したサービスを提供する銀行。インターフェイスをスマホだけに限り、無店舗経営をしているという特徴を持つ。
(注2) BaaP（Bank as a Platform）とは、決済等のエグゼキューションに関するシステム・手法の提供など、銀行業のプラットフォームの機能に徹する銀行を指す。
(出所) 大和総研

（2）上下分離と製販分離による次世代銀行ビジネスモデル②

　第二に、**図表II-5-9**に示すように、銀行がBaaPとなってプラットフォーマーに銀行機能を提供して手数料を稼ぐビジネスモデルである。この場合のBaaPとなる銀行はメガバンクを指す。すでにみずほフィナンシャルグループがLINEとともに、LINE Bankの設立を目指し、三菱UFJフィナンシャル・グループはローソンとともにローソン銀行を設立した。前者も銀行免許取得予定である。**図表II-5-9**のプラットフォーマーとBaaPの間にある銀行は地銀などが該当し、自行の金融商品・サービスがホワイトラベル化し、自行ブランドの劣化が進むこととなる。

図表II-5-9　プラットフォーマーの台頭による次世代銀行ビジネスモデル②

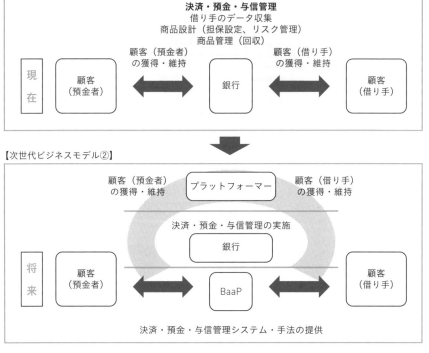

（出所）大和総研

第6章　規制の変化が銀行（金融）を変える

これまでにない規制の変化がオープン化を促す

　オープン化を促すのはテクノロジーだけではなく、業態ごとの業法を見直す規制の変化もオープン化を促していると言える。いわゆる規制による金融業界のディスラプションである。これによって既存の金融機関が現在有するすべての機能を一体で運営する体制を維持できなくなる、つまり機能のアンバンドルが起こる可能性が高まる。テクノロジーが金融業の機能を分解（アンバンドル）するように、規制も業法を見直すことで金融業の機能分解をしている。具体的には、金融庁の金融審議会金融制度スタディ・グループ（金融制度SG）＊5 が、金融業とは何か、銀行とは何かという定義にまで戻って機能を分解している。

　さらに前章で述べたように、既存の金融機関をインフラ会社化するような「横断的な金融サービス仲介法制」にも踏み込んでいる。同法制については、いわゆるプラットフォーマーを念頭に、ワンストップでサービスを提供する事業者について、①参入規制の一本化、②所属制の緩和などを提言している。その後、決済法制、金融サービス仲介法制については、金融審議会「決済法制及び金融サービス仲介法制に関するワーキング・グループ」（決済・仲介WG）で2019年10月から審議され、2019年12月20日に報告書が公表された。同報告書について2020年の通常国会へ法案が提出されている。このように、金融業を取り巻く規制環境はこれまでになく大きく変化しようとしている。

＊5　同スタディ・グループは、2019 年6月10日、報告書「『決済』法制及び金融サービス仲介法制に係る制度整備についての報告《基本的な考え方》（案）」を了承し、とりまとめた。7月26日に最終的な報告書が公表された。

1. 銀行業（金融）の定義が変わるか

　銀行業の定義が変わるかという観点では、金融審議会における議論の推移を追っていく必要がある。

(1) 金融庁が検討している関連事項

　銀行業の定義を見直す契機は、2017年11月、麻生金融担当大臣の諮問における「情報技術の進展等の環境変化を踏まえた金融制度のあり方に関する検討」であろう。その中で「機能別・横断的な金融規制の整備等、情報技術の進展その他の我が国の金融を取り巻く環境変化を踏まえた金融制度のあり方について検討を行うこと」としている。その後、2017年11月から2019年1月の審議を踏まえて、まず、既存金融機関の業務範囲の見直し（顧客に関する情報をその同意を得て第三者に提供する業務など）に関する法改正が行われた。

(2) 金融庁の問題意識

　金融制度を巡る環境の変化等に関する論点としては次の問題点を提起している。

● FinTechを巡る最近の動きについて、どう捉えるか。
● シャドー・バンキングなど、リーマン・ショック以降の内外の金融の動向をどう捉えるか。
● 金融と非金融の境界線が曖昧になってきている中、「金融」そのものの概念自体が大きく変容していく可能性があるとの指摘について、どう考えるか。
● デジタル通貨の出現等が金融システムに与える影響について、どう考えるか。
● その他金融システムや金融業等を変革する可能性があるものとして、どのような事柄が考えられるか。また、その影響をどう考えるか。
● こうした変化に対応するために、機能別・横断的な法体系を検討するとの方向性についてどう考えるか。

●以上のほか、金融制度を巡る環境の変化等に関して、留意しておくべきことがあるか。

　これを踏まえて、特に決済分野を中心に、「機能別・横断的な金融規制（法体系）」について議論が進められた。要するに「『金融』って何？」という金融機関を巡る法制度のいわゆる「一丁目一番地」まで戻って定義をし直すという前代未聞の事態となっている。

(3) 法規制で「金融」が保護されていた理由

　なぜ法規制で「金融」が保護されていたかと言えば、「金融＝社会の重要なインフラ」であり、その担い手には、特別な資格、特別な義務など（＝「規制」）が求められてきたからである。このような厳しい規制の代わりに、排他的に「金融」を営むことが許され、非金融との厳格な「壁」が存在してきた。ところが、FinTech企業、シャドー・バンキング、デジタル通貨の発行者、プラットフォーマーなどが出現し、機能を拡大してきた。これによって、非金融企業（IT、小売など）が子会社を通じて金融業へ進出、非金融会社が提供するサービスが伝統的な金融サービスに接近（特に、決済分野）してきている。このため、将来的には、非金融企業（例えば、巨大IT企業）が、間接的に金融に大きな影響を及ぼす可能性も高まっている。

(4) 金融への参入障壁の崩壊（金融業態別業法から機能別・横断的な金融規制へ）

　とすれば、金融規制を伝統的な金融機関にだけ課していていいのか、あるいは新しいサービスにも金融規制を課すとすれば、誰に、どんな規制を課せばいいかという疑問が残る。

　こうした「守るべき『社会的なインフラ』とは何か」「そのインフラを守るために必要な規制とは何か」「そのインフラを担う者／モノには、誰であれ等しく規制が課されるべきではないか」という問いに答えるために「同一の機能・リスクには同一のルールを適用」することを意図して検討されてきたのが、機能別・横断的な金融規制（法体系）である。

2. 規制による銀行業の機能分化

(1) 機能別・横断的な金融規制（法体系）の背景にある3つの懸念

　金融制度SGで議論されてきた「機能別・横断的な金融規制（法体系）」とは「同一の機能・リスクには同一のルールを適用する」という観点から、事業者の業態別ではなく、事業者の機能別に規制を整備する、という考え方である。

　その考え方の背景には、業態別の金融規制（法体系）のままでは以下の3つの懸念があり、各々の懸念を払しょくするために、上記の考え方を適用しようという趣旨である。

イノベーションの阻害

　まず、業態をまたいだビジネスモデル構築の障害となり、イノベーションが阻害されうることである。このため、各プレーヤーが自由にビジネスを選択して、そうしたビジネスの機能・リスクに応じたルールを適用していくこととしている。

規制を回避する動きが生じるおそれ

　2つ目の懸念は、規制が緩い業態への移動や業態間の隙間の利用等を通じ、規制を回避する動きが生じるおそれがあることである。このため、規制の潜脱防止、競争条件の公正性確保のため、行為主体にかかわらず、行為の機能やリスクの性質に応じたルールを適用していくこととしている。

ITを活用した合理化等が円滑に実現できない可能性

　3つ目の懸念は、環境の変化に対応していない規制が原因となって、ITを活用した合理化などが円滑に実現できない可能性があることである。環境変化も考慮に入れた上での機能やリスクに応じたルールとしていくこととしている。

(2) 機能別・横断的な金融規制の具体的な検討事項

　2018年6月に公表された金融制度SGの「中間整理」[*6]は**図表II-6-1**に示

図表 II-6-1　中間整理の概要・機能の分類

事項	内容
1.見直しの方向	従来の業態別の規制を見直し、機能別・横断的な金融規制を目指す
2.「機能」の分類	差し当たり、次の4つの「機能」に分類する（注1） ①決済 ②資金供与（貸付など） ③資産運用（金融商品取引業など） ④リスク移転（保険など）
3.規制の態様	①（金融）「機能」の確実な履行 ②利用者に対する情報提供等 ③利用者資産の保護等 ④利用者情報の保護 ⑤マネー・ローンダリングおよびテロ資金供与の防止 ⑥システミックリスクの顕在化の防止 ⑦市場の公正性・透明性の確保
4.銀行等の業務範囲規制	既存の銀行・銀行グループに係る重厚な規制群について、機能別・横断的な金融規制体系の考え方に照らして過剰となっている部分があれば、それらを適切に見直していくことも考えられる
5.プラットフォーム規制	プラットフォーム提供者に対する規律のあり方を検討する
6.今後の課題	◇多様なプレーヤーの参入を踏まえた公正な競争条件の確保 ◇利用者情報の適切な保護・管理と幅広い情報の利活用を両立できる環境の整備 ◇AI（人工知能）、ブロックチェーン技術への対応 ◇「単一のライセンス」（注2）についての検討

（注1）「預金受け入れ」については、独立の「機能」としては整理せず、「資金供与」といった機能との組み合わせによって信用創造を生じさせる「業務」として位置づける方向性が示されている。その上で、信用創造に伴うリスクに対応するため、「資金供与」などよりも一定程度ルールを加重することも想定されている。
（注2）ここで言う「単一のライセンス」とは、幅広い金融サービス・業務を単一のライセンス（資格）の下で規制・監督することを意味する。ただし、ライセンス（資格）は1つだが、提供するサービス、営む業務の範囲が広がれば、それだけ課される規制は、原則として、多く、重くなる。
（出所）2018年6月19日金融制度スタディ・グループ『中間整理―機能別・横断的な金融規制体系に向けて―』に基づき大和総研金融調査部制度調査課作成

　すように、「1. 見直しの方向」「2.『機能』の分類」「3.規制の態様」「4.銀行等の業務範囲規制」「5.プラットフォーム規制」「6.今後の課題」からなる。特に、注目すべきは、「2.『機能』の分類」「3.規制の態様」の部分である。

　金融機関の「機能」の分類について、「ある程度大きな単位に分類した上で、各『機能』の中で業務の内容やリスクの差異に応じてルールの内容を調整する（規制の柔構造化）」としている。つまり、金融商品取引法と類似のアプローチを採用しており、具体的には、次の4つの機能に分類することを提案している。

＊6　金融庁ウェブサイト（https://www.fsa.go.jp/singi/singi_kinyu/tosin/20180619.html）。横山淳「ITの進展、金融サービスのアンバンドリングなどに対応した機能別・横断的な金融規制の『中間整理』」（2018年6月20日大和総研レポート）も参照（https://www.dir.co.jp/report/research/law-research/regulation/20180620_020161.html）。

- 資金移動業者などによる「決済」（為替取引等）
- 貸金業者などによる「資金供与」（貸付等）
- 金融商品取引業者などによる「資産運用」
- 保険会社などによる「リスク移転」

(3) 銀行業＝「決済」＋「資金供与」＋「預金受け入れ」の機能を一体運営

　銀行業は、図中の「①決済」＋「②資金供与」＋「預金受け入れ」という位置づけを想定している模様である。「預金受け入れ」は、独立の機能ではなく、「②資金供与」といった機能との組み合わせによって信用創造を生じさせる「業務」と位置づけ、これによって高まるリスクに対してルールを一定程度加重することが想定されている。

3. 溶ける金融業態の壁

(1) 決済の横断的法制とプラットフォーマーへの対応が焦点に

　金融制度SGは、前述の「中間整理」を公表した後、①情報の適切な利活用、②決済の横断法制、③プラットフォーマーへの対応、④銀行・銀行グループに対する規制の見直しを当面の課題として議論を進めた[7]。

　2019年7月26日の金融制度SGの「「決済」法制及び金融サービス仲介法制に係る制度整備についての報告《基本的な考え方》」（以下、報告書）は、主に②と③についての「基本的な考え方」を整理したものである。報告書のポイントをまとめると**図表Ⅱ-6-2**のようになる。

　その後、決済法制、金融サービス仲介法制については、金融審議会「決済法制及び金融サービス仲介法制に関するワーキング・グループ」（決済・仲介WG）で2019年10月から7回審議されて、2019年12月18日の同WGで「金融審議会決済法制及び金融サービス仲介法制に関するワーキング・グループ

---

*7　①と④については、すでに2019年1月16日に「金融機関による情報の利活用に係る制度整備についての報告」が公表され、その内容は、5月31日に可決・成立した「情報通信技術の進展に伴う金融取引の多様化に対応するための資金決済に関する法律等の一部を改正する法律」に盛り込まれている（6月7日公布）。

図表Ⅱ-6-2　報告書のポイント

「決済」法制	資金移動業	送金等上限額	資金移動業者を次の3つに区分する①高額送金を取り扱う「第1類型」②現行規制を前提とした「第2類型」③少額送金のみを取り扱う「第3類型」
		利用者資金の保全	顧客資産の保全方法を検討(算定時点と保全時点のタイムラグの解消、合理的な保全方法のあり方など)
		利用者資金の滞留制限	他者から送金されて入金された資金について、利用者の預金口座に払い出すなどの措置を講じる
	前払式支払手段		◇「第三者型」であって、かつ、「IC型」または「サーバ型」に該当する場合について、利用者資金の保全に関する規制を見直す◇受入上限額が数万円以下のサービスについては、規制緩和の特例を検討する◇犯収法上の取引時確認義務等は見送る(払い戻しが認められていないため)
	収納代行・代金引換等		◇収納代行が資金移動業に当たることを明らかにする◇従来型の大手コンビニや大手運送業者による代金引換など適切な利用者保護が図られているものについては、新たな規制は課さない◇一般消費者が債権者である収納代行については、資金移動業としての規制の対象とする
	ポイントサービス		◇現時点において、制度整備が直ちに必要な状況にはない(新たな規制の導入は見送り)◇ただし、前払式支払手段(プリペイドカード)規制の潜脱行為などには留意する
	利用者トラブル	加盟店、抗弁権の接続	法令上、一律・画一的に設けることは、必ずしも適当ではない
		無権限取引	無権限取引が行われた場合の責任分担等に関するルールについて、さらに検討
	ポストペイサービス		◇過剰与信防止を確保しつつ、少額に限定したサービスについて規制の合理化を図る◇具体的な審議は、「信用供与」(融資、貸付等)の規制に関する審議の中で取り上げる
金融サービス仲介法制	参入規制の一本化等		◇ワンストップで提供する仲介業者(プラットフォーマー)を念頭に参入規制の一本化を図る◇行為規制の横断化については慎重な検討が必要◇機能に応じて必要なルールが過不足なく適用されることを確保する必要
	所属制		◇次のような利用者保護のための措置を検討した上で、仲介業者の所属制を緩和する―取り扱い可能な商品・サービスをリスクが相対的に低いものに限定する―利用者資金の受け入れを制限する―損害賠償資力の確保のため、財務面の規制を強化する
	仲介業者のインセンティブ		◇仲介業者の法律上の定義・位置づけに過度にとらわれることなく、報酬・利益といった経済的なインセンティブを考慮して規制を検討する

(出所)2019年7月26日の金融制度SGの「「決済」法制及び金融サービス仲介法制に係る制度整備についての報告≪基本的な考え方≫」をもとに大和総研金融調査部制度調査課作成

報告」（案）が了承され、2019年12月20日に報告（以下、最終報告）が公表された。以下では、決済法制（資金移動業と前払式支払手段）と金融サービス仲介法制を中心に触れることとする。

(2)「決済」法制はどう変わるのか

資金移動業

（a）送金等上限額

　資金移動業は、現行法の下、銀行ではないが、送金サービス（為替取引）を業として営むことができる。ただし、1回の送金額は100万円以下に制限されている（送金等上限額規制。資金決済に関する法律（資金決済法）2条2項、資金決済に関する法律施行令2条）。

　これは資金移動業が創設された2009年の資金決済法改正に当たり、その業務の遂行に係る実態を十分勘案する必要があるため、少額の取引に限定して制度を設けることとしたと説明されている[8]。100万円という水準についても、当時、銀行等で行われている為替取引の1件当たりの平均金額などを踏まえたとされている[9]。

　これに対して、近年、海外送金サービスなどの利便性向上、FinTech企業などの参入やイノベーション促進といった観点から、送金等上限規制（100万円）の緩和を要望する声があった[10]。もっとも、送金等上限額を、単純に緩和すれば、破綻時の利用者や金融システムへの影響、資金の滞留（出資法との関係）、マネー・ローンダリングなどのリスクが高まることになる。仮に、送金等上限規制を撤廃する代わりに、資金移動業者に対して、これら

---

[8]　2009年4月14日第171回国会衆議院財務金融委員会会議録第15号、与謝野財務大臣・国務大臣（金融担当）（当時）答弁。2010年2月23日金融庁「コメントの概要及びコメントに対する金融庁の考え方」（「平成22年金融庁の考え方」）No.63、64も参照（https://www.fsa.go.jp/news/21/kinyu/20100223-1/00.pdf）。

[9]　「平成22年金融庁の考え方」No.60。2009年4月14日第171回国会衆議院財務金融委員会会議録第15号、与謝野財務大臣・国務大臣（金融担当）（当時）答弁も参照。

[10]　例えば、2018年10月25日開催金融審議会「金融制度スタディ・グループ」（平成30事務年度第2回）、一般社団法人日本資金決済業協会提出資料「資金決済業（前払式支払手段の発行の業務及び資金移動業）を巡る最近の動向と課題」p.12（https://www.fsa.go.jp/singi/singi_kinyu/seido-sg/siryou/seido_sg30-2.html）。

のリスクへの対応を求めるとすれば、結果的に、規制の負担が逆に重くなることも想定される。

2019年12月20日の最終報告は、資金移動業者を次の3つに区分して、それぞれのリスク等に応じた規制を整備した（いわゆる柔構造化）（**図表II-6-3**）。

これに加えて最終報告の中では同一資金移動業者による複数類型の資金移動業の併営を認めている。この場合には、併営に伴う弊害防止措置（類型ごとに保全が必要な額を区分管理、滞留規制の潜脱防止など）を講じることとしている。ポイントは、送金が高額になる第1類型には規制が強化される一方、少額送金の第3類型は規制が緩和されることである。

(b) 利用者資金の保全

資金移動業者が破綻した場合の利用者保護などの観点から、資金移動業者には、顧客資産の保全義務が課されている（資金決済法43条など）。ところが、現行の保全義務には、保全すべき額の算定時点と実際に保全している時点にタイムラグが存在するため、保全額の過不足が発生している懸念と、3種類

図表II-6-3　資金移動業者の区分と規制上の対応

区分	規制上の対応
第1類型	○資金移動業者としての資格（登録）に加えて、高額送金取り扱いの「認可」制を創設し、システムリスク管理、セキュリティ対策、マネロン等に関する充実した体制整備を求める。 ○厳格な滞留規制（①具体的な送金指図を伴わない利用者資金は受け入れ不可、②利用者資金は運用・技術上必要な期間を超えて滞留不可）を課す。 ○銀行並みのセーフティネット（預金保険、自己資本規制など）は設けない。ただし保全が図られるまでのタイムラグの短期化について、FX業者と同等の水準（①保全すべき額を毎日算定、②不足額を翌日から起算して2営業日以内に信託）の対応を求める。 ○法令上、送金上限額は定めない。
第2類型	○現行の資金移動業者の枠組みを基本的に変えない。 ○為替取引との関連性が認められないような利用者資金の滞留を防止するための方策を講じる。 ○保全方法として保全契約を利用する資金移動業者に対し、利用者資金を貸付に活用することを防止するための措置を講じる。 ○（貸付以外の使途であっても）顧客資金の流用が無制限に認められることはない（利用者からの指図に円滑に対応していくために十分な流動性を確保）。
第3類型	○利用者1人当たりの受入額（他者からの送金も含む）の上限額を「少額」（具体的な金額は未定）とする。 ○保全方法として、分別預金（利用者資金を自己の財産と分別した預金で管理）を認める。 ○分別預金による保全の場合、倒産隔離が効かないリスクについての十分な説明、預金による管理状況・財務書類についての外部監査、当局への定期的な報告を義務付けることも考える。 ○参入規制、マネロン規制などは、現行の資金移動業者と同水準とする。

（出所）最終報告をもとに大和総研金融調査部制度調査課作成

の保全方法（供託、保全契約、信託契約）のうち、信託契約が広くは用いられていないという問題が指摘されていた[*11]。

　これらの指摘を踏まえ、最終報告では、保全方法（供託、保全契約、信託）の併用を認めること、利用者資金の保全状況に関する当局への報告頻度を引き上げることとし、保全方法の合理化が図られた。さらに、保全すべき額の算定頻度を『週1回以上』に統一する（現行では、供託・保全契約「1週間ごと」、信託「営業日ごと」）ほか、算定日から実際に保全が図られるまでの期間（現行、1週間以内）について、機動的に短期化しうる枠組みとすることとし、保全が図られるまでのタイムラグの短縮化が図られた。

前払式支払手段

　近年、前払式支払手段（プリペイドカード）について新たなサービス等が出現したことで、「チャージ残高の譲渡」により、個人間の送金が実質的に行われることや、広範な加盟店で使用可能な前払式支払手段について、利用者がその番号等を第三者にメール・SNS等で送付することを通じ、その第三者の支払手段として提供されることなど、実質的に送金サービスとして利用されることが懸念されていた[*12]。

　最終報告では、まず「不適切な取引の防止」として、「IC型」や「サーバ型」に該当する第三者型前払式支払手段のうち、発行者が提供する仕組みの中で利用者が他者にチャージ残高を譲渡できるタイプについて、不適切な取引の防止措置（譲渡可能なチャージ残高の上限設定、不自然な取引を検知する体制整備など）を求めた。

　次に「利用者資金の保全のあり方」では、利用者資金の保全割合（半額から全額）は引き続き検討課題とし、利用者への「利用者資金の保全に関する事項」の説明を、前払式支払手段発行者に求めた。

収納代行・代金引換等

　収納代行や代金引換サービスも、送金サービスと類似の性質を有している

＊11　報告書 p.12。
＊12　報告書 pp.13-14。

ものと考えられる。しかし、現行法令の下では、資金決済法などの規制は課されていない。この点については、例えば、収納代行サービス等が、債権者（商品・サービスを提供する事業者）に代わって、債務者（一般消費者）から代金を受領するにすぎない、債務者（一般消費者）が一度、収納代行サービス等の事業者の代金を支払えば、重ねて債権者（商品・サービスを提供する事業者）から支払いを要求されることはないこと（二重支払の防止）など一定の利用者保護が図られている、などの説明がなされていた[*13]。

　しかし、最近の情報・通信技術の進展などを受けて、例えば、いわゆる「割り勘アプリ」など従来型の収納代行・代金引換に収まらないサービスが出現しつつあるとの指摘があった。最終報告では、「債権者が事業者である収納代行」では、為替取引に関する規制の適用は見送りとした。さらに「個人間の収納代行」において、「割り勘アプリ」のようなサービスには、資金決済法等の為替取引に関する規制の適用を明確化することとした。ただし、「エスクローサービス」については、共通の認識が得られず直ちに制度整備はしないとした。

● 収納代行等が資金移動業に当たることを明らかにする。その上で、
　・例えば、従来型の大手コンビニや大手運送業者による代金引換など適切な利用者保護が図られているものについては、「これまでと同様の扱い」とする（新たな規制は課さない）。
　・一般消費者を債権者とする収納代行等については、「資金移動業として規制対象とする」。
　・上記以外の個人間の収納代行については、「実態について把握を行い、資金移動業の規制の潜脱と評価されるものはどのようなものかについて、きめ細かに検討」する。

[*13]　金融審議会金融分科会第二部会「資金決済に関する制度整備について—イノベーションの促進と利用者保護」（平成21年1月14日）所収「金融審議会金融分科会第二部会及び決済に関するワーキング・グループ報告」pp.11-15（https://www.fsa.go.jp/singi/singi_kinyu/tosin/20090114-1.html）、報告書p.15など。

ポイントサービス

　金融制度SG報告書は、近年、ポイントの発行目的の拡大は指摘されているものの、ポイントの発行残高や利用可能範囲の極端な増大・拡大を示す証拠はないことから、現時点において「金融分野における制度整備が直ちに必要な状況にはない」、すなわち、新たに規制を課す必要はない、との考えを示している[14]。ただし、サービス内容の突然の大幅な変更や、前払式支払手段（プリペイドカード）規制の潜脱などには留意する必要があるとしている[15]。

利用者トラブル（無権限取引）

　例えば、ID、パスワードが盗まれ、本人に「なりすました」取引が行われるなどといった、いわゆる無権限取引は、送金サービス（資金移動業）などにおいても利用者保護上の重要な課題となる。最終報告では、当面、統一的なルール整備は見送ることとし、利用者への「無権限取引が行われた場合の対応方針」の説明を事業者に求めることとなった。

ポストペイサービス

　ポストペイサービスとは、「一定期間の送金サービス利用代金をまとめて支払うことを可能とするサービス」[16]である。送金サービスの一種だが、一時的に事業者が資金を立て替え、事後的に利用者から支払いを受けるという構造を有しているため、現行制度の下では、①銀行業、②資金移動業＋貸金業、③割賦販売法上の信用購入あっせん業（クレジットカード）のいずれかの資格が必要と考えられている。

　ポストペイサービスを巡っては、金融制度SGでも、立て替えから支払いまでのタイムラグが短ければ送金サービス（資金移動業）のみの資格で十分との主張や、短期間とはいえ与信が行われている以上、単なる送金サービスとは言えないとの反論など、活発な議論が行われた[17]。

　この点について、金融制度SGの報告書は、ポストペイサービスについて

＊14　報告書 pp.16-17。
＊15　報告書 p.16 脚注19、p.17。
＊16　報告書 p.19 脚注20。

「前払式支払手段や資金移動業といった『決済』のみを提供している手段・サービスとは異なり、過剰与信を防止するための『信用供与』に関する規制に適切に対応することが重要」として、原則、「決済」（送金サービス）と「信用供与」（融資、与信等）の2つの規制の対象となると結論づけた[18]。

その上で、報告書は、「過剰与信防止という規制目的を適切に確保しつつ、リスクに応じた規制の合理化を図る」[19]として、少額に限定したポストペイサービスを念頭に一定の規制を緩和する特例措置を検討する方針を示した。

ただし、最終報告では、ポストペイサービスの少額サービスについての具体的な規制の合理化は合意に至らなかった。この背景には、給与支払いが多様化する中で、厚生労働省を中心に、将来的にキャッシュレス社会の推進や銀行口座の開設が難しい外国人材の受入基盤の整備に向けた動きがあり、規制の調整にはさらなる検討が必要となるだろう。

(3) 金融サービス仲介法制（プラットフォーマー）

最終報告が、金融サービス仲介法制の見直しとして想定していたのは、例えば、いわゆるプラットフォーマーが、ネットワーク上でスマートフォンのアプリなどを通じて、多業態・多数の金融機関が提供する多種多様な金融商品・サービスをワンストップで提供するといったケースである。

現行法制の下では、こうしたワンストップの仲介サービスを提供しようとする場合、銀行代理業者（銀行法）、電子決済等代行業者（銀行法）、金融商品仲介業者（金融商品取引法）、保険募集人（保険業法）、保険仲立人（保険業法）など、業態別に分かれた仲介業者としての資格を個別に取得する必要がある。

加えて、銀行代理業者（銀行法）、金融商品仲介業者（金融商品取引法）、保険募集人（保険業法）などの場合、特定の金融機関に所属して、その指導等を受け入れなければならない（所属制）。逆に、所属先の金融機関に対しては、その所属する仲介業者に対する指導等義務（例えば、銀行法52条の

＊17　平成31年3月4日開催金融制度スタディ・グループ（平成30事務年度第8回）議事録（https://www.fsa.go.jp/singi/singi_kinyu/seido-sg/gijiroku/20190304.html）。
＊18　報告書 p.20。
＊19　報告書 p.20。

58、金融商品取引業等に関する内閣府令123条1項15号など）や、仲介サービス業者が顧客に加えた損害の賠償責任（例えば、銀行法52条の59、金融商品取引法66条の24など）などが課されている。

　最終報告では、「複数業種かつ多数の金融機関が提供する多種多様な商品・サービスをワンストップで提供する仲介業者に適した業種の創設」とし、その上で、「新たな仲介業の創設」「業務範囲」「参入規制」について以下のように規定した。

新たな仲介業の創設

　最終報告では、複数業種をまたいだ商品・サービスを行うことを可能とする「新たな仲介業」を導入することとしている。つまり、業種ごとの登録等を受けずとも、新たな仲介業への参入により1つの登録で銀行・証券・保険すべての分野での仲介が可能となる。

　加えて、一定の要件を満たせば、電子決済等代行業の登録手続きが省略可能となっている。さらに、新たな仲介業には所属制を採用せず、取り扱い可能な商品・サービスの限定、利用者資金の受け入れの制限、財務面の規制の適用等により利用者保護を図ることとしている。つまり、特定の金融機関への所属を求めず、業務上のパートナーとして金融機関と連携・協働する関係を築くことができる。ただし、金融機関は、①仲介業者に指導等を行う義務や、②仲介業者が顧客に加えた損害を原則として賠償する責任、を負わないとされている。金融機関と仲介業者の関係については、法律で規定されることはない模様であり、個別に契約なりに落とし込んでいくこととなると推測される。

　ここでの論点は、金融機関は金融商品を卸すだけの役割に徹することができるかだ。例えば、生命保険会社と乗合代理店（保険仲立人）の関係において、上記と同様の論点があった。結局は2016年度に施行された保険代理店の規制強化を目的とした保険業法の改正があり、乗合代理店の販売チャネルとしての信頼性を向上させるように生命保険会社がコンプライアンスを含めた販売体制の整備を行った。今回の場合でも同じような方向に規制が向かう可能性がある。鍵となるのは、金融機関が新たな仲介業者を信頼がおける販売チャネルとして育てることができるかどうかである。生命保険業界では、

2016年度以降、乗合代理店を選択する消費者の比率が大きく上昇している。その上で、乗合代理店をグループ内に取り込む戦略を採用する生命保険会社も出てきている。

業務範囲

　仲介先・仲介内容としては、新仲介業は、預金等・資金の貸付・為替取引に関する仲介（銀行分野）、有価証券の売買等に関する仲介（証券分野）、生命保険・損害保険等に関する仲介（保険分野）を併せて行うことや、協同組織金融機関、貸金業への仲介も可能となる。さらに、十分な情報処理システム等の業務遂行体制などを備えている者については、新仲介業の資格のみで電子決済等代行業を行うことを認めることとしている。

　仲介行為については「媒介」のみとし、「代理」は認めていない。加えて、取扱可能な金融サービスとしては、新仲介業には、商品設計が複雑でないものや、日常生活に定着しているものなど、仲介に当たって高度な商品説明を要しないと考えられる商品・サービスに限って取り扱いを認めることとしている。その結果、銀行・証券・保険分野の金融サービスのうち、仲介に当たって高度な説明を要しないと考えられるものの媒介にとどまることとなる。

　具体的な商品・サービスの範囲は、今後、法律、政令、府令の制定プロセスの中で検討されるものと思われる。この点について最終報告では、外貨預金、デリバティブ預金、信用取引、デリバティブ取引、変額保険などを取扱対象から除外する案を中心に（本文）、いくつかの意見が併記されている（注釈）。

参入規制

　新たな仲介業者には、参入可能な財産的基礎として、賠償資力の確保に資するよう、その事業規模に応じた保証金の供託等が義務付けられる。

　兼業制限としては、既存の仲介業者が、新仲介業を兼業すること自体は可能としつつ、同一分野においては新仲介業としての仲介は認めていない。例えば、金融商品仲介業者は、銀行・保険分野について新仲介業を兼業することが可能だが、証券分野についての兼業は不可となっている。銀行・証券会社・保険会社が、新仲介業者を子会社とすることは可能とされている。

（4）行為規制

　仲介する金融サービスによらず必要な規制（名義貸しの禁止、顧客に対する説明義務、業務運営に関する体制整備義務など）は、新仲介業者がどの分野において仲介を行うかにかかわらず共通して求めていくこととしている。加えて、取り扱う商品・サービスの特性を踏まえ、必要なルールが過不足なく適用されることを確保することが求められる。

　新仲介業者は、その業務に関して顧客資産の預託の受け入れを行うことが規定で禁止されている。ただし、例えば、資金移動業者などを兼業する新仲介業者が、資金移動業などの規制の下、顧客資産の保全が適切に図られている状態で、仲介業務に係る決済を併せ行うことは可能とされている。

　また、顧客情報の適正な取り扱いが規定されており、新仲介業者に対して、仲介業務を通じて取得した顧客に関する非公開情報を、顧客の事前の同意を得ることなく、①仲介行為を行う分野間、②兼業業務との間、③グループ会社などとの間で用いたり、提供したりすることなどが禁止されている。

　仲介業者の中立性の規定は、新仲介業者が報酬・利益をどこから受け取るのかについての制限は設けない代わり、①金融機関から受け取る手数料等の開示、②仲介先の金融機関との間の委託関係・資本関係の有無など新仲介業者の立場の顧客への明示への対応を求めている。加えて、新仲介業者において「顧客本位の業務運営の原則」を踏まえた自主的な取り組みが進められることが望ましいとされている。

　説明義務としては、新仲介業者に（既存仲介業に求められている義務を参考に）書面交付、適合性原則を踏まえた適切な説明、情報提供を求めることが規定されている。なお、新仲介業者の説明義務等については、契約締結に至る一連の過程において、金融機関・新仲介業者のいずれかが十分な説明を行えば足りる（金融機関・新仲介業者の間での説明義務等の役割分担が可能）とされている。新仲介業者は、仲介を行うに当たって、書面交付や説明・情報提供に関して新仲介業者が担う役割を顧客に明示（役割分担を顧客に明示する）することが求められている。

　「機能」ごとの特性に応じた規制では、新仲介業者が取り扱う商品・サービスの特性を踏まえ、必要なルールが過不足なく適用されることを確保することが求められている。証券分野の仲介であれば、インサイダー情報を利用

した勧誘行為の禁止、損失補填の禁止、顧客の注文の動向などの情報を利用した自己売買の禁止などが該当する。

巨大プラットフォーマーが金融機関に及ぼす影響など

最終報告では、仲介業者が金融機関に及ぼす影響力（巨大プラットフォーマーなど）に関しては、仲介業者が金融機関に支配的な影響力を及ぼすような懸念は現時点では大きくないものと考えられるとしている。仮に仲介業者の影響力が過大なものになれば、まずは競争法の適用により対処されるだろう。ただし、今後、金融行政の観点からも必要な対応がありうることについて留意が必要だ。

協会・裁判外紛争解決制度については、当面、新仲介業者に係る協会（自主規制機関）の設立と、新仲介業者を当事者とする紛争解決手続の整備が課題だ。必要に応じて既存の協会と連携・協力して、自主規制や協会体制の整備を進めることを期待していると想定される。

4. まとめ（プラットフォーマーによる金融業界への参入に追い風）

今回の最終報告では、決済法制については、「引き続き検討課題」とされた事項も多く、機能別・横断的な制度には到達していないと考えられる。そうした中で、資金移動業（第1類型）についての送金上限撤廃、資金移動業（第3類型）の規制緩和、新たな仲介業の創設が、今回の「目玉」とされる。

最終報告はイノベーションを阻害しないように利用者保護と利用者利便のバランスがとれていると評価できる。資金移動業（第3類型）の規制緩和、新たな仲介業の創設は、政令、府令、監督指針、自主規制などを待たないとその影響は計りかねるものの、プラットフォーマーを念頭に置いた金融サービス仲介法制の整備が進められようとしているのは確かだろう。前章の最後に触れたプラットフォーマーとメガバンクが連携する次世代銀行ビジネスモデル②、あるいはデジタルプラットフォーマーがモバイル決済等を軸として金融業を拡大していく「決済＋」と呼ばれるビジネスモデルにとっては追い風となるだろう。

(1) 2019年10月の消費増税を契機にキャッシュレス化の流れ

　追い風はほかにもある。2019年10月の消費増税を契機に政府がキャッシュレス化を促していることである。メガバンクは大手IT企業と提携して、あるいは銀行を新設することで、キャッシュレス決済のプラットフォームの主導権を巡る競争を始めたと考えられる。この流れは地銀にも影響があると想定される。個々の地銀では、キャッシュレス決済の流れに追随することは難しいと見込まれ、自行で取り組んでいる利便性追求の戦略を、いかに他社との連携により組み立て直すのかが課題となる。既存のキャッシュレス決済の最大の問題は、事業者および利用者の負担する総額の決済コストが高いことである。ローソン銀行などは、この高い決済コストを低減させるサービスを中小・零細企業に提供してくることが想定される。

(2) コンビニ・スマホ銀行の利便性が地域で相対的に高まるか

　加えて、地域の中小、零細企業への決済端末導入を促進するための予算措置を含む政策により、キャッシュレス決済の導入機運が一気に高まることが考えられる。コンビニ・スマホ銀行、あるいはコンビニ・スマホ金融の利便性が地域で相対的に高まる可能性がある。さらにこのようなキャッシュレス化の流れは、電子化された地域通貨の導入を容易にする可能性もある。コンビニ・スマホ銀行を通じてキャッシュレス決済が中小・零細企業に普及すれば、地域の様々な主体の決済、あるいは商流情報がコンビニ・スマホ銀行に集約され、地銀や地域金融全体に影響を与える可能性がある。

第7章　ボリューム顧客層の変化が銀行を変える

顧客の変化を見逃せば大きなディスラプションのうねりに呑み込まれる

　銀行の大きな変化の根本的要因となるのが本章の「ボリューム顧客層の変化が銀行を変える」である。第5章の9つのアンバンドルの9番目である「FinTech企業サービスの受容性」を左右する顧客本位を踏まえた付加価値の提供ができるかどうかは、この章で述べるボリューム顧客層の捉え方に大きく依存している。法制面と社会的要請の両面で、金融機関には顧客本位の業務運営が求められていることもその背景にある。金融機関の取り組みでは、「顧客」の捉え方に本質的な課題があると考えられる。つまり組織として、ターゲットとする次世代を含めた顧客の特性を捉えきれていないという問題を抱えているのではないか。この問題を放置したままでは当然ながらアンバンドル化の波に耐えられないことは言うまでもない。

　顧客の捉え方において押さえておくべきは、ボリューム層となる顧客の今後の変化だろう。現在のボリューム層である「団塊の世代」は、2025年にすべてが後期高齢者に、2035年に死亡平均年齢に達する。この過程において、ボリューム層は「団塊ジュニア世代」に移るが、団塊の世代と比較して、所得、資産、負債における家計の標準モデルが変化することが見込まれる。その次の「ミレニアル世代」では、この変化がさらに大きくなる可能性が高い。今後の顧客のボリューム層が金融機関に求める付加価値は大きく変わり、金融機関の提供する付加価値と異なる可能性がある。将来のターゲットとする顧客を組織的に捉えた上で、金融業の商品および販売体制を抜本的に見直す必要が出てくるだろう。

　アンバンドル化の波は、様々な要因が絡み合って大きなうねりとなっていく。テクノロジーだけの対応に固執し、顧客の変化を見逃せば、大きなうねりに呑み込まれてしまう。

1. 将来の銀行にとっての「顧客本位」の捉え方

(1) 「顧客」の変化を捉えきれていないのではないか

　第Ⅰ部で触れたように金融当局から金融機関に対して顧客本位の業務運営が求められている。共通KPIが公表されることで、顧客本位の業務運営への取り組みの差が、多少なりとも明らかになってきている。つまり、金融機関のコンプライアンス体制を含む金融商品サービスの販売体制、あるいはインセンティブの与え方など会社全体の販売体制の差が表れている。とはいえ銀行の多くは、依然、本章の主題である「顧客」の捉え方に課題を持ち、組織として、次世代を含むターゲットとする顧客層の変化と特性についての客観的な分析が不足している可能性がある。

(2) 将来の現役世代の所得、資産、負債における家計の標準モデルが変化

　金融庁の「高齢社会における金融サービスのあり方(中間的なとりまとめ)」(2018年7月公表) では、退職世代等の多様化の進展と「モデル世帯」の空洞化が指摘されている (**図表 II-7-1**)。そこでは「従来想定されていたライフスタイル」(従来の標準モデル世帯) から「多様化したライフスタイル」(今後の標準モデル世帯) への標準モデル世帯の変化が描かれている。後者は前者に比べ「退職世代」も「子供世代」もライフイベントの数が格段に多くなっている。さらに、このライフイベントの数と「人生100年」という長生きリスクに対応していくために、資産運用においても上記の2つの標準モデル世帯に相違がある。今後の標準モデル世帯は、まず、40歳から50歳において本格的な「資産形成」を始め、次に、形成してきた金融資産を65歳から75歳まで「積立・運用」していくことが必要となる。そして75歳以降は、100歳まで金融資産を持続させるように「運用・取り崩し」の工夫が求められる。前者の「退職世代」に該当する世代が「団塊の世代」であり、後者の「退職世代」に該当する世代が「団塊ジュニア世代」、後者の「子供世代」が「ミレニアル世代」に当たる。

2. 低所得者層のマス顧客化（人口・所得・資産・負債から見る家計の変化）

(1) 人口・世帯構造の変化

「団塊ジュニア世代」の資産形成ニーズは旺盛

　2030年までのボリューム層は依然「団塊の世代」と「団塊ジュニア世代」ではある。しかし、**図表II-7-1**に示すように、金融商品・サービスに対するニーズは変化すると考えられる。団塊の世代は後期高齢者の年齢に近づくことから、認知症への備えとともに、「資産運用・取り崩し」のニーズが増加してくることが考えられる。団塊ジュニア世代は「資産形成」の後半に差し

図表II-7-1　顧客のライフスタイルの多様化（イメージ）

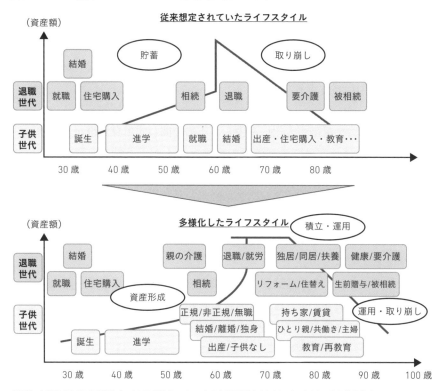

（出所）金融庁（2018）「高齢社会における金融サービスのあり方（中間的なとりまとめ）」をもとに大和総研作成

掛かるとともに、現在でも世代内、世代間での所得格差が固定化しているため、多くが老後の備えに対して十分な資産形成がなされていない問題に直面するだろう。このため、依然、金融資産の「積立・運用」ニーズは高いと見込まれる。

高齢者の高齢化が進む一方ミレニアル世代の人口規模は縮小

このボリューム顧客層の変化を定量的に把握するために、まずは人口動態の変化を確認する。総務省「人口推計」によれば、2017年10月現在の65歳以上の高齢者の人口は3515万人、総人口に占める比率（高齢化率）は27.7％である。今後も高齢化の進展が予想されており、国立社会保障・人口問題研究所の「日本の将来推計人口（平成29年推計）」によれば、2030年の高齢化率は31.2％まで上昇する。ただし、2017年から2030年までの高齢化における大きな特徴は、75歳以上人口が540万人程度増加する一方で、65〜74歳人口は340万人も減少することだ。なお、65〜74歳人口は、戦後から2017年まで増加が続いており、2030年から2045年についても増加が予想されている。この理由としては、人口規模の大きい「団塊の世代」が同期間に75歳以上人口に移行するためである。

世帯数では子育て世帯が大幅に減少し、年齢を問わず単身世帯が大幅増

今後、2030年に向けての世帯数の変化を見ると、子育て世帯が大幅に減少し、若年層から高齢者層まで単身世帯数が大幅に増加する。子育て世帯には、「団塊ジュニア世代」「ミレニアル世代」が該当する。子育て世帯数の減少、単身世帯数の増加は、**図表II-7-1**にある「従来想定されていたライフスタイル」での標準世帯モデルが崩れていくことで、ライフスタイルの多様化を促すと考えられる。

図表II-7-2では、年齢階層別・世帯類型（単身・核家族など）別の世帯数の増減を示しており、色が濃いほど世帯数が大きく減少することを示している。主に以下の3点の特徴が挙げられる。第一に、35〜49歳世帯が大きく減少する。特に、核家族の中でも子育て世代（ここでは35〜49歳世帯の「夫婦と子」「ひとり親と子」の合計）が約150万世帯減少すると見込まれている。第二に、55〜64歳世帯が大きく増加する。特に単身世帯が100万世帯以上

図表Ⅱ-7-2　世帯類型別の世帯数の変化（2018〜2030年）

	単身	核家族			その他
		夫婦のみ	夫婦と子	ひとり親と子	
15〜19歳	-5	0	0	0	0
20〜24歳	-20	0	-1	0	-1
25〜29歳	-9	-1	-2	1	-1
30〜34歳	-8	-4	-12	1	-2
35〜39歳	-16	-6	-31	-2	-5
40〜44歳	-25	-13	-56	-8	-9
45〜49歳	-23	-14	-47	-9	-12
50〜54歳	9	2	7	3	-8
55〜59歳	55	27	35	11	-5
60〜64歳	49	17	7	6	-14
65〜69歳	-3	-38	-26	-4	-24
70〜74歳	-7	-40	-19	-5	-13
75〜79歳	18	-2	-1	-1	-3
80〜84歳	50	45	17	11	6
85歳以上	60	41	15	17	3

（注）単位：万世帯。色の濃さは、世帯数の減少幅の大きさを表す。
（出所）国立社会保障・人口問題研究所資料より大和総研作成

増加すると推計されている。背景には、ボリューム層である団塊ジュニア世代が2030年にこの年齢階層に達することに加えて、この年齢階層は、もともと上の世代に比べて単身世帯比率が高いことが挙げられる。第三に、65〜74歳世帯が減少する一方で、80歳以上世帯が急増する。また、80歳以上でも単身世帯の増加が顕著である。

世帯数の将来の3つの変化と既存金融商品のニーズの減退

　前述の人口や世帯の構造変化から、金融業に対してはどのような影響が考えられるだろうか。まず、子育て世代の減少は、従来の標準モデル世帯が必要としてきた、住宅ローン、大型の死亡保障の生命保険などの金融商品に対する需要の減退につながる。

　次に、ボリュームゾーンである団塊ジュニア世代の老後に対する不安がさらに高まる可能性が高い。2015年と2030年の人口ピラミッドを比較すると、団塊の世代には団塊ジュニア世代が老後の「支え手」になりうるボリューム層として存在する。一方で、団塊ジュニア世代には、そのような存在が少な

い。そのため、老後における団塊ジュニア世代については、例えば生活資金や介護などにおいて、家族による「互助」が団塊の世代ほどには期待できない。公的年金制度などの「公助」についても、マクロ経済スライドに伴い実質的な受給水準の低下が見込まれる。そのため、老後の生活に備えた「自助」努力による資産形成の潜在ニーズが高まると推察される。

　さらに、80歳以上の人口および世帯の急増は、高齢顧客のための金融商品・サービスを提供することの重要性をさらに高めるだろう。75歳を過ぎると、認知症の有病率が急速に高まると言われている。認知症にまではならなくても、認知機能の低下により金融行動に変化が生じる高齢者も今後は増加すると考えられている。また、人口推計では、2015年に約130万人だった年間の死亡者数は、2030年代には約160万人まで増加すると見込まれており、相続発生件数や発生額は今後拡大すると考えられる。このような高齢顧客の認知機能の低下や資産の世代間移転に対して、金融業は今まで以上に備える必要があるだろう。

(2) 所得の変化に見る将来のボリューム層の特性

低所得者層がマス顧客化

　金融業にとってこれまでマス顧客だったと思われる所得の中間層が低所得化していき、将来的には低所得者層がマスの顧客になる可能性が高い。厚生労働省「国民生活基礎調査」によれば、総世帯の平均所得金額は1994年に664万円とピークになった後、アジア通貨危機後の1999年以降に年々低下し、2015年には545万円となっている。1994年からの21年間で17.8％減、約120万円も減少した。次に、所得金額階級別世帯数の相対度数分布を1997年と2015年の二時点で比較すると、500万円以上の中所得、もしくは高所得世帯の比率が低下する一方、400万円未満の低所得世帯の比率が上昇している（**図表 II-7-3**）。この変化は、前節で見た世帯構成の変化が背景の1つのように思われる。例えば、平均所得が相対的に小さい高齢世帯の増加により、低所得世帯の比率の上昇は一部説明が可能である。単身世帯の増加も、比較的低所得の世帯比率の上昇に寄与するものと思われる。

図表 II-7-3　所得金額階級別の世帯分布

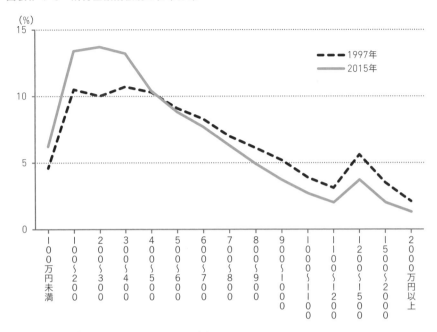

（出所）厚生労働省「国民生活基礎調査」より大和総研作成

現役世代は資産形成余力が減退（可処分所得が低い世帯比率の上昇）

　また、近年の社会保険料の増加も考慮するため、可処分所得の世帯分布も確認する。ここでは、人口動態の変化を調整するために、世帯主の年齢階級別の可処分所得を見る。例えば、1997年における30歳代の可処分所得分布は500万円前後の階級に集中しており、全体的に山型の分布となっている（**図表 II-7-4**）。これが、2015年には、全体的に可処分所得分布が左側にシフトしていることがわかる。それだけではなく、400万円前後の階級に加えて、200万円前後の階級で世帯比率が高くなっている。このような、2つの分布の山（二峰性の分布）ができている背景には、可処分所得が相対的に小さい非正規雇用者の世帯や単身世帯が増加したことが挙げられるだろう。

　また、40歳代については、1997年でも30歳代より世帯分布の分散が大きい特徴を有している。こちらも、2015年は、1997年と比べて世帯分布が左側にシフトしている。このように、30歳代、40歳代のような資産形成層において、資産形成の元手となりうる可処分所得が低い世帯比率が上昇してい

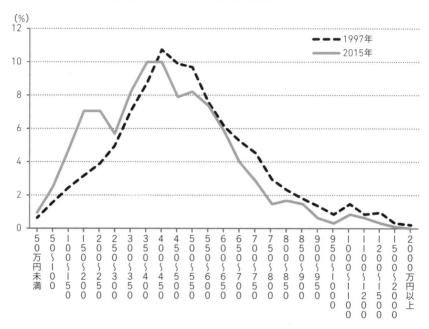

（出所）厚生労働省「国民生活基礎調査」より大和総研作成

る。過去に比べて資産形成余力が減退していると解釈できるだろう。

富裕層の富裕化を伴わない貧困化の進展（米国は富裕層の富裕化）

　金融機関にとって重要な顧客となる富裕層の将来についても、有望な市場とは言えない状況となる可能性が高い。この背景には、日本では富裕層の富裕化を伴わない貧困化が進展していることがある。

　米国では富裕層の富裕化が進展した。1980年前後は10％程度だった米国の上位1％所得シェアは、それ以降上昇傾向にあり、2010年には20％となっている。他方、日本における上位1％所得シェアは、1990年前後のバブル期に上昇が見られたが、それ以降は10％前後で大きな変化は確認できない。日米の違いについては、米国において役員報酬の高額化が進む一方で、日本ではそのような傾向は軽微であることが挙げられる（森口（2017））。いずれにせよ、日本では、米国における社会的な分断の要因として懸念されてい

るような「富裕層の富裕化」は進んでいるとは言いがたい。

　一方で、先に見たように、所得分布は左にシフトしており、低所得の世帯が増加している。これらを踏まえると、富裕層の富裕化を伴わない低所得世帯の増加が日本で進展していると言えるだろう。

(3) 家計のバランスシートの変化

　では、家計のバランスシートの変化を各年齢層で捉えることで、金融商品・サービスのニーズの変化を見てみよう。ここでは、金融資産・負債の動向を、総務省「全国消費実態調査」を用いて確認する。

現役世代での資産形成の遅れとその影響

　同統計の直近の調査年である2014年における総世帯の平均金融資産保有残高は1452万円であり、1994年対比で200万円程度の増加となった。ただし、この世帯分布を確認すると、所得の分布以上に分散している。平均値が含まれる資産階級（1200万〜1500万円）の割合は7％程度にすぎない。1994年と2014年の2時点で比較すると、2014年は、150万円未満と2000万円以上の世帯比率が上昇する半面、その他の資産階級では世帯比率が低下するという「二極化」が進んでいる。ただし、**図表II-7-5**に示すように、上記の2時点での比較を40〜44歳世帯の分布で行うと、150万円未満が大幅に上昇した。資産形成が必要な現役世代の金融資産の積み上げが進んでいない状況が見て取れる。

金融資産の世帯分布は二極化

　金融資産の世帯分布の変化についても、人口動態の要因が大きい。保有する金融資産残高が2000万円以上の世帯比率が上昇しているが、これは高齢世帯の増加によるところが大きいと考えられる。2000万円以上の資産を保有する世帯のうち、世帯主が60歳以上の世帯は2014年時点で約70％となった。また、世帯主の年齢が50歳未満のグループと50歳以上の世帯のグループに分けて1994年と2014年の2時点で比較すると、50歳未満のグループでの2000万円以上の世帯比率はやや低下した一方で、50歳以上のグループでの同比率は4％pt強上昇した（2014年は32％）。つまり、2000万円以上の

図表II-7-5　金融資産残高階級別の世帯分布（40〜44歳世代）

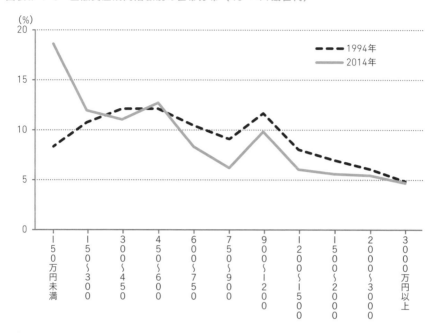

(注) 総世帯
(出所) 総務省「全国消費実態調査」より大和総研作成

世帯比率の上昇は、高齢世帯の増加に加えて、比較的高齢の世帯の中で「資産富裕層の比率」が上昇したことが背景にある。

現役世代での負債比率の上昇

　続いて、金融資産・負債の構成について、1994 年から 2014 年の変化を見たものが**図表II-7-6**である。最初に目をみはるのは、負債・年収倍率（「負債残高÷年収」で算出）の上昇である。全年代平均では 20 年間で小幅に上昇したが、40 歳代以下の世帯は相対的に上昇幅が大きく、特に 30 歳代で大きく上昇した。また、金融資産から負債を除いた純貯蓄については、1994年時点ではすべての年齢階層でプラス圏だったが、2014 年には 30 歳未満・30 歳代でマイナス圏に沈んだ。40 歳代についても、同期間で純貯蓄額が513 万円から 61 万円にまで減少した。

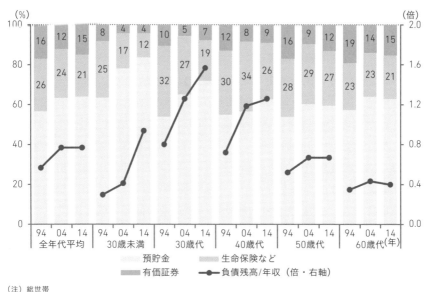

（注）総世帯
（出所）総務省「全国消費実態調査」より大和総研作成

負債残高の増加による負債比率の上昇と流動性の高い預貯金への選好

　年収対比で見た負債が増加する中で、資産構成にも変化が見られる。まず、預貯金（その中でも流動性預貯金）の比率が、30歳未満・30歳代で特に上昇した。住宅ローンを中心とした負債残高が大きくなる中で、流動性の高い預貯金への選好が高まっている可能性が考えられる（森・菅谷（2017））。この年代では、生命保険などの比率が大きく低下していることも特徴として挙げられる。内野（2017）は、総人口に占める労働力人口の比率の低下とともに、90年代後半以降に個人生命保険の保有契約高が減少していることを指摘している。このような年齢構成の変化に加えて、若い世代の「生命保険離れ」も保有契約高の減少に寄与していると考えられる。

　他方で、有価証券の比率については生命保険ほど大きくは低下していない。むしろ、2004年からは若干の上昇も見られる。有価証券の保有世帯率も同期間で上昇していることから、徐々にではあるが、リスク性資産の保有は進んできていると言えるだろう。もっとも、どの年代も金融資産の多くは預貯金で占められていて、有価証券を保有する世帯の割合も40歳代未満で20%

を下回る低い水準であることなどを踏まえると、政府や金融機関が促してきた預貯金からリスク性資産保有への動きはそれほど進んでいないと言える。

高齢世帯への資産の偏在は続く

　ここまでは、各年代の世帯当たり資産・負債の動向を中心に見てきたが、マクロで見た家計金融資産の動向はどうだろうか。森（2018a）の推計によると、わが国の金融資産は高齢者に偏在している。2014年時点において、世帯主が 65 歳以上の高齢世帯により家計金融資産総額の半分近くが保有されており、金融資産の中でも有価証券に限定すると、世帯主が 65 歳以上の高齢世帯は全体の60％超を保有していると推測できる。

　将来推計でも、65歳以上の高齢世帯への資産の偏在は続くと予想されている。総務省「全国消費実態調査」の個票データなどをもとに推計を行った駒村（2019）によれば、家計金融資産総額のうち高齢世帯が保有する割合は2020年には50％を超え、その後も上昇が見込まれている。ただし、先に見たように、高齢世帯のうち65〜74歳世帯は当面減少するため、2030年までは65〜74歳世帯の保有割合の減少と、75歳以上世帯への金融資産のさらなる偏在が予想される。

3. 金融行動・態度から見る家計の特徴

　前掲の**図表 II-7-1** に見られるように、「多様化したライフスタイル」では、「従来想定されていたライフスタイル」と比較して、ライフイベントの項目数が増加している。つまり、ライフイベントに対応するための金融商品・サービスのニーズの多様化が進展する可能性が高い。加えて、「人生100年時代」に対応するための資産形成目的の変化にも注目する必要がある。

　これらのニーズの多様化を把握するために退職世代、現役世代の金融行動・態度の変化を定量的に捉えることとする。同時に、各世代がどのライフイベントに高い優先度をつけ、それに向けてどのような金融商品・サービスの潜在需要が高まるかを見ていく。

（1）退職世代

長生きリスクと資産の持続可能性

　まず、退職世代の金融資産の保有目的について確認する。金融広報中央委員会「家計の金融行動に関する世論調査［2人以上世帯調査］」（以下、「世論調査」）では、「金融資産（貯蓄）保有目的」に関連する質問項目がある。これを見ると、2007年においては、60歳代・70歳以上世帯ともに「病気や不時の災害への備え」と回答した割合がいずれも8割弱と最も高かった。一方で、2017年においては、「病気や不時の災害への備え」と回答した割合はそれぞれ低下しているが、最も回答の割合が高い項目は「老後の生活資金」に変化している。特に、70歳以上世帯で、同項目への回答が、2007年から2017年にかけて5% pt程度上昇している。退職世代においても、「老後の生活資金」の確保が重要になってきていることがうかがえる。

　退職世代で「老後の生活資金」に対するニーズが高まっている背景はいくつか考えられる。例えば、公的年金を十分に受け取ることができるのか、という「社会保険制度の持続可能性」への不安や、長寿化の進展により自らの寿命よりも資産が先に枯渇してしまう「資産の持続可能性」への懸念が高まっていることがある。ほかにも、老後に備えた資産蓄積が進んでいないことも挙げられる。「世論調査」では、「年金支給時に最低準備しておく金融資産残高」と現在保有する金融資産残高に関する設問がある。両者の差額は2007年から2017年において60歳代で300万円程度拡大しており、これは「年金支給時までに今後追加で必要な資産蓄積額」と捉えられる。

遺産動機の変化の把握が重要

　退職世代の相続や贈与、資産取り崩しに関する行動については、「遺産動機」が重要になると考えられる。経済学におけるライフサイクルモデルでは、人々は利己的であり、高齢世帯は子に基本的には資産を残さず、自身の消費のために用いると想定している。他方、「遺産動機」が強い場合は、子世代に資産を残すために資産取り崩しのペースが緩慢になると考えられる。

　そこで、先ほどと同様に「世論調査」の「金融資産（貯蓄）保有目的」の質問項目において「遺産として子孫に残す」と答えたものの割合を確認する

と、2017年において、60歳代、70歳以上の回答割合はそれぞれ8.9％、9.8％となっている。水準自体は他の項目に比べて低いものの、2007年からそれぞれ5.0％pt、2.6％pt上昇しており、遺産動機が強くなっていることが示唆される。さらに、遺産動機の性質についても、この10年間で変化が生じている可能性がある。「世論調査」の中で、遺産についての考え方に関する質問項目においては、「老後の世話等をしてくれるなら財産を残したい」という戦略的な動機（戦略的遺産動機）を持つ人は特に50歳代以上で低下している。一方で、「老後の世話をするか否か等にかかわらず、財産を残したい」という利他的な動機（利他的遺産動機）を持つ人が若干ではあるが増加している。

　利他的遺産動機に沿った行動を取る高齢者が今後も増加した場合に予想される行動の1つは、仮に子供が同居・近居して老後の世話等をそこまで行わなかったとしても、財産を残そうとすることである。さらに高齢者の遺産動機が強まるならば、相続資産額も増加することが見込まれる。そのような高齢者の行動の変化に対応して、金融機関としては高齢世帯の子世代との関係構築が、円滑な資産移転のみならず、相続資産の他の金融機関への流出を防ぐためにも必要となるだろう。特に、北海道や西日本の多くの道府県では、同居・近居子なしの割合が相対的に高い水準にあると推計される（**図表Ⅱ-7-7**）。これらの地域は、高齢顧客の見守りサービスの提供などによる子世代との関係構築が、より必要となる地域と言えるかもしれない。

認知機能の低下する高齢顧客の増加の影響

　今後の退職世代については、認知機能の低下とそれが金融行動に与える影響にも留意すべきだ。まず、認知症有病者数は2015年時点で約550万人、65歳以上人口に占める有病者数を表す認知症の有病率は約16％と推計されている（二宮（2015））。また、「認知症の一歩手前」の状態である軽度認知障害（MCI：記憶障害が生じるなど認知能力の低下が見られるものの、日常生活への支障は大きくなく認知症とまでは言えない状態）も2010年時点で、有病者数は約400万人、有病率は13％と推定されている（朝田（2013））。さらに、認知症の原因の1つとされる糖尿病の有病率が上昇した場合、2035年には65歳以上の高齢者の4人に1人が認知症になると推計されている。

図表Ⅱ-7-7　65歳以上人口のうち同居・近居子なし割合

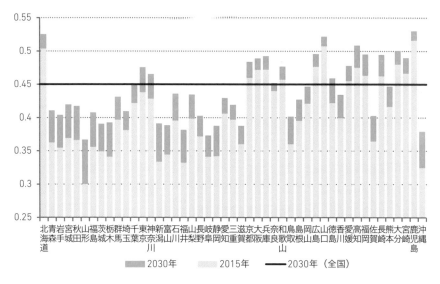

北青岩宮秋山福茨栃群埼千東神新富石福山長岐静愛三滋京大兵奈和鳥島岡広山徳香愛高福佐長熊大宮鹿沖
海森手城田形島城木馬玉葉京奈潟山川井梨野岡知重賀都阪庫良歌取根山島口島川媛知岡賀崎本分崎児縄
道　　　　　　　　　　川　　　　　　　　　　　　　　　　　山　　　　　　　　　　　　島

■ 2030年　　■ 2015年　　━ 2030年（全国）

(注1) 施設世帯人員を除く人口のうち、同居もしくは近居する子がいない人口の割合。
(注2) 別居の子のうち「同一家屋」「同一敷地」「近隣地域」に居住する場合に「近居」としている。
(出所) 鈴木透、小山泰代、菅桂太　国立社会保障・人口問題研究所「高齢者の居住状態の将来推計（2017年3月推計）」
より大和総研作成

　加齢現象と高齢者の金融行動の関係を分析する学問領域である「フィナン
シャル・ジェロントロジー」研究によると、認知機能の低下した高齢者は金
融詐欺に遭いやすいとされている（森（2018a））。また、認知機能が高い高
齢投資家よりも、認知機能が低い高齢投資家の運用パフォーマンスが低くな
る傾向にあり、保有資産額が大きくなるほど、両者の運用パフォーマンスの
格差は大きくなることもわかっている。

　75歳以上の高齢顧客の割合が金融機関においても上昇すると想定される
中、上記のような状況において高齢顧客が有する課題の解決策となりうる金
融商品・サービスが求められる。例えば、米国のある企業は銀行口座やクレ
ジットカード、証券口座などのデータを機械学習により分析し、認知症や金
融詐欺が疑われるような異常を検知した際に、本人や家族、専門家に通知す
るシステムを開発している。国内でも、クレジットカード会社と提携し、高
齢者の家族に高齢顧客の決済情報が通知されるデビットカードを提供してい
る地域金融機関も出てきている。資産運用の面では、家族信託による親族へ

の投資判断の委任を行うニーズが高まる可能性もある[20]。

(2) 現役世代

金融資産の保有目的の変化——老後の不安を考える時期が早期化

　ここでは現役世代、特に団塊ジュニア世代とミレニアル世代の金融行動・態度を確認する。便宜上「団塊ジュニア世代」を2017年時点の40歳代（2007年時点の30歳代）、「ミレニアル世代」を2017年時点の30歳代（2007年時点の20歳代）と定義して、両世代の2007年と2017年の金融行動・態度を比較する。調査年ごとにサンプルは異なるため、比較に限界はあるが、今後ボリューム層になる2つの世代の特徴の把握を試みたい。

　図表II-7-8は、前述の「世論調査」を活用して、両世代の金融資産（貯蓄）保有目的別に見た世帯数割合の2017年時点の水準と、2007年対比の変化率を示している。

　両世代とも、「特に目的はないが、貯蓄していれば安心」と回答した世帯数の割合が低下し、「老後の生活資金」を保有目的とする割合が大幅に上昇している。さらに、「耐久消費財の購入資金」「旅行、レジャーの資金」「住宅の取得または増改築などの資金」といった項目の割合も低下している。これらのことから、両世代の金融資産の保有目的が、この10年で「老後の生活資金」に変化し、消費行動を控えて、老後の生活費を確保するような金融行動・態度となったと想定される。

　年金支給時に最低準備しておく貯蓄残高に関する質問項目では、世代や単身世帯・2人以上世代の区別なく、2007年から2017年にかけて目標貯蓄残高が大幅に増加している。単身のミレニアル世代ではその傾向が特に顕著で、2007年時点の目標貯蓄残高が1774万円であったのに対し、2017年時点では3075万円となっている。**図表II-7-8**と同じ出所の調査によれば、2017年時点の目標貯蓄残高は単身世帯の30歳代が最も高くなっており、「老後の生活について非常に心配」と答えた割合が高い層と一致する。老後への不安を考える時期が早期化している様子が見て取れる。

---

[20]　そのほか、高齢社会における金融商品・サービスの事例については、森（2018b）を参照。

図表Ⅱ-7-8　金融資産（貯蓄）保有目的

	2017年（水準）（%）				対2007年変化率（%pt）			
	ミレニアル		団塊ジュニア		ミレニアル		団塊ジュニア	
	単身	2人以上	単身	2人以上	単身	2人以上	単身	2人以上
病気や不時の災害への備え	41.4	52.2	46.6	52.3	5.5	1.4	3.6	3.8
子供の教育資金	0.4	68.6	0.8	66.5	-1.6	19.4	-0.6	0.4
子供の結婚資金	1.1	4.4	0.0	3.5	1.1	-1.8	0.0	1.1
住宅の取得または増改築などの資金	7.3	19.5	5.5	15.6	-4.6	-9.7	-11.8	-13.0
老後の生活資金	46.0	43.3	59.2	51.8	33.1	31.0	26.3	27.1
耐久消費財の購入資金	10.3	18.4	8.8	18.4	-13.4	-4.7	-11.7	-5.4
旅行、レジャーの資金	17.2	24.2	17.6	12.1	-24.0	-6.6	-8.2	-9.0
納税資金	1.1	2.0	0.8	5.0	-0.9	-1.1	-0.3	-1.0
遺産として子孫に残す	0.0	3.4	0.4	4.3	-0.3	3.4	0.1	2.5
特に目的はないが、貯蓄していれば安心	39.1	17.7	25.2	21.0	-15.4	-17.7	-22.2	-11.4
その他	9.6	5.8	9.2	3.2	-0.4	-0.4	1.5	0.5

（注1）「対2007年変化率」では、青色が濃いほど変化率がマイナスに大きく、白色は変化率がゼロもしくはプラスであることを表す。
（注2）「団塊ジュニア世代」は2017年時点の40歳代（2007年時点の30歳代）、「ミレニアル世代」は2017年時点の30歳代（2007年時点の20歳代）とここでは定義している。
（出所）金融広報中央委員会「家計の金融行動に関する世論調査」より大和総研作成

貯蓄割合を高める現役世代

　老後の生活への不安は、フローの貯蓄行動の変化にも表れている。「世論調査」によれば、金融資産を保有する世帯のうち、過去1年間に手取り収入から全く貯蓄をしなかった世帯の割合は、2007年から2017年にかけて、2人以上世帯・単身世帯を問わず50歳代以下の全世代で低下している（**図表Ⅱ-7-9**）。

　過去1年間の手取り収入に占める貯蓄額の割合（以下、「貯蓄割合」）は50歳代以下で上昇しているが、特に単身の若年層での伸びが著しい。貯蓄割合の平均値は、この10年で、50歳以下の各世代で5%pt程度上昇している。また、2007年には手取り収入の30%以上を貯蓄する世帯数の割合は20歳代・30歳代とも20%以下だったが、2017年にはいずれも25%を超えている。単身世帯では、平均的な貯蓄割合が上昇しているだけでなく、貯蓄割合の高い世帯も増加している。

　また、2017年時点で世代別に貯蓄割合の平均値を比較すると、2人以上世

図表II-7-9 手取り収入から貯蓄をしなかった世帯の割合

		2007年	2017年	差分
2人以上	20歳代	29.2	3.6	-25.6
	30歳代	20.5	13.3	-7.2
	40歳代	19.6	17.3	-2.3
	50歳代	28.0	16.6	-11.4
	60歳代	38.5	38.3	-0.2
単身	20歳代	23.1	19.4	-3.7
	30歳代	20.5	16.5	-4.0
	40歳代	29.3	22.7	-6.6
	50歳代	44.3	36.9	-7.4
	60歳代	49.7	56.0	6.3

(注) 金融資産保有世帯のみ
(出所) 金融広報中央委員会「家計の金融行動に関する世論調査」より大和総研作成

帯・単身世帯とも、若い世代ほど高い。2人以上世帯について例示すると、団塊ジュニア世代で10%、ミレニアル世代で12%、20歳代で16%となっている。

上述したような老後の生活への不安を背景に、若い世代ほど消費を控え、貯蓄割合を高めていると言えるだろう。

単身世帯の住宅の保有行動に変化

次に、家計の負債に大きな影響を与える住宅の保有行動について確認する。2人以上世帯と単身世帯では、この10年で住宅取得の意思について大きな違いが表れてきており、それが持ち家率にも反映されつつある。単身世帯かつ非持ち家世帯のうち、将来にわたって住宅取得の意思のない者の割合が全世代で上昇している。一方、2人以上世帯では、現在、非持ち家世帯であっても、10年以内に住宅取得の意思のある者の割合が高く、2017年時点の20歳代で50%程度と2007年の30%程度と比べても大幅に上昇している。2017年時点のミレニアル世代を比較すると、非持ち家世帯のうち、将来にわたって住宅を取得する意思のない者の割合は、単身世帯で32.8%である一方、2人以上世帯では6.8%となっている。

このような動向は住宅ローンの借り入れ行動の変化を通じて金融機関に影響を与える可能性がある。住宅ローンの新規貸出と貸出残高を見てみると、2016年に日本銀行のマイナス金利政策を受けて急増した部分を除くと、

2000年代は新規貸出が趨勢的に低下している。住宅ローンの貸出残高は緩やかに増加し続けているものの、未婚化が進む中、単身世帯が増加していけば、住宅ローン需要の低下に拍車がかかる可能性がある。

　また、単身世帯の持ち家率の低下は、高齢者になってからも家賃を支払い続けなくてはいけない単身者の増加を意味している。退職後も家賃を支払い続けなくてはならないとすれば、資産の減少ペースは単身世帯の方が圧倒的に速くなるだろう。

　その証左として、前掲の**図表II-7-8**と同じ出所の調査で「老後の生活について非常に心配」と回答した世帯は、単身世帯の方が高い割合となっている。その理由を2人以上世帯と単身世帯で比較すると、「家賃の上昇により生活が苦しくなると見込まれるから」と回答した割合が、2人以上世帯では1.5〜3.0％程度だったのに対し、単身世帯では3.0〜8.5％程度と大きな差が出ている。特に単身世帯の20歳代から40歳代では8％を超えていることから、住宅を取得する意思がないことと、将来の家賃支払いへの不安が表裏一体となっていることがうかがえる。

現役世代向けに求められるソリューション

　以上のことからミレニアル世代・団塊ジュニア世代とも将来不安を意識しており、それに対応するような金融商品・サービスへの需要はあるものの、2人以上世帯か単身世帯かによって求められるソリューションは異なると考えられる。2人以上世帯では、自分自身の老後の生活費の確保も重要であるが、自身の死後残される家族に対するサービスが重視されると思われる。先述したように、近年は若年層の生命保険離れが進んではいるものの、2人以上世帯には引き続き一定程度の需要があるだろう。また、2人以上世帯は持ち家率が高い半面、ここまで見てきたように住宅ローンの返済負担から資産蓄積が進んでいない可能性が高い。余力が減退する中でも少額で資産形成ができるiDeCo（個人型確定拠出年金）やつみたてNISA（少額投資非課税制度）などの普及促進が、まずは求められるのではないだろうか。

　一方、老後も家賃の支払いなどが必要な単身世帯では、先述のように老後の生活への不安が2人以上世帯よりも強い。その分、資産形成への危機感も強く、資産運用計画を立てている世帯の割合は、20代を除くすべての年代

において、単身世帯の方が高い。単身世帯に対しては、老後に備えた早期からの資産形成などのサービスが求められるほか、終身年金のような長生きリスクに対応できる商品への潜在的な需要も高いと考えられる。

(3) 求められるボリューム顧客層の捉え方

将来のボリューム層からの移行のタイミングを捉える

　以上のように、金融業にとって顧客を捉える上でのポイントは、ボリューム層が変化するタイミングとボリューム層ごとの特性を把握することだろう。このような顧客の捉え方をしていかないと、ライフスタイルが多様化する将来の顧客層が求めるものとは異なる金融商品・サービスを提供することになりかねない。

相続の増加と団塊ジュニア世代の低い所得と貯蓄

　2030年までに、ボリューム層は団塊の世代から団塊ジュニア世代に移行していく。団塊の世代の所得は年金に大きく依存することとなり、所得は大幅に減るが、金融資産は団塊の世代にさらに偏在していくことが想定される。一方、団塊ジュニア世代の資産形成余力は、これまでも所得（可処分所得）が減少してきたことから、このままの傾向が続けば減退していくと言える。当該世代の家計をバランスシートで見た場合、負債が大きく膨らみ負担が増加しているため、退職する時期には、負債は返済されていても金融資産は積み上がっていない状況を想定しておく必要がある。

　さらに当該世代は、世代間あるいは世代内での所得格差、貯蓄における格差の固定化が進んでいると考えられる。相続による金融資産の継承があるとはいえ、団塊ジュニア世代のマス層において所得が減り、貯蓄がさらに低下する可能性が高いと見込まれる。ただし、団塊の世代の資産を受け取る潜在的な相続人であり、それを見越して、iDeCo、つみたてNISAなどで顧客として獲得することが、相続資産の流出阻止の観点からは重要だ。その次のボリューム層であるミレニアル世代の資産形成余力は、さらに低くなることが考えられる。収入の増加が限定され、社会保険料の負担が増加していけば、可処分所得が低くなり、金融資産へ投入する資金がより一層少なくなる。

(4) 将来のボリューム顧客層の資産形式をいかに促すか

DCの普及率を高めるための中途払い出しの要件緩和

　将来のボリューム顧客層の資産形式を促すためには、少額で資産形式ができる確定拠出年金（DC）、iDeCo、つみたてNISAなどのさらなる普及促進が必要だろう。例えば、DCの加入率が低い中小企業の従業員への利用促進策について、厚生労働省の社会保障審議会でも議論されているところである。また、加入者側の観点では、DCの中途払い出しの要件緩和も検討されるべきではないだろうか。やや古いデータだが、中小企業庁「企業年金制度移行事例集」（2006年1月）によれば、DC導入企業の従業員が考える導入時における問題点として最も多い回答が「60歳までの中途払い出しが不可」という点だった。前述のように、若年層のうち、可処分所得が少ない層、多額の住宅ローンを抱えているため流動性制約に直面しやすい層が多くなっている。このような家計の一部は、中途払い出しが困難であることを背景に、DCへの加入を躊躇している可能性がある。

米国の退職プランでは不測の資金需要に限定した中途払い出しが可能

　一方で、米国の退職プランでは、不測の資金需要が生じた場合などに、中途払い出しが可能な仕組みとなっている。例えば、米国における確定拠出年金である401（k）プランでは、59.5歳以前の払い出しに対して10%のペナルティ課税がなされるが、退職（55歳以降の場合）、死亡、障害の発生、医療費の支払い等の場合には免除される。個人退職勘定（IRA）の中途払い出しに対しても同様のペナルティ課税が発生するが、死亡、障害の発生、生活困窮、最初の住宅取得や教育の場合は免除される（田近・土居（2019））。

若年（ミレニアル）層の資産形成をいかに促すか

　若年層の所得や資産・負債の状況、投資への姿勢と考え方から、日本におけるリスク性資産投資の阻害要因をまとめると、「まとまった資金がない」「負債が大きくリスクが取りづらい」「投資の知識がない」「証券投資の必要性を感じない」などが挙げられる（**図表II-7-10**）。これらの阻害要因を解決しうる資産形成促進策として、資産形成余力の低い若年世帯の資産形成を促す制

図表 II -7-10　若年層の資産形成促進策（イメージ図）

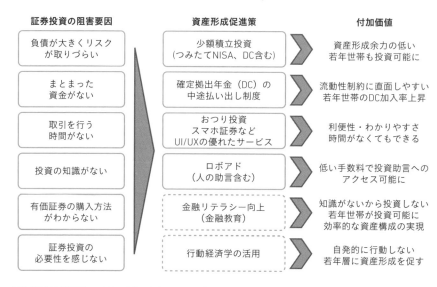

（注）「資産形成促進策」のうち、点線は本章では取り上げないもの
（出所）各種資料より大和総研作成

度、金融知識がなくてもわかりやすく利便性の高いおつり投資やスマホ証券などがあるだろう。また、一定程度の資産を保有するもののどのように投資すべきかわからない若年層にとっては、低い手数料で投資助言を受けられるロボアドなども資産形成の手段となりうる。

FinTechは資産形成促進策となるか

　若年層の資産形成促進策として、テクノロジーを用いたサービスが挙げられる。利用者への質問の回答から投資ポートフォリオを提供するロボアド、サービスの見た目やデザインなどのUI（ユーザーインターフェイス）や利便性に強みを持つスマホ証券、各種ポイントを「運用」したり、実際の金融商品購入に充当できたりするポイント投資など様々なサービスが登場している。従来の対面リテール業務では収益性の観点から顧客としてアプローチされにくかった若年層をターゲットにしているサービスも多い。

　例えば、スマホ証券では数回程度のタップで株式を少額買い付けできる利便性に優れたアプリが存在する。同サービスの顧客のうち7割程度が若年層、

70〜80％程度が投資未経験者のようであり、若年層の資産形成促進に一定程度成功していると言えるだろう。また、ポイント投資については、①ポイントを投信やETFに擬似的に投資することでポイントを運用するサービス、②たまったポイントを実際の金融商品購入に充当できるサービスが存在する。また、ポイントを運用・投資するだけでなく、③株式や投信を購入することでポイントがたまるサービスなども出てきている。これらのポイント投資関連サービスは近年増加しており、ポイントの利活用に積極的とされる若年層、特に女性の資産形成を促す取り組みと言えるだろう。ネットエイジア社「日本人のポイント活用に関する調査2019」によれば、Tポイントや楽天スーパーポイント、Pontaポイント、LINEポイントなどが若年層には人気のようであり、上記①〜③のポイント投資関連サービスへの活用も進みつつある。

　このように、様々なサービスが登場しており、若年層の資産形成の一助になっている面はあるものの、テクノロジーを用いたサービスの多くはビジネスとしての収益性の面で課題があるだろう。もちろん、FinTechベンチャーの場合は顧客を拡大させるフェーズである企業がほとんどであり、創業期に赤字であること自体は問題ではない。しかし、資産形成余力の小さい若年層のみを顧客ターゲットに設定すると、収益化がなかなか難しい面もあるだろう。このようなテクノロジーを用いたサービスが持続可能な資産形成促進策となるには、顧客数のさらなる拡大（既存の金融機関との提携含む）や顧客当たりの収入増加（顧客当たりの預かり資産残高の増加、手数料率の引き上げなど）などが必要となる。

人の助言とのハイブリッド化が進む米国のロボアド市場

　若年層の資産形成促進策としてのFinTechを考える上で、競争が激化している米国のロボアド市場を見てみよう。SECへの提出資料（フォームADV）によると、米国ロボアド・ベンチャー大手の直近の事業年度における預かり資産残高は、Bettermentが164億ドル（2019年4月）、Wealthfrontが115億ドル（2019年1月）と大きく、現状は赤字であるものの損益分岐点に近づいているとも言われる。ただし、顧客獲得コストが想像以上に高かったことや競争激化による手数料引き下げなどにより、他の多くの独立系ロボアド・ベンチャーは収益性を高められず、撤退を余儀なくされているようだ

（Morningstar（2018））。

　ベンチャー企業だけでなく、彼らの手法を参考にして多くの大手金融機関等もロボアドサービスの提供を進めている。例えば、資産運用会社のVanguardや証券会社のCharles Schwab、オンライン証券のTD Ameritradeのロボアドでの預かり資産残高はそれぞれ約1400億ドル、約410億ドル、約200億ドル[21]とロボアド・ベンチャーの預かり資産残高よりさらに大きい。ほかにも、①自社開発のロボアドサービスの提供（JPMorgan Chase、Morgan Stanley、Fidelity、Merrill Lynchなど）、②ベンチャー企業の買収（BlackRock、Goldman Sachsなど）、③ベンチャー企業との提携（UBS Wealth Management、Wells Fargoなど）といった形で大手金融機関がロボアド市場に参入してきており、まさに群雄割拠の状況である。競争が激しいこともあり、預かり資産残高に対する手数料率も他国に比べて低い[22]。

　ロボアド市場の近年の特徴の1つに、ロボットによる助言だけでなく、コールセンターや対面の営業担当者による助言との「ハイブリッド型」のロボアドの台頭が挙げられる。例えば、Bettermentは、通常のロボアドサービスに加えて、ファイナンシャルプランナーに何度でも相談できるプレミアムサービスを提供している。同サービスは、ロボットによる助言のみの手数料（0.25％）よりやや高め（0.40％）に設定されている。Charles Schwabも同様のサービスを月額30ドルのサブスクリプション[23]の形態で提供している。

　ハイブリッド型の台頭の背景は、個人投資家が多くの側面でロボットよりも人による助言を信頼しているからだろう（Fisch, et al.(2018)）。ただし、このようなハイブリッド型のロボアドは若年層をメインの顧客対象としたものではない。ハイブリッド型のロボアドでは、最低預かり資産残高が設けられていることが多く、Bettermentでは10万ドル、Charles Schwabでは2.5万ドルとなっている。保有資産がこれらの水準未満であれば、サービスは利用できない。しかし、人の助言が依然として信頼されているのであれば、一定程

---

[21]　大手金融機関等の預かり資産残高は、Backend Benchmarking(2019) "The Robo Report™ Second Quarter 2019" を参照。

[22]　BettermentやWealthfrontの手数料率は0.25％であり、例えば日・欧のロボアド（1％前後が多い）に比べて低いと言える。

[23]　サービスの利用回数・量ではなく、一定期間のサービス利用権限に対し代金を支払う継続課金型の契約形態。

度の資産を保有している若年層のさらなる資産形成促進策として、ロボット
と人のそれぞれの強みを活かしたアプローチも必要となるだろう。

可処分所得の奪い合いと販売体制の効率化

　このように将来の顧客のボリューム層ごとの特性を想定すると、金融業の
商品や販売体制を抜本的に見直す必要が出てくる可能性が高い。次世代の金
融業には金融業以外の他業種が参入することも考えれば、例えば将来のマス
の顧客に対してはテクノロジーを活用して販売体制を大幅に効率化すること
が必要となろう。コアの顧客に対しても人の生産性を抜本的に高めていく必
要がある。

　金融機関に対して既存のボリューム層の求める付加価値と次世代のボリュ
ーム層の求める付加価値が異なってくることを想定すれば、既存の金融業の
本質的なあり方が問われているのではないか。

4. まとめ（将来のボリューム層の特性は低所得化と 二極化）

　将来のボリューム層の特性は低所得化と二極化で表現できる。このため現
状の手数料水準、利益水準を将来的に維持できるとは考えにくい。そのため、
銀行業のトップラインが伸びない中では、ドラスティックにコストを削減し
ていくしか方法がないとも言える。顧客特性の変化が銀行の変革を促してい
る。

　この点を踏まえると、金融業界のアンバンドル化の要因は、社会構造と経
済構造の両面で顧客層の経済格差を生み出されていることにあると考えられ
る。また、テクノロジーの進化が金融業界のアンバンドルを進めるだけでは
なく、社会構造・経済構造の変化とテクノロジーの発展が相まって顧客の新
たな購入行動を生み出し、金融業界のアンバンドルを進めているとも言える。

　アンバンドル化の波は、様々な要因が絡み合って大きなうねりとなってい
く。テクノロジーだけの対応に固執し、顧客の変化を見逃せば、大きなうね
りに呑み込まれてしまうだろう。

第8章　社会の意識の変化が銀行を変える

SDGsとESGによるガバナンスとリスク管理の変化

　これまでの銀行の「当たり前」が通用しないのは何もテクノロジーの世界だけではない。社会の意識においてもこれまでの銀行の「当たり前」が通用しなくなっている。その背景には、包摂的かつ持続可能な経済成長を求めるために社会的課題の解決が必要との認識が社会全体で高まっていることがある。ESG（環境：Environment・社会：Social・企業統治：Governance）というインベストメント・チェーンの意識改革を求める動きが活発化している。加えて、2015年に国連サミットで採択された「持続可能な開発目標（SDGs；Sustainable Development Goals）」の取り組みが挙げられる。

　これらの社会意識の変化は、日本の銀行のビジネスモデル自体に本格的な影響を及ぼし始めている。すでに直接金融では投資判断にESGを考慮するESG投資が拡大しているが、間接金融においても融資判断にESG要素を組み込むESG融資を促進させる動きが広がっている。本業の中心である融資の社会的意義が問われている中で、手法だけではなく、ガバナンスおよびリスク管理に対する意識や、付加価値のあり方が問われていると言える。

1. ESG間接金融の方向性（社会の意識が変わる中での銀行の新たな経営課題）

（1）ESG金融が打ち出された背景

政府のSDGs実施指針とアクションプランの中で重要なESG金融

　SDGsの達成に向けては、「中長期的な国家戦略」として日本政府が積極的に取り組む姿勢を示している。2016年に「持続可能な開発目標（SDGs）推進本部」が設立され、同年12月には「持続可能な開発目標（SDGs）実施指針」（以下、実施指針）が公表された[*24]。2017年12月には実施指針の具体的な取り組みとして「SDGsアクションプラン2018 〜 2019年に日本の『SDGsモデル』の発信を目指して〜」（以下、アクションプラン）が公表された。「日本の『SDGsモデル』」とは、「人間の安全保障に基づき、①Society5.0の推進、②地方創生、③次世代・女性」を柱としたSDGsを推進するためのモデルである。

　アクションプランは定期的に改定されているが、2019年12月の推進本部会合では、2016年の策定以降初めてSDGs実施指針も改定された。また「SDGsアクションプラン2020 〜 2030年の目標達成に向けた『行動の10年』の始まり〜」（以下アクションプラン2020）を決定した。

　上記実施指針の改定版では、SDGsの達成に向けた民間資金の活用動員の重要性があらためて述べられている。そして、「SDGsは、すなわち経済、社会及び環境という持続可能な開発の三側面を調和させるものである」ことから、環境・社会・ガバナンスの要素を考慮するESG金融（ESG投資およびESG融資）を拡大・加速化させるとしている。

　さらに「気候変動対策、脱炭素化等を進めるためのファイナンス」についても言及がある。具体的には、G20の要請を受けて設置された気候関連財務情報開示タスクフォース（TCFD）が2017年に公表した「TCFD提言」の考え方に基づく情報開示を促すこと、また開示された情報が投資家等により

[*24]　「この本部の下で、行政、民間セクター、NGO・NPO、有識者、国際機関、各種団体等を含む幅広いステークホルダーによって構成される『SDGs推進円卓会議』における対話を経て、同年12月、今後の日本の取組の指針となる『SDGs実施指針』を決定」（外務省ウェブサイト）

有効に活用されるよう促進していくことが掲げられている。

　アクションプラン2020では、これら以外でも、金融に関連する内容が多く盛り込まれている。

　例えば、「あらゆる人々が活躍する社会・ジェンダー平等の実現」の取り組みの中で、「ダイバーシティ・バリアフリーの推進」として「高齢者・障がい者・認知症の方等の金融サービスの利便性向上」、「次世代の教育振興」として「金融経済教育の推進」、「消費者等に関する対応」として「金融機関による顧客本位の業務運営」が記載されている。

　加えて「成長市場の創出、地域活性化、科学技術イノベーション」の取り組みの中で「地方創生や未来志向の社会づくりを支える技術・基盤・制度」として「金融デジタライゼーションの推進」が提示されたほか、「地方創生SDGsの推進」、「地域金融機関による顧客との『共通価値の創造』の促進」も記載されている。

　さらに、「省・再エネルギー、防災・気候変動対策、循環型社会」の取り組みとして、「循環型社会の構築」における「地域脱炭素化推進事業体設置モデル事業」や、「気候変動対策」における「TCFDを通じた気候関連情報の開示・活用の促進と国際的な情報発信」の中で、それぞれ金融機関の積極的な参画が記載されている。

　このように、SDGsを達成するための取り組みの中で、銀行に求められる役割が増大している。地銀の社会的課題への取り組みは、第Ⅲ部で言及するが、特に銀行の本業において、ESG融資を拡大することが求められ、融資に対する意識の変革が求められている。

(2) 銀行がESG融資に取り組む意義

　ESG投資は投資判断に環境（Environment）や社会（Social）、企業統治（Governance）の要素を組み入れるものだが、ESG要素を融資判断に組み入れるESG融資を広げようという動きが見られる。環境省のESG金融懇談会が2018年7月に公表した「ESG金融懇談会 提言 〜ESG金融大国を目指して〜」（以下、提言書）では、ESG金融の実現に向けた取り組みが提言されており、ESG投資を加速させることに加え、ESG融資を促進することが必要であると述べられている。

提言書ではESG融資の例として、ESG要素を考慮した事業性評価融資や、再生可能エネルギー事業、省エネルギー事業、リサイクル事業等の環境・社会へのインパクトをもたらす事業への融資を挙げている。

取引先企業と銀行自らの持続可能性を高めること

銀行がこうしたESG融資に取り組む意義は、融資を通じて取引先企業のESG課題への取り組みを促し、取引先企業の持続可能性、ひいては銀行自らの持続可能性を高めることにある。

日本においても社会的課題の解決に取り組む気運が高まる中、ESG課題を考慮しない企業は、取引先のサプライチェーンから外されたり、消費者からの不買運動にあったり、様々なリスクを抱えることになる。一方でESG課題へ取り組むことが、新たな事業機会の発見につながる可能性もある。例えば近年、海洋汚染問題を受け、プラスチック製のストローの廃止を打ち出す企業が増えているが、これが紙などによる代替品のストロー開発という新たな事業機会につながっている可能性がある。

企業にとってはリスクヘッジと事業機会の発見による企業価値の維持・向上

このようにESG課題への取り組みは、企業にとってリスクヘッジと事業機会の発見という2つの側面を持ち、企業価値の維持・向上につながるものと言える。そして、取引先企業の企業価値の維持・向上は、銀行にとって自らの債権の回収可能性を高めることにつながる。取引先企業が新たな事業機会を見つければ資金ニーズが生じ、融資残高の増加につながる可能性もある。

(3) 資金調達者としてのESG対応

投資家が投資先企業に対してESGへの取り組みを促す動きが強まっていることから、市場から資金調達をしている銀行は、資金調達者（発行体）としてもESGに取り組むことが求められるようになっている。

コーポレートガバナンス・コード改訂によるESG情報の明確化

2018年に改訂されたコーポレートガバナンス・コードにおいては、基本原則3で主体的に開示することが求められる「非財務情報」に、ESG情報が

含まれることが明確化された。上場している銀行は、コーポレートガバナンス・コードを通じて、ESG要素を含む非財務情報の情報開示が求められており、それは株主との間で建設的な対話を行う上での基盤となる。株主との対話は、最終的に株主総会における議決権行使にも影響する。

債券調達にも考慮されるESG

ESG要素は株式投資の投資判断の材料として考慮されてきたが、近年では債券投資にもESG要素を考慮する動きが出ている。日本格付研究所（JCR）と格付投資情報センター（R&I）は2017年、UNPRI（国連の責任投資原則）の「格付声明」（Statement on ESG in Credit Ratings）に署名し、ESG要素を信用格付に反映することを明確化した。株式投資家だけでなく、債券投資家においても、発行体に対してESGへの取り組みを求めるようになりつつあるということである。

銀行がESG融資に取り組むことは、自らのESG評価を高めることにつながり、それは市場から資金調達する際に、プラスの影響をもたらす可能性がある。

(4) 地域金融機関への期待（「ESG地域金融」）

環境省の提言書では、地域金融機関が地域特性に応じてESG要素を考慮した知見の提供を行うことや、ファイナンス等の必要な支援を行うことを「ESG地域金融」と定義している。

地域金融機関には地域の核として、地域経済を支えるという重要な役割がある。地域に融資する地域金融機関にとって、地域経済の成長は自らの持続可能性を高めるためにも不可欠なものだ。地域金融機関には、地域のESG課題を洗い出し、ESG地域金融を通じた地域経済の発展と、社会的課題の解決に貢献することが求められており、またそれが金融機関自らの収益基盤を拡大することにつながると考えられている（**図表II-8-1**）。

図表Ⅱ-8-1　ESG投融資を通じた共通価値の創造・社会的課題の解決

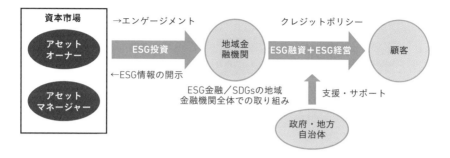

(出所) 金融庁「金融行政とSDGs」、その他資料より大和総研作成

2. 地銀の本業融資に求められるESG

(1) 地銀の開示情報から見るESGの取り組み

ディスクロージャー誌やウェブサイトのCSRのページで情報開示

　地銀のESGに対する取り組みの現状を、公表している各種資料をもとに整理した。企業統治に関しては、少なくとも上場している金融機関であればコーポレートガバナンス報告書を公表しており、一定の開示を行っている。一方、環境・社会については特定の開示フォーマットはなく、公表の方法や内容は地銀のそれぞれの判断で行われている。上場している地銀および傘下に地銀を持つ持株会社（以下、上場地銀）の開示状況を確認したところ、環境についてはディスクロージャー誌やウェブサイトのCSRのページで開示をしている上場地銀が多かった。一方、社会については、環境と同様にディスクロージャー誌やウェブサイトのCSRのページで開示する上場地銀が多かったが、例えば、社員のワークライフバランスや女性活躍といった人材に関する情報は、経営戦略の一環として中期経営計画に盛り込む上場地銀も見られた。

　ディスクロージャー誌は、簡潔にまとめたものであっても、数十ページを要する資料である。そのため、要点だけを簡単にまとめたミニディスクロージャー誌を別途作成し、そこに環境や社会に関する情報を記載している上場地銀もある。

	開示の内容		具体例
環境	地域社会の一員として行う活動		森林保全、地域の清掃活動など
	本業を通じた活動	自らの環境負荷を低減しようとするもの	再生紙の利用、エコカーの導入、店舗の省エネ化など
		顧客に環境への配慮を促すもの	環境格付融資、環境(エコ)私募債 再生可能エネルギー事業者への支援など
社会	地域社会の一員として行う活動		地域のスポーツチームへの協賛、地域行事への参加、金融教育への取り組みなど
	本業を通じた活動	自ら取り組むもの	働き方改革、女性・シニア活躍の推進など
		顧客に取り組みを促すもの	CSR私募債、CSR型銀行保証付私募債、地域活性化ファンド、海外展開支援、創業支援など

(出所) 大和総研

　統合報告書を作成し、その中にESG情報を掲載している上場地銀もある。統合報告書は、財務情報と非財務情報の区別なく、企業価値創造につながる情報を簡潔に示すことを目的に作成するものだ。

主な開示の内容

　環境・社会について、上場地銀はどのような内容を開示しているのだろうか（**図表Ⅱ-8-2**）。大まかに分けると、①自らが地域社会の一員として行う活動、②本業を通じた活動、の2つに大別できる[25]。

金融仲介機能ベンチマーク

　社会に関しては、金融庁の金融仲介機能ベンチマークを活用して取り組み状況を開示する上場地銀も多い。金融仲介機能ベンチマークの数値は、地域密着型金融への取り組み状況として、独立した開示資料として公表している上場地銀が多いが、ディスクロージャー誌にも掲載しているケースも少なくない。

　共通ベンチマークや選択ベンチマークも、上場地銀の取り組み状況を知るために有用な数値ではあるが、独自ベンチマークは、上場地銀が特に力を入れて取り組む領域を外部に示す有効なツールになりうる。約半数の地域金融

---

[25]　確認した開示資料は、直近のディスクロージャー誌、中期経営計画（ウェブサイトで公表されているもの）およびウェブサイトのCSRのページ等である。

機関は独自のベンチマークを設けているが、特に地域を意識したものという観点で興味深いのは、福井銀行が設けている「地元を代表する産業への金融支援」である。繊維産業への融資残高や融資先数、眼鏡産業への融資残高や融資先数を示しており、地域において重要なこれらの産業に対し、福井銀行が積極的に支援する、という姿勢を打ち出している。

(2)「方向性」と「取り組み」のギャップ

現状の地銀のESGへの取り組み

　環境省の提言書が示す「ESG金融大国」を目指すに当たり、地銀に求められることと、現状のギャップはどのような状況にあるのだろうか。

　提言書では、地銀に対しESG地域金融の担い手となることを期待している。現状でも、環境格付融資や環境（エコ）私募債、CSR私募債などを取り扱う地銀は多くある。これらは、金銭的なインセンティブを通じて、取引先企業に環境への配慮やCSRを意識した行動を促すものだ。

融資の審査基準にESG要素を組み込むことが求められる

　しかし、提言書が求めているESG融資は、こうした金融商品の提供にとどまらず、地銀が本業として行っている融資の審査基準に、ESG要素を組み込んでいくことだろう。

　提言書では「非財務情報を含め企業の様々な情報を与信判断や債権管理に活用することが求められる間接金融にとっては、ESGは必須の概念とも言える。地域におけるESG金融とは、これを再発見し、真のリレーションシップ・バンキングを追求していくことに等しい」と述べており、ESG要素を与信判断や債権管理に組み込むことは特別なことではないとしている。

　地域金融機関が融資判断にESG要素を組み込むことで、借り手側となる地域企業もESG経営の重要性を認識することが期待され、ESG課題に取り組むインセンティブが強まる。

　みちのく銀行は2018年度版のディスクロージャー誌の中で、ESGに対する取り組みの1つとして「地域企業に対するESG経営の普及」を掲げている。これがまさに提言書が示しているESG融資の目的であり、融資をする側だ

けでなく、融資を受ける側のESGに対する意識も高めることが求められている。

ビジネスにつながるESG課題を見つける力と企業に取り組みを促す提案力

　また、提言書は、地域金融機関が既存の取引先にESG経営を促すだけでなく、「ビジネスにつながる可能性をもった地域のESG課題を積極的に掘り起こし、ファイナンスに関する豊富なノウハウを活かして、その新たな事業構築に関与・協力していくこと」を求めている。地域金融機関には、ビジネスにつながる地域のESG課題を見つける力、またそれに対して企業に取り組みを促す提案力を備える人材が必要となることから、人材育成が今後の課題になるだろう。

　また、地域が抱えるESG課題を洗い出し、また取り組む優先度をつけるに当たっては、地域金融機関だけでなく、地方自治体や地域の経済団体（商工会や商工会議所など）との連携が不可欠である。従来、地域金融機関はこれらの地元関係者と様々な形で連携していると思われるが、これからはそこに地域のESG課題の視点を加えていくことが求められる。

(3) 上場地銀のESG情報の開示の充実

ESG、SDGsを重視した取り組みを含む金融仲介の取組状況の見える化

　提言書では上場地銀と投資家との関係を念頭に、次のように記されている。「地域金融機関は、金融仲介機能のベンチマーク等を活用して金融仲介の取組状況を『見える化』するよう奨励されているところであるが、『見える化』に当たっては、非財務情報の1つとして、ESG、SDGsを重視した取組についても開示を行うことは有効である。これにより、当該地域金融機関のビジネスモデルの見直しや自行の企業価値の維持・向上につながり、機関投資家が当該地域金融機関に対する働きかけや投資戦略立案を立てやすくなり、また、機関投資家が影響力を持たないような地域金融機関を含め、各金融機関を取り巻くステークホルダーへの説明責任の一助となり得る」。このように、地域金融機関にESGの取り組みに関して積極的に情報開示することを推奨している。

ESG／SDGs推進と企業価値の維持向上の関係は見えにくい

　大半の上場地銀は、環境や社会に対してポジティブなインパクトを与える業務もしくは社会貢献活動を行っている。しかし、開示情報の所在がバラバラであり、機関投資家から見ると取り組み状況が非常にわかりにくいのが現状だ。また、ディスクロージャー誌等でESG／SDGsに取り組むことの重要性等に言及している上場地銀であっても、自行のESGに対する取り組みが企業価値の維持・向上にどのようにつながっているのか、という視点で開示しているところは少数である。

　従来、上場地銀は株式持ち合い等の影響で、株主に占める安定株主の割合が多かった。しかし、政策保有株式の削減が進む過程で、安定株主の割合は減少傾向にある。株主構成にも変化が生じており、ESGへの関心が相対的に高いとみられる外国人投資家の保有比率は、10年前と比べて全体的に上昇傾向にある。企業価値の向上に資するようなESGに対する取り組みを行うこと、またそれを適切に開示することを求める株主が相対的に増えているということだ。また、国内機関投資家においても、ESGへの取り組みについて投資先企業に求める動きが強まっている。金融庁が設置した「スチュワードシップ・コードに関する有識者検討会」が2019年12月に提示した日本版スチュワードシップ・コードの改訂案では、機関投資家に対して運用戦略に応じてESG要素を含むサステナビリティ上の課題を考慮することを求めている。

　上場地銀にとっては、株主への対応という観点でも、ESGに取り組み、情報を整理して開示することの重要性が高まっている。

(4) 地銀のESG情報をどう評価して投資判断へ組み入れるのか

機関投資家が地域金融機関のESGを後押し

　提言書においては「上場している地域金融機関については、その株主である機関投資家が、ESG要素をしっかりと意識して地域金融機関と対話していくことは、SDGsの具現化に向けた地域金融機関の行動を促すことにもなる。このため、ESG金融の推進にとって、直接金融と間接金融の対話を通じた建設的な関係構築は、極めて重要である」と指摘されている。

どのようにESG情報を評価し、投資判断に組み入れるのか

　投資家側にもどのようにESG情報を評価し、投資判断に組み入れるのか、という課題がある。例えば、ESG（もしくはSDGs）に何らかの形で言及している上場地銀と、そうでない上場地銀のPBR（株価純資産倍率）とPER（株価収益率）を比較してみると、現状では明確な差を確認できなかった。PBRやPERは株価水準を見る時の参考指標で、高い方が相対的に株価は割高とされる。ESG情報を投資家が重視しているのであれば、ESGへの取り組みを積極的に行っており、かつそれを適切に開示している上場地銀の方が投資対象となりやすく、PBRやPERも高くなることが想定される。しかし、現状では必ずしもそういった傾向は確認されない。

　前述の通り、ESG投資が拡大傾向にあり、ESG情報を重視する投資家が増えてきていることは確かだが、ESG情報を評価する手法は発展途上の段階にある。例えば、2019年8月に年金積立金管理運用独立行政法人（GPIF）が公表した「2018年度 ESG活動報告」によれば、FTSE社とMSCI社のESG評価の相関関係は、2017年3月末から2018年3月末にかけては高まったものの、2018年3月末から2019年3月末にかけては横ばいであり、ESG評価のばらつきの収れんは足踏み状態にあることが報告されている。投資家がどのようにESG評価をするのか、投資家側も手探りの状況にある。投資家側からも、投資判断においてどのようなESG情報を重視しているか（もしくは投資先企業にどのような取り組みを求めるのか）、対話を通じて上場地銀との認識の共有を図ることが求められる。

3. 地域金融エコシステムの再構築を

（1）地方自治体や地域の経済団体と連携は十分か

　地域に融資をする地域金融機関にとって、地域経済の成長は自らの持続可能性を高めるためにも、不可欠なものである。地域の核として、地域金融機関にはESG地域金融を通じた地域経済の発展と社会的課題の解決に、同時に貢献していくことが求められており、それは自らの収益基盤の拡大にもつながる。地域のESG課題を洗い出し、解決していくためには、地域金融機関だけでなく、地方自治体や地域の経済団体と連携していくことが必要だ。

地方では中小企業の果たす役割が大きいことから、中小企業に対してESG課題に取り組む重要性を認識してもらう必要がある。

　現実には、金融庁が金融レポートで指摘しているように、地域金融機関のビジネスモデルの持続可能性が懸念されている中、地域への貢献で収益基盤を拡大するために割り当てる財務、人員などの経営資源が限られることは容易に想定される。その一方、地方を中心に生産年齢人口の減少と高齢化が急速に進む中、地方において不稼働資産の割合が高まり、地域金融機関が社会的課題に資金を提供する機会が増えていくことも確かであろう。

(2) ESG融資拡大には地域金融全体を変化させていく工夫が必要

　地域金融において、クラウドファンディング、地域通貨の活用など、テクノロジーを駆使したソーシャル・ファイナンスの担い手を増やしたりすることも一考に値するのではないか。前述の環境省の提言書にも、「地域金融エコシステムの再構築」が盛り込まれているが、地域内の末端まで資金を回すという「資金の地産地消」をテクノロジーあるいはテクノロジーと人を融合させて実現していくことが必要だ。目指すESG融資の拡大には、地域金融全体を変化させていく工夫が求められている。

4. まとめ（銀行自体が抱える課題とSDGsで解決を目指す課題は重なる）

　前述した政府のアクションプランには「顧客本位」「地方創生」「金融デジタライゼーション」など、本章の主要テーマである銀行の行動規範と重なる内容が多く含まれている。この自らが抱える課題をSDGsの課題として認識するためには、銀行自体の意識の変革、企業文化の変革が必要となるだろう。銀行の変革を推し進めるという観点から見ると、ビジネスモデルの変革よりもこちらの方が重要性が高いと言えるかもしれない。

第9章　情報の流れが銀行を変える

情報生産機能は稼ぐ力の源泉

　銀行が次世代銀行ビジネスモデルへ取り組む理由は、テクノロジーの進展に伴うモバイル決済など決済手段の多様化によって、直接的に銀行口座を介する決済の利用率が低下していくことで情報の流れが変わり、銀行が顧客情報から離れていくことを回避するためである。銀行の顧客情報とは、貸出の金利を決める、顧客の潜在ニーズを分析して手数料収入に結びつけるなど、金融機関にとって稼ぐ力を生む源泉であり、非常に重要であることは言うまでもない。

　銀行の主要機能である情報生産機能は、金融仲介機能を動かす原動力と言える。顧客情報を生み出す決済機能が活性化すればするほど、収集される情報量が増えて蓄積する。これらの大量の情報を分析することで質の高い情報が創出され、ビジネスに活かすことができる。これを繰り返すことで情報分析力が向上し、金融機関の情報生産機能を継続的に改善できる。情報の流れの主導権を握る決済基盤の維持は、銀行にとって死活問題である。しかし、決済の多様化と稼ぐ力の低下により、銀行が既存の決済基盤を維持することさえ難しくなっている。

　銀行が地域の決済基盤を維持するために、あるいは情報の流れの主導権を握るために、収益化の可能性もある情報銀行が注目されている。果たして情報銀行の設立は有効なのか。

1. 顧客情報から遠ざかる銀行

(1) 顧客情報を維持する生命線である決済機能

　銀行の機能の中での生命線は決済である。資金供与、預金と決済の機能が一体となって銀行業が成り立ってきたわけであるが、顧客の情報を死守するという意味において決済機能が最も重要な機能と言える。その理由として銀行口座を直接的に介した決済により顧客の取引情報が蓄積されることが挙げられる。この顧客情報の多寡によって、支店ネットワークの販売力が左右される。銀行の決済機能が活用されなければ、銀行の死守すべき付加価値が劣化する可能性がある。

　しかし、電子マネー、モバイル決済など決済手段が多様化し、企業の経営努力に加えて今回の消費増税に伴うキャッシュレス化の促進策により新たな決済手段が本格的に普及する中で、銀行決済が減少している。銀行の窓口、ATMの利用率が低下していることがその理由だ。このためクレジットカード会社、電子マネーまたはモバイル決済業者は、顧客の購買情報の取得にお

図表II-9-1　銀行口座での取引が減少することで銀行が顧客情報から遠くなる

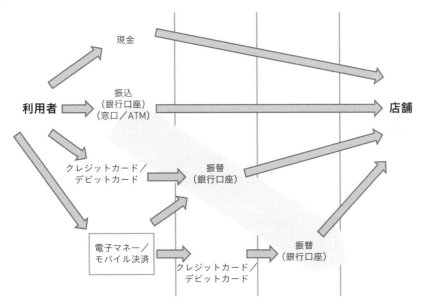

（出所）大和総研

いて、銀行よりも優位なポジションにいる。

（2）テクノロジーの進展で決済手段が多様化する中、銀行は情報から遠ざかる

　銀行が口座を介して直接的に決済情報を得る機会が減少することから、銀行本体には顧客の詳細な情報が蓄積しなくなる。このため銀行が顧客の情報から遠ざかっていく（**図表II-9-1**）。決済機能を活性化するにも、銀行の稼ぐ力が構造的に低迷する中で、モバイル決済、電子マネーと比較して利便性に劣る銀行の窓口、ATMの活用頻度が低下しているため、現行の決済基盤のコスト負担は、預金口座管理、支店ネットワークの維持とともに大きな経営課題となっている。

　第5章の次世代ビジネスモデルで紹介した銀行が、SNS銀行、コンビニ銀行を共同で設立した場合でも、銀行本体が詳細な情報を活用してビジネスを拡張できればいいが、法的に困難なことが予想される。「情報」と「つなぐ」の部分がデジタル化されればされるほど、ますます銀行は本来の付加価値の輝きを失うことになるだろう。

（3）将来的に給与口座は必要なくなるか

　2018年12月、政府によって、給与口座という銀行の大きな強みの源泉の存在が危ぶまれる方向性が打ち出された。今のところ早期解禁への議論は小康状態だが、企業の従業員への給与支払いにおいて、銀行の給与口座への振り込みではなく、電子マネーで直接従業員に支払える方法の解禁が、政府で検討されている。解禁されれば、企業はプリペイドカードやスマートフォンの決済アプリなどを利用して給与を支払えるようになる（**図表II-9-2**）。

　2018年12月に開かれた国家戦略特別区域諮問会議の配布資料＊26では、「デジタルマネーによる賃金支払い（資金移動業者への支払い）の解禁」の方向性が示されている。具体的には、「これまで現金での直接支払いや銀行口座への振り込み等に限られていた賃金支払いについて、資金移動業者の口座へ

＊26　第37回国家戦略特別区域諮問会議の配布資料　資料3－2「主要な規制改革事項等について」P3

162

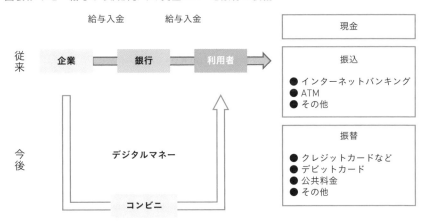

（出所）金融庁資料より大和総研作成

　の支払いも解禁」と記載されている。対象者は、「キャッシュレス社会の推進や銀行口座の開設が難しい外国人材の受入基盤整備に貢献」とあるので、当初は外国人の働き手に限定されているように解釈できる。また、「但し、該当する資金移動業者の適格要件[27]について、更に詳細を検討」するとあり、労働者の視点に立って様々なリスクを検討していることが推察される。ここでのリスクとして、例えば、「電子マネーで賃金を支払うことを考えると、現金との換金ができるか、万一電子マネーの会社が倒産した際の資金保全はどうするのかなど」[28]が想定されている。リスクの解消に向けては、電子マネーの信用担保、電子マネーの資金の流れの把握を可能にするトークン化などの整備が必要となり、大きな課題を乗り越える必要がある。法律面においても、賃金の支払方法について定められた労働基準法施行規則第7条の2第1項に例外規定を付け加える改正、特に給与支払いの安全の担保に関するものが必要となるだろう

　すでに、助太刀社の「助太刀Pay（現金受取）」では、助太刀カード（入

＊27　例えば、銀行免許を取得しない資金移動業者であれば、資本金や自己資本比率が一定以上の水準に達していることだけでなく、資産保全の状況および財産的基礎を担当省庁に報告することが求められる。
＊28　厚生労働省　賃金課資料より

会金・年会費無料）への入会が必要となるものの、セブン銀行との提携により、全国のセブン銀行ATMで受け取れる仕組みが構築されている。つまり、銀行口座がなくとも請負料金としてコンビニで給与払いが可能になるビジネスモデルである。これは同社が建設受発注のマッチングや、建設機材のアプリでの注文などを手掛ける建設業界のプラットフォーマー的存在であることから可能なビジネスモデルと言える。

他方、従業員のニーズとしては、給与払いの柔軟性を高める仕組みを求めていることが挙げられる。ペイミー社の「Payme」は、企業からの給与の一部（上限設定）を前払い金として銀行口座に即日振り込み、企業の信用力の高低によって可変する手数料ビジネスを企業に展開し、一定の成功を収めている。電子マネーでの給与支払いが解禁されれば、給与支払いの多様化の一環として潜在的なニーズが高まる可能性がある。

給与払いの多様化ニーズの顕在化により、他の業態へのオープン化が解禁されていく想定において、将来的には銀行は決済口座のさらなる減少、それにより預金、つまり負債側（資金調達側）が急激な減少に直面することが指摘できる。ただし銀行は給与口座を含めた預金口座の管理において、マネー・ローンダリング対策に相当程度のコストをかけており、この部分を含めた規制緩和が金融システム全体にプラスとなるかどうかは慎重に考えていく必要がある。とすれば、銀行自身が自行ブランドのプライベートコインを活用して、新たな発想で電子マネーでの給与振り込みを実現化する試みがあっても不思議ではない。

（4）資金決済事業者の参入激化が促す銀行業界からの金融イノベーションに期待

一方、銀行の決済一体モデルが崩れていく中、非金融業の決済業務をフックとした金融業への参入（＝「決済＋」型ビジネスモデル）が増加している。これは資金決済事業者の増加により確認できる。ただし、資金決済事業者は増えているものの、決済単独のビジネスモデルでは生き残れる可能性は低い。電子マネー、モバイル決済の事業者は、決済機能の規制緩和、2030年までに政府が達成を目指すSociety 5.0、消費増税のポイント還元などを契機として推し進めるキャッシュレス決済の普及を見越して決済分野での激烈な覇権

争いをしている。

　とはいえ、大半の事業者は赤字である。自社の決済手段の普及を優先する戦略を採用しているため、加盟店の手数料をコスト度外視で低く設定しているためである。「イノベーター理論」における急速な普及を可能とするクリティカルマスに到達する前にビジネスモデルが破綻するおそれがある、まさしくレッドオーシャンの市場である。銀行のビジネスモデルにおいても、ナローバンクという決済業務に特化したビジネスモデルは、過去にゆうちょ銀行をはじめ大規模な銀行で検討されたものの、収益性があまりにも低く、その実現は見送られてきた。ちなみに巨大な資産を活かして、日銀券ならぬ「ゆうちょ券」を発行して顧客を囲い込む案も検討されたこともあり、プライベートコインの発想は昔から存在する。まさしく温故知新であり、アイデア自体は新しいものではないが、それを他の業界の企業が金融以外の仕組みでの収益を元手に、金融イノベーションを駆使して参入する試みが脅威である。

　デジタルプラットフォーマーの資金力、決済の覇権争いに銀行単独で挑む戦略は無謀とも言える。この状況を覆すためには、銀行業界全体の大胆な発想が必要ではないだろうか。例えば、安全安心の面では揺るがない銀行の中枢の仕組みである「全銀システム」をオープン・プラットフォーム化して他の業態の企業に開放することも、銀行業の効率化をドラスティックに進める上で、一考に値する。銀行にとって、銀行口座は死守すべきサービスではあるものの、維持コストの負担は大きい。効率性の面から、銀行口座の開設が不要になることがデメリットではなくメリットであるとする逆転の発想を共有することで、銀行主導で金融がシームレスにつながり、多種多様なデジタル情報とつながりながら資金が循環する新たな仕組みを構築できると考えられる。金融システムを第一に考えれば、銀行業界からの金融イノベーションが最も望まれる将来の姿と言える。

2. 情報銀行は敵か味方か[*29]

(1) なぜ情報銀行か[*30]

　「21世紀の石油」と評される個人データを管理し利活用する社会的な仕組みとして、2016年以降、日本政府の後押しのもと、情報銀行の設立に向け

た検討が進められ、情報銀行の第一弾が2019年度に初めて認定された。

　情報銀行とは、個人から預託された個人データを本人の同意のもとで第三者（企業等）に提供し、その対価を個人に還元するという仕組みだ。

　情報銀行に準ずるとして注目されている事業に、複数の個人データを用いて信用スコアを作成する信用スコアリング事業がある。個人データを収集・蓄積する点で、情報銀行と共通している。

　情報銀行の構想内容の傾向を見ると、情報銀行が取り扱う個人データとしては、行動データ、購買データ、金融データ、健康データを検討しているケースが多い。個人に支払う情報対価については、金銭や割引、仮想通貨等の経済対価のほか、データに基づく具体的なサービス、情報（広告等）を検討するケースが多い。情報銀行のマネタイズに向けて、個人データの収集に際し、情報銀行に関連する周辺事業も含めた事業全体で個人にとっての利用価値を高める仕掛けが模索されている。

　このように、模索されている情報銀行の仕掛けからは、地銀にとっては敵になるような印象を受ける。ただし、銀行自ら情報銀行を設立して、顧客情報を囲い込むことが可能なため、味方として活用できる。

　以下では、認定された情報銀行の特性について整理し、金融イノベーションとして成り立つか簡単な検証を行う。

(2) 情報銀行の認定[31]（情報銀行の認定第一弾が公表）

三井住友信託銀行の「『データ信託』サービス」

　このサービスは、本人が登録したデータを情報銀行が管理し、それをデータ利活用業者が参照する。データ利活用業者やデータの種類について、具体的な内容は公表されていない。また、本人への対価として、情報銀行からは「対価の還元」、データ利活用業者からは「パーソナライズ・サービス」が想

＊29　藤野大輝「令和元年は『情報銀行元年』となるか」2019年7月16日大和総研レポート
＊30　亀井亜希子「2019年度、情報銀行が本格開業へ」2019年6月25日大和総研レポート
＊31　政府は情報銀行の認定指針を2018年6月に公表しており、それに基づいて一般社団法人
日本IT団体連盟が認定団体として活動を行っている。日本IT団体連盟は2018年12月から情報
銀行の認定に関する申請の受付を開始し、2019年6月21日に認定の第一弾を決定した。

定されている。

フェリカポケットマーケティングの「地域振興プラットフォーム」

　このサービスは、本人、もしくは地域の事業者から得た個人データをPDS（パーソナルデータストア：個人が自分の行動履歴などのデータを自らで管理・活用する仕組み）で保管し、そのデータを情報銀行に預託した上で、加盟店に提供をする。地域の活性化を目的とした「地域のための情報銀行」であることが特徴だ。データの提供元としては、中小事業者を含む地域の産学官民や個人、提供先としては地域の加盟店などが想定されている。扱われるデータは、年齢・性別・居住地域などの基本属性、趣味趣向などのデータが想定されている。個人への対価は、地域活性化につながる地域ポイントや地域密着の商品・サービスにする予定となっている。

　これらは両者とも「P認定」であることには注意が必要である。通常の認定はすでに事業が行われている情報銀行に対する認定であるのに対し、P認定とは情報銀行の開始段階で得る認定のことである。つまり、両事業とも今回認定された事業をこれから開始し、その事業の運営が安定した段階で通常の認定を再度得ることになると考えられる（2年以内に通常の認定を得なければならない）。

（3）情報銀行は「オープン化」して金融イノベーションになるか

情報銀行の3つの類型

　今回認定された情報銀行や、現在様々な企業が公表している情報銀行（すでに事業化しているもの、事業化を計画しているもののどちらも含む）に共通しているのは、いずれも提供元、または提供先があらかじめ限定されていることだ。

　ここで言う「限定」とは、ある個人に関するデータの提供元・提供先が初めから決められているという意味である。例えば、個人Aに関するデータの提供元が本人だけであれば、それは提供元が限定されていると言える。また、個人Aに関するデータの提供先が企業B、企業C、…企業Zから成る企業群

のうちから選択されるのであれば、それは提供先が限定されている。

　情報銀行を提供元・提供先の限定の有無で分けると、以下の3種類に整理できる（提供元は限定されていないが提供先は限定されているパターンもあるが、想定しづらいため省いている）。

①どちらもあらかじめ限定されている「クローズ型情報銀行」
②提供先は限定されていないが提供元はあらかじめ限定されている「半オープン型情報銀行」
③どちらも限定されていない「オープン型情報銀行」

　例えば、三井住友信託銀行の「『データ信託』サービス」は、提供元は本人だけであるため、①クローズ型情報銀行、もしくは②半オープン型情報銀行に当たる（提供先が限定されているかどうかは不明）。フェリカポケットマーケティングの「地域振興プラットフォーム」は、提供元は本人か地域の一定の事業者であり、提供先は地域の加盟店とされているため、①クローズ型情報銀行であると考えられる[*32]（ただし、地域内においては提供元・提供先を限らないオープン型情報銀行となる可能性はある）。

オープン型情報銀行が難しい理由

　先述の通り、現状公表されている情報銀行はいずれも提供元または提供先が限定されているため、ほぼすべて①クローズ型情報銀行、②半オープン型情報銀行であり、③オープン型情報銀行に当たるものはないようだ。

　提供先が限定されている理由としては、提供先の信頼性の確保のための負担が考えられる。情報銀行の認定指針においては、個人データの提供先についても、セキュリティやガバナンスについて一定以上の水準が求められるとされている。提供先を限定しないとなると、情報銀行の「提供するか否かの審査・判断」の負担が重くなると想定される。

　一方、提供元が限定されている理由は、データを提供する提供元のインセ

ンティブの確保が難しいことにあると考えられる。インセンティブがなくとも、データポータビリティ[*33]が保証されていれば、データ提供元の企業側は個人の求めに応じてデータを本人に還元しなければならず、本人を通して情報銀行にあらゆる企業のデータが集まる可能性がある。しかし、日本においてはデータポータビリティが保証されていないため、提供元の企業はデータを提供する義務はない。また、データポータビリティに基づいて強制的に提供されるデータは利用しやすいように加工等もされていないと考えられ、情報銀行や提供先企業にとって有用なデータが集まるとは考えづらい。情報銀行は提供元に対して一定のインセンティブを提示することで、はじめて有用なデータを提供してもらうことができると考えられ、そのインセンティブをいかに確保するかが難しいところであろう。ほかにも、データが標準化されていないため、情報銀行側の実務的な負担が大きくなるなどの問題も挙げられる。

イノベーションのためにはオープン型情報銀行への進化が必要

　クローズ型か、オープン型かは情報銀行の事業の目的に沿って選択すればよいと考えるが、「データの利活用」や「イノベーション」という観点からは、オープン型を目指すことが望ましい。クローズ型情報銀行は、あらかじめ限定された企業の中で情報をやり取りするため、データの活用法（事業）は、情報銀行の事業開始前に想定された範囲にとどまりやすい。あくまで「本人の意思に基づいてデータ流通をする」ことを主眼に置いている仕組みと考えられる。

　本人の意思に基づいたデータ流通に加え、自由なデータの流通・利活用とそれに基づくイノベーションの発生を図るのであれば、オープン型情報銀行が必要だろう。企業が自由に情報銀行からデータの提供を受け（もちろん審査を通る必要はあるが）、普段は得られない全く異なる業種・分野に関する個人データを活用して新たな事業を生み出す。このように、これまでにない事業・サービスが生まれる点を考えると、オープン型情報銀行の活用が理想

[*33]　データポータビリティとは、事業者が保有する個人データを再利用しやすい形で本人に還元する、もしくは他の事業者に移管できる機能・権利のことである。

的だろう。

　とはいえ、先述の通り、オープン型情報銀行を事業として行うには様々な課題がある。まずは、現状のようにクローズ型、半オープン型の情報銀行から始め、提供元・提供先を次第に広げていくことが望ましい。将来的には新たなイノベーションのきっかけとなっていくことが期待される。そのためにも、情報銀行を営む事業者は提供先の審査を適切に行うノウハウやリソースを蓄積していくとともに、提供元にデータを提供してもらうためのインセンティブを検討する必要がある。

3. まとめ（地域の情報を網羅的に確保する必要性が増す）

　これまでは銀行が能動的に情報を獲得しないと、必要な情報が集まってこなかった。決済取引の中で顧客情報は蓄積するものの、能動的に顧客が提供する情報という性質は有していない。情報銀行の仕組みは、情報を保有している主体が自発的に情報を提供するという点において画期的と言える。決済の多様化によって、銀行が顧客情報から遠くなることは将来的に避けられない。将来を見据えると、地域の網羅的な情報を収集していくことが、地銀を構成する「地域」と「銀行」の最大のアンバンドルに対する最大の防御と考えられる。それと同時に、地域の網羅的な情報を選択的に地域企業に提供し、その活用法を提示することで、地域企業、地域銀行がともに収益力を向上させることができる。つまり、攻めの経営にもつながりうる。デジタルとリアルの両方の世界において、銀行自体が能動的に情報を収集する能力を高めるとともに、情報銀行という仕組みを活用することが、今後求められる。その場合、域内での安心安全な情報のフローが必要となるだろう。

第10章　ビジネスモデルの単純化が銀行を変える[34]

上下分離化が進む英・欧の銀行業界

　日本の銀行のビジネスモデルだけが変化しているわけではなく、欧米の銀行のビジネスモデルも変化している。リーマン・ショック後、主要先進国の銀行ではビジネスモデルの「単純化」「単一化」が見られるようになった。このような状況を踏まえ、英国とドイツを中心に上下分離（いわゆるチャレンジャーバンクとBaaPの分離）が進んでいる。

　日米英で比較すると、既存の金融機関の持続可能性が危惧されている英国は競争政策を導入して、明確に上下分離を目指している。他方で、既存の金融機関の体力が相対的に残っている米国では、上下分離が進んでいない。米国ではBigTech、つまりGAFAといったプラットフォーマーに顧客を奪われないように細心の注意を払った上で部分的に連携し、RegTech（金融規制に対する金融ITソリューション）を活用して銀行への参入障壁を高く保ち、銀行業界自体を守る戦略を打ち出している。

---

[34]　内野逸勢・矢作大祐「次世代銀行ビジネスモデルの担い手は？」2018年10月5日大和総研レポート

1. リーマン・ショック後の先進主要国の銀行のビジネスモデルの「単純化」

(1) 英・欧でも進む銀行の上下分離

　日本だけではなく、特に英・欧においては中長期的な次世代銀行モデルの方向性についてFinTechをキーにして考えると、チャレンジャーバンク・モデルとBaaPモデルという銀行のシステム（下の部分）と銀行の事業（上の部分）の分離が進んでいくと考えられる。上下分離が進んでいく理由の1つとして、先進主要国の銀行のビジネスモデルにおける「単純化」や「単一化」という変化が挙げられる。

(2) 銀行のビジネスモデルの「単純化」「単一化」が背景に

　「単純化」に関しては、2018年1月のBISのグローバル金融システム委員会報告書（以下、BIS報告書）によると、「資本・流動性規制の強化もあり、トレーディング業務と資金調達構造の見直しが行われ、預金による資金調達が増加し、業務内容ではリテール業務を含む、より複雑ではなく資本を必要としない業務へと変化」と記述されている。「単純化」に向けた過程において、①資金調達構造の見直しにより預金以外の借入依存度を低下させること、②トレーディング業務[*35]の見直し、リテール業務（貸出等）へのシフト、③より複雑ではなく資本を要しない業務への移行、という3つの変化が挙げられている。

　まず、①の「調達構造の変化とそれによる収益性への影響」に着目する。米国、英国、欧州、日本の銀行の2006年（リーマン・ショック前）と2016年のROEの水準を見ると、リーマン・ショック前の水準まで回復している国、地域はない。その要因はBIS報告書の中で、「金融危機後の銀行のROEの低下の半分は財務レバレッジの低下で説明できる」とされている。リーマン・ショック前は、ユーロ圏（ドイツも含む、以下同）、ドイツ、英国、米国の

[*35]　トレーディング業務は、自己勘定のトレーディングを指す。ただし、トレーディング業務については定義・範囲に曖昧な部分が多いとの意見もある。トレーディング業務によって得られる収益が、売買益だけではなく、関連手数料とトレーディング資産から得られる金利収入も含めて捉えるべきものであることがその理由として挙げられる。

銀行は市場での短期借入を増やし、レバレッジを高めてきた。他方で、リーマン・ショック後は、規制に伴う資本の積み上げと、預金以外の借入依存度の低下によってレバレッジが低下した。なお、日本はリーマン・ショック以前も預金以外の借入依存度が低かったため、そもそもレバレッジは高くなかった。そのため、レバレッジの低下に伴う影響は、ユーロ圏、ドイツ、英国に比べて小さかった。

また、ROAの水準も、国、地域で若干の差異はあるが、大幅に回復したところはない。例えば、最も回復度合いの高い米国はリーマン・ショック前の7割程度の水準であり、ユーロ圏、ドイツ、英国に関しては半分以下の水準にとどまったままだ。日本に関しては、ユーロ圏、ドイツ、英国よりも回復したが、米国よりも回復度合いが低く、リーマン・ショック前の5割程度にとどまっている。

BIS報告書では「銀行の業務効率が歴史的な最良の状態に改善するとの想定では、先進国の平均的な銀行のROEは改善するが、半分以上の銀行ではROEが10％未満にとどまる」とされている。大幅なコスト削減や新しい収益源の確保は簡単には実現できず、さらには資金調達構造の「単純化」も進んでいる中、いずれかの国、地域のみがROEを大幅に改善することは考えにくいだろう。

次に、②の「トレーディング業務の見直しとリテール業務（貸出等）へのシフトによる収益力の変化」に着目する。**図表II-10-1**を見ると、米国、英国は金利収入比率、非金利収入比率ともに低下した。非金利収入比率の低下は、トレーディング収入の大幅な減少が影響したものと考えられる。また、ドイツ、日本、ユーロ圏に関しては金利収入比率、非金利収入比率（両方とも資産に対する比率）ともに大きな変化は見られないが、金利収入、非金利収入がもともと低水準だったことが要因として考えられる。いずれの国の金利収入比率、非金利収入比率も低下、あるいは低位のまま維持されていることから、収益構造も「単純化」しつつあることがうかがえる。

③の「資本を使わない業務への変化」に関しては、**図表II-10-2**に見られるように、日本、英国、ドイツに関しては、リスクアセットが総資産に占める割合は低下しており、自己資本に負荷がかかる業務を減らしていることがわかる。米国、ユーロ圏に関しては、リスクアセットが総資産に占める割合

図表Ⅱ-10-1　日米欧の銀行の非金利収入比率と金利収入比率

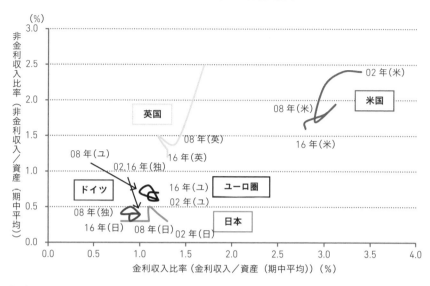

（出所）BIS Committee on the Global Financial System, "Structural changes in banking after the crisis", January 2018, CGFS Papers No 60のデータより大和総研作成

図表Ⅱ-10-2　日米欧の銀行のリスクアセットの総資産比率とTier1資本比率

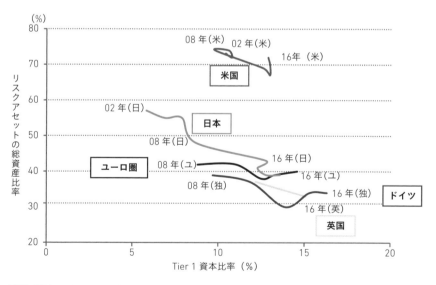

（出所）BIS Committee on the Global Financial System, "Structural changes in banking after the crisis", January 2018, CGFS Papers No 60のデータより大和総研作成

は若干低下した程度だ。ただし、米国・ユーロ圏はリスクアセットを大きく減らす代わりに、自己資本を積み増してきたと考えられる。いずれの国、地域も方法は異なるが、健全性を改善するために資本対比でのリスクアセットは縮小させていることから、リスクの取り方に関しても単純化が進んでいると言える。

　以上の①から③の変化を踏まえると、米国を除く日本、英国、ドイツ、ユーロ圏は収益のトップラインを伸ばす力（以下、稼ぐ力）は低下している。そのため、効率性を向上させることを通じてコスト構造を変革し、収益性を高める戦略的な取り組みが必要だ。ただし、米国以外は足もとで営業経費率が上昇しており、効率性を高める取り組みが依然として進展していないように見える（**図表II-10-3**）。

　中長期的な次世代銀行モデルを考える上で、幅広い事業ポートフォリオを有するG-SIBs（グローバルなシステム上重要な銀行）の動向について見ると、欧州のG-SIBsのROEは5%程度まで回復してきた一方で、英国のG-SIBsはマイナス圏からようやく脱しつつある段階だ。中国のG-SIBsのROEは低下

図表II-10-3　日米欧の稼ぐ力と効率性

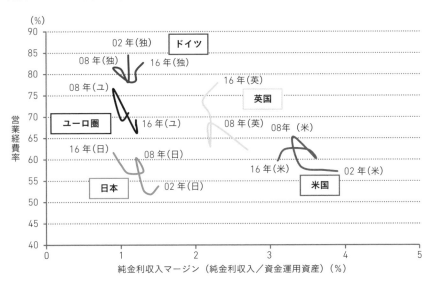

（出所）BIS Committee on the Global Financial System, "Structural changes in banking after the crisis", January 2018, CGFS Papers No 60のデータより大和総研作成

傾向にあり、北米のG-SIBsと同程度の10％の水準まで低下してきた。日本G-SIBsのROEは、近年5〜10％の水準で推移している。

　PBRを見ると、北米のG-SIBs以外、1倍を下回る水準にある。ビジネスモデルが「単純化」していく中で、北米を除けば、PBRの水準は国・地域を超えて収れんしつつあると言える。今後もPBRが1倍を下回る水準で推移した場合、ビジネスモデルの持続可能性に疑義がもたれても仕方がない状況とも捉えられる。また、BIS報告書では、銀行間のビジネスモデルの類似性が強まりつつあり、競争環境は過酷になっているとして、金融機関の稼ぐ力が一層劣化する可能性を危惧している。中でも、ドイツと日本の地域金融機関間での競争の激化によって脆弱性が高まったことが指摘されている。

　さらに、大手金融機関の国際化戦略はどうだろうか。BIS報告書では、米国、日本の銀行は対外債権を増加させているが、欧州および英国の銀行は、対外債権を縮小し、海外拠点も減少させて、国際業務を縮小してきたとしている。つまり、欧州および英国の大手銀行は地理的にも、それぞれの「単一化」を進めてきているように考えられる。この背景としては、各国の貸出先の信用リスクの見極めが難しいことに加えて、健全性規制、流動性規制が強化される中、地理的な拡大戦略はコスト高と認識されている可能性がある。

2. FinTechから見通す次世代銀行モデルの方向性

（1）米英に見る2つの方向性

　上記を踏まえると、既存の銀行が担うビジネスモデルにおいて、①「単純化」による収益性の低下、②それを支えるビジネスモデルの劣化、が想定される。このため、預金、与信、決済といった銀行業が有する中心的な機能を、既存の銀行に一括して担わせておくべきか否かについて議論の余地が大きいと言える。キャッシュレス化や、預金口座を直接的に介さない小口決済手段の普及に加え、企業の資金ニーズ減退に伴う銀行の信用創造機能の低下が進む中で、新たな担い手に機能別に担わせることで、機能回復が図れるのではないかとの考えが強まっても不思議ではない。

　問題はこのような状況について規制当局がどのように考え、どのような方向性に規制あるいは競争政策の舵を切るかだ。現状では、米英日において2

つの政策の方向性が見いだせる。1つは、効率的に機能を果たせるのであれば既存の銀行ではなく新たな担い手が参入しても問題はないとの立場を取る国である。もう1つは、効率性を高めながら稼ぐ力を強化することを前提に、既存の金融機関にこれまでと同様の機能を担わせるとの立場を取る国である。

前者の代表は、「規制サンドボックス（Regulatory Sandbox）」を導入した英国であり、後者の代表は米国[36]だ（**図表 II-10-4**）。英国が2016年5月から規制サンドボックス制度を導入した背景には、消費者ニーズの将来的な変化に対応できる機関に機能を担わせるという意味合いがあると考えられる。英国のFCA（金融行為規制機構）によれば、「FCAのイノベーションへの取り組みは、消費者の便益において競争を促進するために必要不可欠な義務である」[37]としている。

(2) 米英の政策の方向性の違いは既存の銀行ビジネスモデルが持続可能か否か

英国では、既存の金融機関の信頼性、ビジネスモデルの持続可能性があるかについて問われている。金融危機後、LIBORの不祥事、度重なる罰金の支払い、依然国有化を脱却していない銀行の存在など、既存の大手金融機関は持続可能な競争力を保てるかという点で信頼が低下している。このため、規制緩和により、新たな担い手の参入を促し、競争を促進させようとしている。

その施策の1つが、PRA（健全性規制機構）とFCAによる「ニューバンク・スタートアップ・ユニット（New Bank Start-up Unit）」という他業態から銀行業への参入を促進することに特化した組織の設立である。もう1つが、銀行参入規制の見直しと、資本および流動性規制に関する緩和や認可プロセスの変更である。こうした中、標準的なオープンAPIの導入が進められており、システムなどの共通化が進展すれば、チャレンジャーバンク・モデルや

---

[36] 2018年5月に、大和総研が米国で現地金融機関や業界団体に対して行ったヒアリング調査によれば、米国において規制サンドボックスは金融システムにカオス（混沌）を生むだけであり、検討していないとのコメントがあった。
[37]（出所）英国FCAウェブサイト "Speech by Christopher Woolard, Director of Strategy and Competition at the FCA, delivered at London FinTech Week 2016.", https://www.fca.org.uk/news/speeches/london-fintech-week-2016-innovation-regtech.

図表II-10-4　銀行業における日英米の主なFinTech関連規制の比較と次世代ビジネスモデルの方向性

	日本	英国	米国
銀行業へのFinTech企業等の参入規制緩和の主体	金融庁	公正取引委員会	OCC（連邦レベル）とFRB（州レベル）他
規制緩和の目的	顧客の利便性を高める	銀行業界に市場の競争原理を導入し消費者の利便性を高める	リーマン・ショック後の金融持株会社のガバナンス強化、コンプライアンス強化、金融システムの安定の優先度が高い
FinTech企業等の銀行業への参入障壁の状況	低い（注1）	低い（注2）	高い（注3）
業法の見直しの状況	幅広く検討中	金融サービス法	見直す予定なし
オープンAPIの導入の状況	導入	一部導入	未定
規制サンドボックス	導入	導入	導入は未定
既存銀行のビジネスモデルの持続可能性	低い	低い	高い
銀行の次世代ビジネスモデルの方向性	英国モデルか？米国モデルか？	チャレンジャーバンク（注4）とBaaP（個人、家計、SMEを対象）にアンバンドル　※ただし、リバンドルの可能性もある	既存の金融機関がFinTech企業あるいはプラットフォーマーと協業

（注1）資金移動業者の登録、中間業者に対する規制整備によって国内のプラットフォーマーが銀行免許を取得しないまま、小口決済業務、送金業務に参入することは可能。
（注2）New Bank Start-up Unit（銀行参入規制の見直し、資本および流動性に関する規制緩和、認可プロセスの変更など）をPRAとFCAが主導している。特に、Mobilisation（一部インフラ業務を除外した2段階の許可体制）の導入、Bacs主導のCASS（Current Account Switch Service）導入などが代表的な施策である。
（注3）FinTech企業のオンラインマーケットプレース融資規制に関係する連邦規制当局は12機関に及ぶ。
（注4）代表例はスマートフォン上のアプリを通じてのみサービスを提供するアプリ専業銀行のアトムバンク（2010年設立）。前述の2段階の許可体制では、15年6月に初期的銀行免許取得、16年4月に銀行免許取得（スペインのBBVAが40％出資）。
（出所）各国資料より大和総研作成

BaaPモデルへと分離する可能性があると英国では言われている。一部の大手銀行は、APIの導入を積極化させていく方針を打ち出している。

　英国では、銀行業界にとどまらず、他の公益セクターにおいても、消費者保護と市場における競争促進が国内法制度の軸として組み込まれている。競争状態を創出することで高額な手数料、複雑な手続きなど、消費者に対する過度な負担を軽減しようとしている。電気・ガスなどのエネルギー産業で言えば、発送電分離、他業種からの参入を促進する小売完全自由化、それによるスイッチングコストの低下などが挙げられる。このほか、鉄道の上下分離などの例もある。この中心にいるのが英国の公正取引委員会（Competition and Markets Authority: CMA）[38]である。

CMAによる銀行業に対する問題提起は、2016年8月に発表された「リテールバンキング市場調査」の最終版に詳述されている。リーマン・ショック以降、規制が強化される中、先端テクノロジーを活用することで、リテールバンキング市場に新たに参入する企業が増えていく一方、従来のリテールバンキング業務を担う既存の金融機関のパフォーマンスが低下[*39]していったことが書かれている。

　こうした中、既存の金融機関が、今後も増加が見込まれる金融機関全体のコンプライアンス・コストに対応し、当座貸越、当座口座の他の銀行への切り換えなど顧客の便益を保護しながらも、収益性を維持できるかが懸念されている。こうした懸念がありながらも、顧客の便益を保護するために、財務省は2013年にCASS（Current Account Switch Service、当座口座切り換えサービス）を導入した。銀行間の顧客の当座預金口座の移管を容易にする制度[*40]である。

　2017年2月のCMAの「銀行に向けた最終指令[*41]」でも、顧客重視の戦略に向けて、革新的なテクノロジーを活用したリテールバンキングサービスの提供を促す方針を示している。特にオープン・バンキング[*42]の推進、当座口座の手続きの標準化などの改革を強調している。加えて、中小企業向けの金融サービスにも言及している。英国では中小企業に対するコンサルティング・サービスが少なく、信用リスク測定の透明性も低い。英国国立科学・技術・芸術基金（NESTA）が運営する「オープン・アップ・チャレンジ」制度において、中小企業向けのコンサルティング・サービスを促進させると同時に、CMAが提案している、中小企業向け貸出における信用リスク測定の透明性を向上させる手法の普及を図っている。

＊38　正確には「競争・市場庁」。日本の公正取引委員会のウェブサイトによれば、「2013年企業規制改革法により2013年10月1日に設立され、2014年4月1日、同法により公正取引庁及び競争委員会が廃止されたことに伴い、それら機関の機能及び権限の大部分を受け継いだ独立の非大臣庁」とされる。

＊39　レビュー調査の結論としては、リテールバンキングにおいて、既存の金融機関が競争可能な水準の利益を上げることができるか否かの判断までは下していない。

＊40　移管の間に発生した問題による金銭的損失に対して、完全な保障をつけることで、7日以内に安全かつ安心に移管が可能となる制度。

＊41　Press Release "Open Banking revolution moves closer"

＊42　オープンAPIを導入することで、様々な主体が銀行の決済システムや口座情報などにアクセスしやすくすることを指す。

他方で、米国の公正取引委員会には、英国の公正取引委員会のように、銀行業界の改革を主導する動きは見られない。米国で銀行業界の改革を主導するのは連邦レベルのOCC（金融規制当局）である。OCCは2016年に「銀行システムにおける責任ある技術革新を支援するために」と題したレポートを公表し、FinTech企業による特別目的銀行[*43]免許の取得に積極的な姿勢を示している。一方、州レベルの金融規制当局であるFRB（連邦準備制度理事会）は後ろ向きであり、両者は対立していた。しかし、米国大統領指令を受けた財務省の2018年7月の報告書「経済的機会を創出する金融システム〜ノンバンク、FinTechおよびイノベーション〜」を契機に改革の動きが前進し、OCCはFinTech企業による特別目的銀行の申請を受け付け始めた。なお、同報告書の中で規制サンドボックスについて触れてはいるものの、調整には時間がかかると考えられ、規制サンドボックスの導入の見込みは依然不透明だ。加えて、特別目的銀行の免許も一般的な商業銀行と同じような水準での資本、流動性規制が求められるため、参入障壁は低下していない。

(3) 英米それぞれの次世代ビジネスモデルの担い手

英米それぞれの次世代ビジネスモデルを考えると、英国の次世代ビジネスモデルは、チャレンジャーバンク・モデルとBaaPモデルに分化していく可能性が高い。しかしながら、英国の公益セクターなどで見られるように、アンバンドルした後に稼ぐ力を維持できず、結局、再統合（リバンドル）することも考えられる。米国は、既存の金融機関が次世代の銀行のビジネスモデルを担うべく戦略的な動きを取っているものの、FAANG（Facebook、Amazon、Apple、Netflix、Google）といったプラットフォーマーがそれを担う可能性もある。大和総研が2018年5月に米国で現地金融機関や業界団体に対して行ったヒアリング調査によれば、金融機関はプラットフォーマーと協業しようとする傾向があるとの声もあった。

---

*43　特別目的銀行とは、信託業務、または、銀行の主要業務のうち、預金、小切手支払、貸付のいずれかを行うことが可能な銀行を指す。

3. まとめ（アンバンドルの波に耐えるには本業の早急な立て直しが必要）

　英米の動向を踏まえれば、日本の規制はどちらに向かうのだろうか。すでに第6章で述べてきたように、日本の規制の見直しの状況から推察すると、日本は英国の規制のほうに向かっていると考えられる。今後は銀行免許について、FinTech企業向けの銀行免許を創設するかが注目されよう。この新しい免許が認められれば、銀行との連携が必要ない銀行業の範囲が拡大し、デジタルプラットフォーマーが単独で銀行業に参入することが可能となる、仮想ではなく「リアルなアリペイモデル[44]」への道が開かれるだろう。

　既存の金融機関にとっての課題は、ビジネスモデルが単純化していく中で、ビジネスモデルの持続可能性の維持と期待される機能の発揮をどのように担保していくかということだ。とすれば、アンバンドルの波に耐えるには、本業の早急な立て直し、業界全体を守る意識が必要となる。

＊44　ネット上で決済・送金機能を中心としたプラットフォームを運営するアリペイが、e-コマース事業を組み合わせて、レンディング、資産運用業など他の金融サービス業を展開したモデル。

[第Ⅱ部　参考資料]

・研究代表者：朝田隆（2013）「都市部における認知症有病率と認知症の生活機能障害への対応」、厚生労働科学研究
費補助金 認知症対策総合研究事業
・太田聰一（2017）「賃金が上がらないのは複合的な要因による」玄田有史編『人手不足なのになぜ賃金が上がらないのか』
慶應義塾大学出版会
・内野逸勢（2017）「20 年後の生命保険業界の行方」、大和総研レポート（2017 年10 月13 日付）
https://www.dir.co.jp/report/research/capital-mkt/it/20171013_012369.html
・内野逸勢・森駿介（2018）「地域銀行の預り資産は単に増やせばよいのか」、大和総研レポート（2018年11 月13 日付）
https://www.dir.co.jp/report/research/capital-mkt/it/20181113_020440.html
・駒村康平（2019）「長寿社会と金融老年学の可能性（後編）」『生活福祉研究』97 号、明治安田総合研究所
・鈴木透・小山泰代・菅桂太（2017）「高齢者の居住状態の将来推計（2017 年3月推計）」『人口問題研究』73 － 2、
国立社会保障・人口問題研究所
・土屋貴裕（2018）「今を生きる『貯蓄ゼロ』世帯」、大和総研レポート（2018 年4月2日付）
https://www.dir.co.jp/report/research/capital-mkt/asset/20180402_020032.html
・研究代表者：二宮利治（2015）「日本における認知症の高齢者人口の将来推計に関する研究」、厚生労働科学研究費補
助金 厚生労働科学特別研究事業
・森駿介・菅谷幸一（2017）「家計における金融資産と土地・住宅資産の保有の関係」
『大和総研調査季報』2017 年春季号（Vol.26）
https://www.dir.co.jp/report/research/capital-mkt/asset/20170601_012016.html
・森駿介（2018a）「高齢社会における金融とその対応」大和総研レポート（2018 年8月2日付）
https://www.dir.co.jp/report/research/capital-mkt/it/20180802_020236.html
・森駿介（2018b）「金融ジェロントロジーの観点で見る地域金融」大和総研レポート（2018年11月7日付）
https://www.dir.co.jp/report/research/capital-mkt/it/20181107_020425.html
・森口千晶（2017）「日本は『格差社会』になったのか──比較経済史にみる日本の所得格差──」『経済研究』68（2）、
一橋大学経済研究所
・金融庁（2018）「高齢社会における金融サービスのあり方(中間的なとりまとめ)」（2018年7月3日）
・田近栄治・土居丈朗（2019）「政府税制調査会 海外調査報告［北米：アメリカ・カナダ］」、第25回　税制調査会（2019
年9月4日）資料
・Morningstar(2018)"Robo-Advisor Upgrade! Installing a Program for Profitability"
・J.E.Fisch, M.Labouré, and J.A. Turner (2018)" The Emergence of the Robo-advisor", Pension Research Council Working
Paper, Pension Research Council

第Ⅲ部

地域編
（地域の「将来の姿」に寄り添えるか）

第11章　地域の「将来の姿」に寄り添えるか

地域の将来の「姿」の客観的なフォーキャスティングが重要

　地銀が「地域の将来の姿に寄り添えるのか」が、第Ⅲ部の最大の論点である。「寄り添う」とは何か。これは、客観的なフォーキャスティング（将来的な地域の社会・経済構造の変化に合わせた見通し）をもとに、地銀が先回りして地方が将来的に直面する社会的・経済的な課題に対して解決策を見いだしていくことである。そのため、地銀が具体的な解決策を講じられなければ「地域の将来の姿に寄り添う」とは言えない。稼ぐ力の構造的な改革と同時に、地域に根差した課題に対して誠実に寄り添うことを経営方針に据えれば、新たな地銀の“あり方”が創造され、地方産業を育成したり、エコノミック・ガーデニングのようにその環境を整えたりすることができるはずだ。

　地銀が寄り添うだけで十分であろうか。当然ながら地域住民を中心とした地域のステークホルダーを全体最適の視点で「巻き込む」ことが重要だ。そのためには地銀の行員1人ひとり、あるいは地域の住民1人ひとりが、「地方創生の推進」＝「地域の全体最適」×「社会的包摂」×「熱意」という方程式を心に留め置く必要がある。「熱意」は重要ではあるが「地域の全体最適」と「社会的包摂」を共有しないと、地方の将来の姿が、極端な思考で歪められたり、思考が停止したまま悪い方向に変化したりする可能性が高まる。これを踏まえ、地域の姿を想定し、地銀が具体的に寄り添うということはどういうことか、つまり「地銀の寄り添い方」を模索していくことする。

1．地方創生へのコミットの重要性を認識すること

　将来の社会的課題を客観的に把握して解決策を見いだすためには以下の3つの要素が必要となる。

（1）地域の問題を正確に共有して将来の姿を見通すこと

　第一に、地域の人口減少などの社会構造の変化、それによって想定される地域の問題を、事実としてしっかり受け止めて客観的に認識することである。さらにこの認識を継続して見直すことが求められる。この事実の認識を誤り、見直しを怠ると問題の解決への道筋が非効率になる可能性が高い。つまり、将来の姿を客観的にフォーキャスティングすることが重要である。これによってバックキャスティングが有効になり、現在の姿がどのような状況にあるかを見極めて地域の課題の把握ができる。人口の減少、仕事の減少という将来の姿を所与として、テクノロジーによって変化する姿を想定していくことが地域に寄り添う上で重要な要素となる。

　将来の姿を想定する上で、以下のシェアリングエコノミーと政府が進める「Society 5.0」の理解を深めることは重要だ。

シェアリングエコノミー

　将来の地域経済については、成長から持続可能性の追求にシフトしていくことが求められる。引き続き地域経済の成長を求めることは重要だが、社会構造の変化に伴い、持続可能な経済を求めていくことが必要ではないだろうか。人が減る、仕事が減る中でテクノロジーによって経営資源を共有していくシェアリングエコノミーの観点が重要になってくる。シェアリングエコノミーとは、インターネット上のマッチングを通じて、余っている資産やスキルを他人が利用する経済の仕組みである。共有経済やコラボレーティブエコノミーとも称される。インターネット上のマッチングを通じ、個人等が自ら保有する資産やスキルを他人に提供することで、収入を得られるようになった点が大きな特徴だ。つまり眠っていた資産やスキルの有効活用ができ、無駄を省く意味では環境にもやさしいと言える。シェアリングエコノミーは既存ビジネスへ大きなインパクトを与えると考えられる。その理由は、人々の

意識が「所有から利用へ」と変化する中で普及しているためである。シェアリングエコノミーは特定分野に限らない。従来、事業者でなかった者が「提供者」として事業に参入できるようになることから、潜在的に多くの既存ビジネスが影響を受ける可能性がある。中長期的には、地域金融機関の顧客層を形成する地元の産業構造に変容をもたらすこともありうる。

図表III-11-1はシェアリングエコノミーの類型である。日本では「空間」「移動」「モノ」「スキル」「お金」の5つに分けられるのが一般的である。「空間」のシェアは、部屋や駐車場といった資産にかかるスペースを貸借するのが普通であるのに対して、「モノ」は譲渡・貸借の両面がある。「スキル」のシェアは、人が持っている技術に依存するサービスであり、クラウドソーシングもこの類型に入る。「移動」については、移動手段の貸借によるシェアと、運転サービスまで含めた提供・利用によるシェアがある。

地方創生における地域の課題として挙げられるのが、①仕事の確保、②女性活躍、③観光振興、④交通ネットワーク形成などである。実は、これらの課題解消とシェアリングエコノミーは非常に相性がよい。なぜならシェアリングエコノミーは、すでに人々が持っている資産やスキルを相互に利用し合う「助け合い」で成り立っており、「共助」の仕組みに合致しやすいためである。まさに全体最適の視点が求められる経済と言える。

Society 5.0による産業のデジタル化で「経済のあり方」が変わる

政府は2030年までにSociety 5.0の達成を目指している。そのためには、第4次産業革命を実現する技術革新の実装が重要である。つまり、これを実

図表III-11-1　シェアリングエコノミーの5類型

シェアの対象	概観	サービス例
空間	空き家や別荘、駐車場等の空間をシェアする	Airbnb、SPACEMARKET、akippa
移動	自家用車の相乗りや貸自転車サービス等、移動手段をシェアする	UBER、notteco、Anyca、Lyft、滴滴出行
モノ	不用品や今は使っていないものをシェアする。	Mercari、ジモティー、air Closet
スキル	空いている時間やタスクをシェアし、解決できるスキルを持つ人が解決する	Crowd Works、アズママ、TIME TICKET
お金	サービス参加者が他の人々や組織、あるプロジェクトに金銭を貸し出す	Makuake、READY FOR、STEERS、Crowd Realty

（出所）三菱総合研究所「ICTによるイノベーションと新たなエコノミー形成に関する調査研究」（2018年3月）

装することで、「現場のデジタル化と生産性向上を徹底的に進め、日本の強みとリソースを最大活用して、誰もが活躍でき、人口減少・高齢化、エネルギー・環境制約など様々な社会課題を解決できる、日本ならではの持続可能でインクルーシブな経済社会システムである『Society 5.0』を実現するとともに、これによりSDGsの達成に寄与する」（日本経済再生本部「未来投資戦略2018——『Society 5.0』『データ駆動型社会』への変革——」2018年6月15日）。

　このように「デジタル化で経済のあり方が変わる」中で、金融も含めた産業が「再定義」されることになるだろう。つまり、第4次産業革命によりすべての産業を支える汎用技術（General Purpose Technology：GPT）が変わることで、各産業のサプライチェーンが大幅に変わる、あるいは製造業、非製造業などの垣根がなくなる可能性が高くなっている。境界がなくなるとは、オープン・イノベーションとネットワーク化する世界の中で、製造設備・拠点を持たない、必要な時に活用するという世界が訪れることを意味する。

　垣根がなくなった後には、おそらく企業が技術革新を「つなぐ」ことで実装し、これまでのコアコンピタンスをベースに、新たな発想を用いて、SDGsを中核に置きながら、新しい付加価値を創出するような、稼ぐ力の新たな仕組みの構築が求められていると言えないだろうか。

　政府は、SDGsを達成するために人々の意識の改革が必要であるとする一方、社会と産業に上記のような革新技術が実装されることで、持続可能かつインクルーシブな成長が達成できると考えている。

　このようにSociety 5.0の達成を目指すために、すべての産業とともに経営資源の活用も再定義されていく。つまり、全体最適の視点から経済・社会システムの再構築を実現する第4次産業革命が、今後中心的な役割を果たすことになるとしている。

(2) 地域の全体最適の視点を維持すること

　3つの要素の2つ目は、前述の方程式の中にある「地域の全体最適」の視点を、維持することである。これはフォーキャスティングとバックキャスティングを、できるだけ多くのステークホルダーで共有することで、その実現性が高まる。部分最適の視点が横行する現状では、正しさを維持することは

難しい。少なくとも部分最適の視点を持つステークホルダー同士の利害調整、コミュニケーションの場は常に必要となるだろう。利害を現実的に調整する仕組みを制度化することも求められる。

（3）地方自治のガバナンスの強化

　3つの要素の3つ目は、地方自治と地方経済を支える住民1人ひとりの思いとそれを反映する組織のガバナンスを強化することである。声の大きい人、地位の高い人の意見だけを取り入れず、住民1人ひとりが自由に考えて発言する機会を妨げない自由秩序を維持することが必要だろう。ただし、ポピュリズム的な発想の蔓延は防がなければならない。特に、どの世代においても地方に対する「あきらめ」が蔓延してしまうと、正しいというよりも思考が止まってしまい、不満だけで具体的な解決策を持たない状況となる。いわゆる「ポピュリズムの罠」に陥ってしまう。

　人口減少によって直面する様々な現象を認識・共有しながら、地域の全体最適の視点で、熱意を持って、地域のみんなが地域の持続可能性を追求していく姿を形づくっていくことが重要ではないだろうか。

2. 地方創生は社会学的には“貴い”取り組み

（1）地方創生は経済効率的か

　あえてここでは羅列しないが、各種メディアでは地方経済の劣化を表現する言葉が頻出している。政府の言う「地方創生」が本当に実現できるのであれば、日本全体の経済効率は現状より改善するという見方が一般的だ。その一方、「地方創生は経済効率的か」という疑問を呈する向きもある。地域間の人・モノ・資金の自由な移動を制限して地域の中で消費する「地産地消」という、自由経済（リベラルエコノミー）とは逆の方向性を目指してブロック経済化を求めていく政策となる可能性もあると考えられるからだ。極端ではあるが、「米国第一主義」を掲げて自由貿易を否定し国内産業を保護する米トランプ大統領の政策と似ていると言えるかもしれない。

(2) 地方創生は社会学的には"貴い"取り組み

　一方では、地域というコミュニティが直面する様々な社会課題を解決して地方創生を実現していくという意味において、「社会学的にはなんと貴い取り組みなのか」と評価することもできる。地域住民は近年にも発生したような災害に遭遇しながらも、昔からその地域の再生、創生の歴史を繰り返してきた。その地域の住民の不屈の取り組みと注ぎ込まれた熱意を考えると、現在の地方経済の劣化を強調して地方創生の取り組みを批判する人々は、前向きな改善案を提示すべきではないだろうか。いずれにせよ、急速な少子高齢化による人口減少が着実に進む中、地域住民にとって将来の地域の持続可能性についての懸念はつきない。

(3) 経済・社会両面での地域育成銀行として地方住民の懸念に寄り添う

　地銀は地域住民の懸念を払しょくするために、この貴い取り組みを具体的な社会的課題解決につなぎ、ビジネス化することが求められている。その意味でも、中途半端な地域密着はできる限り回避すべきである。今後は経済的な活動だけではなく社会的活動を含めて、地域の中で最後まで必要とされるのは地銀であるとの認識を強める必要がある。例えば、地域育成銀行として地方創生の視点を維持しつつ、将来的には非金融の分野にまで進出する準備を怠らないことが必要ではないか。

3. 避けられない地域の課題への寄り添い方

(1) 地域の課題と解決策を生み出す金融の枠を超えた発想力が必要

　将来の変化で社会的課題となる可能性が高い問題は、第12章（人口減少）、第13章（相続）、第14章（事業廃業、事業承継（域内事業流出）による企業数減少）、第15章（テクノロジーによる経済の仕組みの変化）が想定される。地銀がこの地域の将来の姿に寄り添うことが、自行の付加価値を維持していくために必要だ。問題は、第Ⅱ部までで説明した「落ち込む銀行業の稼ぐ力」を高める戦略あるいは経営資源配分のバランスだろう。稼ぐ力が構造的に低下している中、地銀としては負担の重い地域の社会的問題をどのように解決

していくのかが課題だ。

　さらに地域の課題は金融だけでは解決できない問題が多く、非金融の分野に及び、非金融への対応に地銀としてどのように取り組んでいくのかは大きな経営課題である。ここでは新規事業の発想力が求められる。資金をこれまでのように経済的合理性に基づいて域内で循環させることはもちろん、より一層社会的合理性に基づいて資金を域内で循環させる必要がある。

　地銀には、地域の社会的課題解決の道筋を自ら追求しながら、既存の金融仲介機能を大幅に改善しつつ、資金を循環させていく仕組みが必要だ。そのために域内における貯蓄から、例えばクラウドファンディングなどを通じた投資（資産形成）へのさらなる流れが必要になる。あるいは資金だけではなく、情報銀行などを活用して域内での情報を安全・安心に循環させる仕組みが必要になってくる可能性がある。

（2）地銀と地方自治体等との連携の整理

　一方、すでに、政府が進める地方創生において、地方自治体にとっては、人口減少時代が本格化する中、地域経済・社会をどのように維持していくかが問題となっている。この問題は地方創生の当事者全員が共有しなければならない課題であって、地方創生のために地域資源の活用の全体最適を追求すべきだ。その上で地域を維持していく前提として、地方経済・社会の将来の変化を見越して、現時点で直面している課題を解決していく必要がある。

　地銀と地方自治体、地元企業などとの連携が必要ではあるものの、連携の仕組みが整理されておらず「連携疲れ」という発言も聞こえる。この背景には連携の主体は異なるが、同じような種類の連携の仕組みが存在していることがある。連携の仕組みを整理した上で、前述のように全体最適を目指した連携を検討すべきだ。部分最適の議論に陥りがちな政策議論を、全体最適の政策議論へと転換させて将来の課題に向き合うことが大切ではないか。

　さらに、地域の課題解決をビジネスにするという発想や、非金融の分野に進出しながらビジネスとしていく発想も必要となってくる。

（3）キーワードは地域の情報

　シェアリングエコノミーなどが普及するSociety 5.0のような新たな社会で

は、地銀と地方自治体に求められる役割の比重が、経済発展から社会的課題の解決へとシフトしていく可能性がある。これまで地域経済の発展を考える際には、「人」「モノ」「カネ」の３つが重要な要素だった。しかし、地域経済が成熟化して多様な社会的課題に直面する新たな社会では、それらに加えて「情報」の重要性が増してくるだろう。具体的には、「情報」が核となり、それに「人」「モノ」「カネ」が有機的に結合することで新たな価値を創造し、社会的課題の解決を目指すような世界が想定される。

　このような社会において、地銀と地方自治体は、地域の潜在的な課題やビジネスチャンスを生むような一次的な情報を地元企業に提供し、それを地元企業の長期的かつ持続的な成長につなげることが重要な課題となる。

第12章　人口が質・量とも変わる地域経済

深刻化する高齢化と人口・企業の減少

　将来の変化で地域経済・社会に影響を与える課題は、「止まらない高齢者の高齢化」「人口減少」「仕事の場である企業数の減少」だろう。

　高齢化と人口減少の問題は今後ますます深刻化する。2025年には「団塊の世代」のすべてが後期高齢者（75歳以上）となり、その後も長期にわたり続いていく問題である。2035年には団塊の世代が平均余命から推定される死亡平均年齢に近い85歳以上になるため、人口減少が本格化すると想定される。地方圏の地域限定とされていた問題が都市圏の地域で表面化してくる。人口減少の歯止めについては中央・地方政府が総合戦略によって取り組んでいるが解決までの道のりは遠い。

　地銀が、確実に人口減少に直面する地域の将来の姿に寄り添うことが、自行の付加価値を維持していくために必要だろう。

1. 止まらない高齢者の高齢化

高齢化の問題はこれから深刻さを増す。戦後の日本では、65〜74歳人口・75歳以上人口がともに増加してきた。また、これまでは65〜74歳人口が75歳以上人口を上回っていた。しかし、足もとで75歳以上人口が65〜74歳人口を上回り、今後もその差が拡大していくと予想されている（**図表III -12-1**）。

65〜74歳人口は2020年にピークを迎え、その後は長期的に見れば、横ばいもしくは緩やかな減少基調を辿ると見込まれる。つまり、これから2030年前後にかけては単に高齢化率（総人口に占める65歳以上人口の割合）が上昇するだけでなく、高齢者に占める75歳以上の割合が増加する「高齢者の高齢化」が同時に進んでいくと予想される。

(1) キーワードは2025年問題と2035年問題

団塊の世代がすべて後期高齢者となる2025年問題

2025年問題では地銀の主要顧客である「団塊の世代」（1947〜1949年生まれ）のすべての人が後期高齢者（75歳以上）になる。「団塊の世代」は、これから後期高齢者となり、都市圏に偏在していくと想定される。高齢化の問題は都市部の地域の問題として顕在化してくる。

「団塊ジュニア世代」（1971〜1974年生まれの人）は2025年にすべてが

図表III -12-1　高齢者人口の推移と将来推計

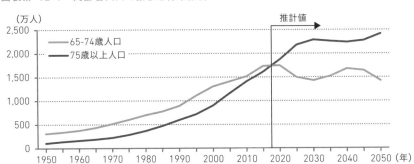

（出所）総務省「国勢調査」、国立社会保障・人口問題研究所「日本の将来推計人口（平成29年推計）」より大和総研作成

50歳代となる。2025年には「団塊ジュニア世代」の影響で、50歳〜59歳の年齢層は2015年比16%増加して1800万人(全体の15%)となる。「ミドル層」の年齢構成および世帯構造の変化がビジネスに与える影響は、労働面だけにとどまらず、顧客のライフスタイルや消費構造等も含めて劇的に変化していく可能性が高い。

団塊の世代がすべて死亡平均年齢に達する2035年問題

2035年には、「団塊の世代」はすべて死亡平均年齢に達することから死亡数がピークに近づき、現在の主要顧客である「団塊の世代」は大幅に減少する。2035年以後は、死亡数がピークを迎える2040年頃から総人口の減少スピードが上昇する。

すべての都道府県が本格的に高齢化と人口減少問題に直面

高齢化の本格的な進展によりすべての都道府県で顕在化するのが、2025年問題と2035年問題である。ただし、地域によって様相は異なる。**図表III-12-2**は、2030年までの世帯主の年齢階級別・都道府県別の世帯数の変化を示したものである。特徴の1つとして、前述の人口動態で見られたように、各地域によって75歳以上の世帯主が増えるスピードに差があることが挙げられる。世帯数でも今後は都市圏において高齢世帯主が増える。もう1つの特徴は、30〜40歳代の世帯主が減るスピードに差があることだ。加えて、「団塊の世代」が死亡平均年齢に近づくことで、全体の世帯数が減っていく地方圏では問題の深刻度は一層増す。

(2) 高齢化によって顕在化する団塊の世代、団塊ジュニア世代のリスク

長生きリスク

高齢化によって「団塊の世代」あるいは「団塊ジュニア世代」が、生活面においてどのようなリスクに直面するのだろうか。

まずは「長生きリスク」に直面する人が多くなる。具体的には「長寿化」の進展と資産枯渇リスクである。近年を振り返ると、金融業界における流行

図表Ⅲ-12-2　都道府県別の世帯主の年齢階級別の世帯数の変化（2015〜2030年）

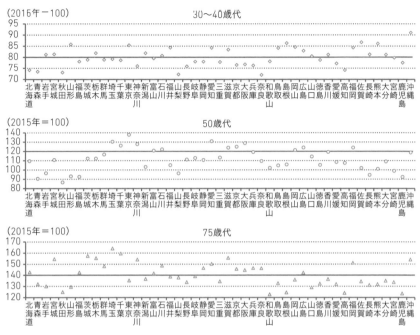

（注）図表内の実線は全国平均。
（出所）国立社会保障・人口問題研究所資料より大和総研作成

語は「人生100年時代」だったのではないかと思うほど、この言葉をよく耳
にした。それだけ、長寿社会に対する関心が高まったと同時に、想定した以
上に長生きすることで生活費や医療費等の負担により資産が枯渇してしまう
「長生きリスク」への不安も高くなっている。実際、金融広報中央委員会が
実施する「家計の金融行動に関する世論調査」でも、老後の生活について「心
配である」という回答の比率が約8割と高い水準にある。
　「長生きリスク」への不安が高まっている理由はいくつか考えられる。例
えば、公的年金は十分に受け取ることができるのか、という社会保険制度の
持続可能性への懸念。可処分所得が伸び悩む中で、退職金も減少傾向にある
ことも理由として挙げられる。また、長寿化の進展自体も「長生きリスク」
を高めている要因だろう。国立社会保障・人口問題研究所の推計によれば、
1995年時点で60歳だった人が90歳まで生存する割合は約3割だったが、
2015年時点でこの割合は5割近くまで上昇している。長寿化が進んだこと

自体は喜ばしいことだが、金融の観点からは資産枯渇リスクがより高まったと言える。

「認知機能の低下」リスク[*1]

　長寿化などに伴い、認知症への関心も高まっている。認知症有病者数は2015年時点で約550万人と推計されており、今後も増加が予想されている[*2]。認知症の一歩手前の軽度認知障害（MCI）の有病者数も認知症と同程度という推計もある[*3]。このような、認知機能の低下も「長生きリスク」に影響を与える可能性が高い。

　認知症の高齢者が多い都道府県はどこだろうか。厚生労働省の政府統計（「患者調査」と「国民生活基礎調査」）をもとに推計した65歳以上の認知症患者率[*4]を都道府県別に比較すると、愛媛、香川、東京などで認知症患者率は他地域と比べ高くなっている。これらの都道府県の認知症患者率の高さは、特定の疾病の有病率の高さが背景にあるという指摘もある。例えば、鈴木ほか（2018）[*5]は、都道府県別の認知症患者率の違いは、それぞれの地域の糖尿病やうつ病などの有病率の高さなどが影響している可能性を示唆している。

　一方で、資産を多く抱える高齢者が認知症になると、その家族が資産を管理・処分しにくくなるだけでなく、経済全体にとっても当該資産が有効活用されないという負の影響が生じうる。このような課題が発生しやすい地域を、①65歳以上の認知症患者率、②（世帯主が）65歳以上の世帯が保有する金融資産残高の割合（偏在度）の2つの変数がともに高い地域、と定義して都

＊1　森駿介「金融ジェロントロジーの観点で見る地域金融」2018年11月7日大和総研レポート
＊2　二宮利治ほか（2015）「日本における認知症の高齢者人口の将来推計に関する研究」、厚生労働科学研究費補助金 厚生労働科学特別研究事業
＊3　朝田隆ほか（2013）「都市部における認知症有病率と認知症の生活機能障害への対応」、厚生労働科学研究費補助金 認知症対策総合研究事業
＊4　「認知症有病率」が約16％と推計されている二宮（2015）に比べ、ここでの「認知症患者率」は低い水準となっている。その背景は、「認知症有病率」は、在宅患者や老人ホーム等の施設の入居者で認知症のものが含まれている一方で、「認知症患者率」は統計の性質上、これらの認知症有病者は含まれていないためである（鈴木他、2018）。そのため、ここでは都道府県別の「認知症患者率」が、在宅患者などを含む「認知症有病率」に比例すると仮定して議論を進めている。
＊5　鈴木孝弘・田辺和俊・中川晋一（2018）「都道府県別の高齢者認知症患者率の推定とその要因分析」『東洋大学紀要 自然科学篇』第62号、東洋大学

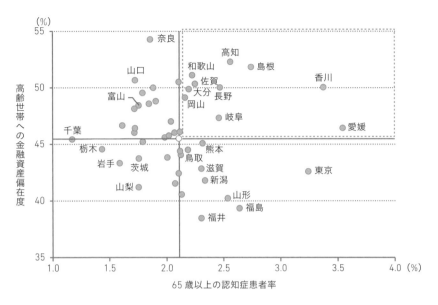

図表III-12-3　都道府県別 認知症患者率と高齢世帯への金融資産の偏在度

(注1)図表中の実線は、全国平均。
(注2)「高齢世帯への金融資産偏在度」（縦軸）は、世帯主が65歳以上の高齢世帯の保有する金融資産残高が各都道府県の家計金融資産残高に占める割合を表す。
(注3)「65歳以上の認知症患者率」（横軸）は、厚生労働省の統計（2013年の「国民生活基礎調査」と2014年の「患者調査」）をもとに推計した認知症患者数を65歳以上人口で除することにより算出。
(出所)総務省「全国消費実態調査」「人口推計」、厚生労働省「患者調査」「国民生活基礎調査」、森（2018b）より大和総研作成

道府県単位での推計を行った（**図表III-12-3**）。先に挙げた、愛媛・香川に加えて、同図表の右上のエリアに含まれる県は後述する「金融ジェロントロジー」がより必要となる地域と言えるだろう。

　さらに、高齢世帯への金融資産の偏在度は相対的に低いものの、東京は認知症患者率が高い水準にある。総務省「全国消費実態調査」を用いると、全国の高齢者の金融資産残高の約15％は東京に集中しており、高齢者の認知機能の低下による影響は絶対水準で見て大きいと推計できる。先に挙げたいくつかの県に加えて、東京でも認知症や認知機能の低下した高齢者向けの金融サービスのあり方の検討が急務かもしれない。

(3) 地域の高齢化の状況にどのように寄り添うか[*6]

医療と介護の問題

　すでに高齢化に伴い医療・介護費用の公的負担が増大しているが、今後はさらに負担が増える見込みだ。地方自治体でも社会保障の負担が非常に大きく、他の社会的課題に予算を回す財政的余裕はあまりない。医療・介護分野での民間への期待は大きく、新たなビジネスが生まれる可能性がある。加えて、高齢化に伴う長生きリスクへの備えとしてヘルスケア産業への期待も大きい。

　このため社会的課題を解決する発想が必要になってくる。例えば今後、高齢化への対応が本格的に必要になるのは都市部であるため、高齢化のスピードが速い地域においてすでに医療・介護等の分野でビジネスを地元企業が拡充させていれば、都市部へのビジネスの展開が可能となる。親と離れて暮らしている子供向けに、両親の見守りサービスなどの需要も見込まれる。

地域金融の金融ジェロントロジーによる対応

　「超高齢社会における金融」を議論する上でのキーワードの1つとなっているのが、「金融ジェロントロジー」である。「金融老年学」や「フィナンシャル・ジェロントロジー」とも呼ばれるが、これは認知科学や老年学と金融研究とを組み合わせた研究領域である。伝統的な経済学では、合理的な個人が様々な情報を踏まえた上で効用を最大化する行動を選択することを前提にしてきた。一方で、金融ジェロントロジーはその前提に疑問を投げかけ、認知機能の低下により合理的な意思決定をすることが難しい個人の存在を前提に、金融行動や経済社会に与える影響を分析している。

　金融ジェロントロジー研究や金融機関の現場からの事例を通じて、認知機能の低下が高齢者や高齢者の家族等にどのようなリスクをもたらしうるかがわかってきている（**図表III-12-4**）[*7]。これらを踏まえた上で、「超高齢社会における金融のあり方」について政府も検討を進めている。例えば、2019年6月には市場ワーキング・グループでの議論をまとめた報告書「高

＊6　森駿介「金融ジェロントロジーの観点で見る地域金融」2018年11月7日大和総研レポート

図表Ⅲ-12-4　高齢者や高齢者の家族等に生じうる金融行動上のリスク

分野	高齢者や高齢者の家族等に生じうる金融行動上の主なリスク
資産管理・保全に関するリスク	・認知機能や金融リテラシーが低いことにより、金融詐欺に遭うリスク ・家族等が認知症の高齢者名義の預貯金や不動産等の管理・処分が困難になるリスク ・記憶能力が低下し、預金口座のパスワードの記憶も困難になる等、資産管理が自分でできなくなるリスク ・認知症の高齢顧客のために、銀行等の窓口対応負担が増加するリスク
資産移転（相続・贈与など）に関するリスク	・各種税制優遇制度の活用における意思決定が困難になるリスク ・認知症になってしまい、相続対策ができなくなるリスク
資産運用・取り崩しに関するリスク	・加齢により情報収集・処理能力が低下する中で、資産選択が困難になるリスク ・適切なアセットアロケーションができないこと等により、運用成績が低下するリスク
その他	・認知機能の低下した高齢者が事件・事故を起こし、損害賠償が請求されるリスク ・想像以上に長生きしたことにより資産が枯渇するリスク（長生きリスク）

（出所）森（2018a）、各種資料より大和総研作成

齢社会における資産形成・管理」が金融庁から公表された。ここでは、退職世代を取り巻く環境や金融面での課題について分析した上で、住宅資産の活用や金融商品などの特性の「見える化」のための環境整備、成年後見人による資産管理の新たな仕組みの導入の必要性など、金融サービスのあり方を検討する上での論点整理がなされた。

　認知症をはじめとした認知機能の低下は高齢者個人やその家族、地域経済・社会に大きな影響をもたらす。最近では、これらの課題の解決に資する「超高齢社会における金融サービス」が金融機関のみならず様々な業態から提供されてきている。

高齢顧客の資産管理・保全に関連する金融商品・サービス

（a）後見制度支援信託

　認知機能の低下した高齢顧客の資産管理・保全を目的に、「後見制度支援信託」がいくつかの金融機関により提供されている。これは、成年後見制度[8]により支援を受ける高齢者などの財産のうち、日常的な生活資金を預

＊7　認知機能の低下が高齢者の金融行動や経済・社会に与える影響の詳細については、以下の文献を参照。森駿介（2018a）「高齢社会における金融とその対応：認知能力の低下に対する金融ジェロントロジー」2018年8月2日大和総研レポート https://www.dir.co.jp/report/research/capital-mkt/it/20180802_020236.html
＊8　認知症などにより判断能力が十分でない高齢者が不利益を被らないように、家庭裁判所に申し立てをすることで援助してくれる人を付けてもらう制度。

貯金等として後見人が管理し、通常使用しない金銭を信託銀行などに信託する仕組みである。累計の受託件数・受託残高は増加傾向にあるものの、取り扱っている地域金融機関が少ないことや、最低受託金額が高いことなど課題も指摘されている。一方で、後見制度支援信託より最低受託金額が小さく、家庭裁判所の了承に基づき口座開設や出金等ができる「後見制度支援預金」を提供する信用金庫や信用組合が近年増加傾向にある。

(b) 民事信託

　また、成年後見制度の補完的・代替的機能を持つ資産管理・保全手段として、家族を受託者とする民事信託もある。これは、信託銀行や信託会社が受託者となる信託契約である「商事信託」と異なり、家族に資産管理や処分などを任せる信託である[9]。例えば、委託者である高齢者が賃貸アパートなどの不動産管理を受託者である家族に任せることで、高齢者が認知症に陥った場合に資産の管理・処分が困難になるリスクを回避できる[10]。このような民事信託のスキームの組成支援や信託契約書等の作成支援を弁護士、司法書士などの外部の専門家と連携して行う地銀も2017年から増えてきており、報道や各社開示資料で確認する限り、2019年末時点での取扱銀行は約30行である。

　ほかにも、高齢顧客の資産管理・保全のために、高齢顧客の親族との連携を強化している金融機関も出てきている。例えば、認知症患者率が全国で最も高い愛媛に本店を有する愛媛銀行ではクレジットカード会社と連携し、高齢者がデビットカードを利用した際に、家族や親類へメールを自動配信するサービスを提供している。

---

[9]　家族間の信頼関係に基づいた信託の仕組みであることから、「家族信託」とも呼ばれる。
[10]　ほかにも、事業承継対策として、民事信託が用いられる場合がある。高齢者（親）が子供に株式は信託し会社の経営を託すものの、議決権は確保したままにしておくニーズに応えるものである。

高齢顧客の資産移転に関連する金融商品・サービス

(a)「遺言信託」と「遺産整理業務」などを扱う地域金融機関の増加

　地域金融機関が扱う相続関連商品として、遺言書の作成・保管を行う「遺言信託」や遺産目録・遺産分割協議書の作成を行う「遺産整理業務」がある。ウェブサイト検索による調査[*11]によると、このような遺言関連業務を取り扱っている銀行の割合は、2012年7月時点では地方銀行で64％、第二地銀で41％だった。なお、大和総研が同様の調査を行った2018年10月時点では、地方銀行で9割程度、第二地銀で6割程度まで増加している[*12]。高齢化が進み、相続関連サービスへの需要が高まる中で、相続関連業務を行う地域金融機関が増えてきている。

(b) 信託契約代理店を通じた遺言代用信託

　円滑な資産移転を促すことを目的に金融機関が提供するサービスとして、「遺言代用信託」も挙げられる。これは、委託者が受託者（信託会社）と生前に信託契約を締結し、委託者が生存している間は自身のために財産を管理・運用し、委託者の死後は親族などに資産を引き継ぐことをあらかじめ決めておく信託である。ウェブサイト検索による調査を行ったところ2018年10月時点では、25行程度が提供しており、近年は大手信託銀行が信託契約代理店である地銀との提携拡大を積極化している[*13]。

　また、信託銀行や地銀だけでなく、「遺言代用信託」の機能を有した商品は、信用金庫などからも提供が進んできている。なお、信用金庫業界については、2016年までは信用金庫全体に占める信託契約代理店の割合は15％程度にすぎなかった。しかし、信金中央金庫が信託業務を開始した2017年以降に、

[*11]　寺林暁良（2012）「地域金融機関による遺言関連業務の取扱状況」『金融市場』2012年10月号、農林中金総合研究所

[*12]　ただし、ウェブサイトへの掲載がなくても実際には遺言関連業務を実施しているケースもあると考えられる。第二地銀はウェブサイトへの掲載がなくても過去のニュースレターやIR資料に実施している旨が記載されているケースもあることから、特に幅を持ってみる必要がある。

[*13]　佐賀銀行の遺言代用信託では、相続人は佐賀銀行で受取口座を開設する制度設計にすることで、親族との連携と相続資産の流出への対応を行っている（一般社団法人金融財政事情研究会（2018））。

信託契約代理店として信金中央金庫の「遺言代用信託」を提供する先が多くなったことから、2018年6月末時点で、同割合は50%超の水準となっている。

(c) 地銀の信託免許取得

　信託契約代理店としてだけではなく、最近では、信託免許を取得する地銀が出てきている。相続関連業務を信託銀行に取り次ぐ信託代理店方式よりも、法律や税制などに関する深い知識や経験を持つ人材の育成・確保が必要であるものの、信託銀行に顧客が流出することを防ぐことができるだけでなく、手数料収入を拡大させることもできる。2019年9月末時点で、地銀のうち約30行が信託業務の兼営の認可を取得しており、地方において資産の世代間移転の機能を担う基盤が整備されてきていると言えるだろう。

高齢顧客の資産運用に関連する金融商品・サービス

(a)「損失限定型」の投資信託

　高齢顧客の資産運用を行うに当たっては、高齢者のリスク回避度に合わせた投資信託の提供が考えられる。例えば、当初元本の一定割合（例えば90%など）の最低保証価額を設ける「損失限定型」の投資信託が存在する。退職金を運用に充てる場合は、投資開始直後に投資パフォーマンスが悪化した際の損失は非常に大きく、資産の枯渇リスクが生じうる。「損失限定型」の投資信託はそのリスクを一定程度回避しつつ運用収益を確保したいというニーズに応えるものかもしれない。また、高齢者の実際の金融資産取り崩し行動に即した目標分配額を定めて、予見可能な払い出しを目指す投資信託商品も国内で登場している。これらは、無計画な資産の取り崩しに伴う資産枯渇の回避を目指す商品と言えるかもしれない。

(b) 高齢者対応サービスが付随したラップ口座などによる運用サービス

　ラップ口座などによる運用サービスも、認知機能の低下した高齢者が誤った投資判断を行うことを回避したり、認知症になり資産運用や資産管理に携われなくなることに備える手段となりうる。日本投資顧問業協会の統計によると、ラップ口座の件数・残高は2019年9月末時点で約91万件・約9兆円

であり、件数・残高ともに増加が続いている。また、大手証券会社では、預かり資産から指定した人に対して生前贈与できる仕組みや信託の機能を組み込んだラップ口座も提供されている。

(c) シニアの営業員を割り当て

また、高齢顧客の資産運用を支えるサービスとして、高齢顧客の実情をより理解しやすいと考えられるシニアの営業員を割り当てることも有効かもしれない。現在、この動きは大手証券会社で見られるが、より高齢化の進んでいる地方圏の金融機関にとっても、有用だろうと考えられる。

高齢顧客の多様なニーズに対応するための非金融サービス

(a) 垣根を越えた連携や非金融サービスの提供も必要性が高まる

近年、単身の高齢世帯の増加や高齢者の就業率の上昇が見られることもあり、高齢顧客のニーズも多様化していることが想定される。金融審議会市場ワーキング・グループの報告書「高齢社会における資産形成・管理」においても、多様なニーズに対応するためには、金融・非金融の垣根を越えた連携や非金融サービスの提供も必要であることが指摘されている[14]。

(b) 家族との連携（米国では同じような流れ）

例えば、「家族との連携」という観点では、高齢顧客の家族の連絡先などの情報の登録を進めている生命保険会社も出てきている。急な入院などで生命保険会社が契約者との連絡が困難になった場合でも、家族を通じて状況の把握を可能とすることなどが背景にある。

米国でも、自主規制機関であるFINRA（Financial Industry Regulatory Authority）が金融機関等に対して、65歳以上の高齢顧客の口座開設時や口座登録情報の更新時に、顧客の親族等の連絡先などの情報（Trusted Contacts）の取得を求める流れも出てきている。この自主規制を機に、顧客

---

[14] 金融審議会「市場ワーキング・グループ」（第14回）資料1 事務局説明資料 https://www.fsa.go.jp/singi/singi_kinyu/market_wg/siryou/20181011/01.pdf

の近親者とともに高齢顧客の投資目標やリスク許容度について対話できると好意的に捉える金融機関もあるようだ（Santucci,L. 2018[*15]）。

　地域金融機関の高齢顧客には、別居して都市圏に住む子供がいるケースも少なくない。高齢顧客の資産管理を支えるという観点からだけではなく、相続資産が他の金融機関に流出せずにとどまる比率（歩留まり率）を高めるという観点からも、高齢顧客の親族との連携強化は地域金融機関にとっても有用だろう。

(c) 地域との連携

　「地域との連携」という観点では、自治体や地域包括支援センターを含む地域の関連機関との連携を進めている地域金融機関もある。高齢者が居住地域において、住まい・医療・介護・予防・生活支援が一体的に提供される体制を指す「地域包括ケアシステム」の構築を政府や複数の自治体は推進しており、地域金融機関も窓口等での高齢顧客との接点も多いという立場から今後一層の貢献が期待されるだろう。例えば、高齢者等地域見守り活動事業に関する協定を営業エリアの自治体と結んでいる地銀がある。具体的には、支援を必要とする高齢者の把握と地域包括支援センターへの情報提供、高齢者への生活支援制度等に関する情報提供などを行っているようである。ほかにも、成年後見制度の利用を検討する顧客に対して、地域の専門家に取り次ぐ「成年後見制度取次サービス」を実施している例がある。

超高齢社会における金融商品・サービスの課題

(a) 高齢者や高齢世帯の多様化の細かなニーズに対応しきれていない

　ここまで見てきた金融商品・サービスの事例等をまとめたものが**図表Ⅲ-12-5**である。高齢者や高齢世帯が多様化していることもあり、提供される金融商品・サービスも多様となっているものの、先に挙げた「高齢者や高齢者の家族等に生じうる金融行動上のリスク」（**図表Ⅲ-12-4**）と合わせて考

---

*15　"CFI IN FOCUS: Addressing the Financial Well-Being of Older Adults", Federal Reserve Bank of Philadelphia

図表III-12-5　超高齢社会における金融商品・サービスの事例

分野	金融商品・サービス例
資産管理・保全	・後見制度支援信託、後見制度支援預金など、成年後見制度を補完する商品 ・家族を受託者として資産管理を委託する民事信託のスキーム組成支援等のサポート ・高齢顧客の家族や親族へ利用履歴を自動配信するデビットカードの発行 ・認知症や金融詐欺が疑われる取引を検知するシステムの導入 ・記憶能力が低下し、パスワードが思い出しづらい高齢者のための音声認証機能のATM等への導入
資産移転（相続・贈与など）	・遺言信託、遺産整理業務、遺言代用信託などの相続関連商品 ・暦年贈与信託、教育資金贈与信託などの各種税制優遇制度を活用した資産移転
資産運用・取り崩し	・高齢者のリスク回避度に合わせた投資信託や資産枯渇を回避するための分配方法を採る投資信託 ・取り崩しや相続・贈与の機能が付与されたラップ口座 ・高齢営業員による資産運用アドバイス
各種金融関連リスクへの対応	・認知機能低下リスクへの対応：認知症保険 ・長生きリスクへの対応：終身年金、トンチン年金
非金融サービス	・高齢顧客の親族との連携：顧客の親族等の連絡先の取得など ・自治体や地域包括支援センターなど関連機関との連携による、地域包括ケアシステム構築への貢献

（出所）森（2018a）、各種資料より大和総研作成

えると、対応の強化が必要と思われる部分もいくつかある。

　例えば、「長生きリスク」の顕在化による資産の枯渇リスクに対する商品として、私的年金における終身年金が挙げられるが、商品設計上、保険料が高くなることなどもあり、普及率はそれほど高くない[*16]。今後も普及が望まれるものの、現段階においては、資産の運用利回りを高めることで、取り崩し可能な資産を増加させると同時に、上手に取り崩して「長生きリスク」の顕在化に伴う資産枯渇を回避するための金融商品・サービスが最善策になるのかもしれない。

（b）金融商品・サービスは多様化したが専門的な人材の育成・確保が不十分

　また、多様な金融商品・サービスはあるものの、特に信託関連の商品・サービスなど深い知識や経験を持つ人材の育成・確保が必要な商品・サービスの中には、地域金融機関における普及率が低いものも少なくない。もちろん、多様な金融商品・サービスのすべてを自前の商品から提供することは困難だ

＊16　生命保険文化センター「平成30年度 生命保険に関する全国実態調査（速報版）」によると、個人年金保険の世帯加入率は約22％であるが、そのうち終身年金の加入率は世帯主が約18％、配偶者が約13％であり、有期の個人年金保険の方が加入率は高い。

ろうが、地域や自行の高齢顧客の特性やニーズに合わせて、包括的な金融商品・サービスを他の業態や外部の専門家と連携しながら提供することが、超高齢社会における地域金融の目指すべきあり方の１つかもしれない。いずれにせよ、認知機能の低下が高齢者の金融行動や経済社会に与える影響について、地域金融機関は今後もより深い理解とともに様々な商品・サービスでの対応が望まれる。

　そのほかにも、金融資産の相続が本格化するという問題が挙げられる。これは第13章で詳細に触れる。

2. 人口減少への対策は待ったなしの状況

（1）2065年の総人口はピークから３割超減少[17]

人口減少社会に突入した要因は長期的な出生数の低迷

　すでに日本の総人口は2008年[18]の１億2808万人をピークに減少しており、2018年で１億2644万人である。人口増減に大きな影響を与えるのは自然増減（出生数−死亡数）であり、現在の日本では社会増減（海外からの転入数−海外への転出数）の影響は小さい。日本が人口減少社会に突入した要因は、長期的な出生数の低迷である。１人の女性が生涯に産む平均的な子供の数を示す「合計特殊出生率（TFR; Total Fertility Rate）」は、第一次ベビーブームの1947～49年の平均で4.42だったが、その後低下傾向が続き、2005年には過去最低の1.26まで低下した（**図表Ⅲ-12-6**）。足もとでは1.42（2018年）まで回復しているものの、人口を維持するために必要な出生率である「人口置換水準（2017年で2.06）[19]」を大きく下回る。日本のTFRは人口置換水準を1974年から下回り続けており、この影響が長い時を経て2008年以降に顕在化したのである。

＊17　長内智、鈴木雄大郎「地域銀行の貸出増加は長期的に持続可能か？」2019年2月15日大和総研レポート、鈴木雄大郎・長内智「総合戦略から探る令和時代の地方創生に必要なことは何か」大和総研調査季報　2019年　夏季号 Vol.35
＊18　総務省「人口推計」（国勢調査結果による補完補正人口）による。総務省「国勢調査」ベースでは2010年（1億2806万人）がピークとなる。
＊19　国立社会保障・人口問題研究所「人口統計資料集 2019年版」の推計値。

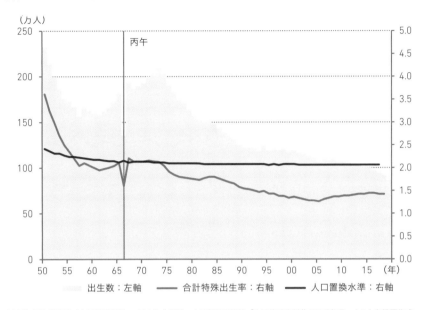

出生数：左軸　　　　合計特殊出生率：右軸　　　　人口置換水準：右軸

（出所）厚生労働省「人口動態調査」、国立社会保障・人口問題研究所「人口統計資料集2018年版」より大和総研作成

2015～40年の25年間の減少率は▲13%（年率▲0.5%）

　国立社会保障・人口問題研究所の推計（出生中位・死亡中位）によると、日本の総人口は2053年に1億人を割り込み、2065年には8808万人とピークから3割超減少する見込みである。また、死亡数の増加ペースが加速することで、総人口の減少率が高まっていく見通しである。すなわち、2015～40年の25年間の減少率は▲13%（年率▲0.5%）だが、2040～65年の25年間では▲21%（年率▲0.7%）に拡大すると見込まれている。

（2）多くの地域では自然減・社会減で人口減少が加速

　先述したように、日本全体の人口増加に大きな影響を与えてきたのは自然増減だが、都道府県ごと、あるいは市区町村ごとに見ると、自然増減以上に社会増減（転入数－転出数）の影響が大きい。

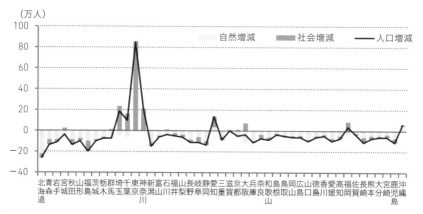

図表III-12-7　都道府県別の総人口の変化の要因分析（2008年〜2018年）

（注）ここでの社会増減は、人口増減－自然増減による。自然増減は、出生数－死亡数。
（出所）総務省、厚生労働省統計より大和総研作成

大都市を持たない地域は自然減と社会減のダブルパンチで人口減少が加速

　図表III-12-7は、人口のピークとなった2008年から現在までの人口の変化幅を都道府県ごとに見たものである。このうち自然増減に注目すると、2018年でTFRが1.89と全国平均（1.42）を大幅に上回る沖縄や愛知、滋賀を除く44都道府県で減少している。次に、社会増減[20]を見ると、東京圏（埼玉、千葉、東京、神奈川）や宮城、愛知、大阪、福岡といった大都市を有する都道府県への人口流入が見て取れる。大都市を持たない地域では、自然減と社会減のダブルパンチによって人口減少が加速している。

域内で郊外から都市部へ人口移動している点に注目する必要

　社会増減の動きをさらに細かく見ると、都道府県の中心都市に人口が流入して、その人口密度が高まる傾向が浮かび上がってくる。都道府県全体に占める都道府県庁所在都市の常住人口の割合を、2010年と2015年で比較すると、沖縄を除くすべての都道府県で上昇した。マスコミ報道では、人口が東京などの大都市圏に集中することがよく取り上げられるものの、実は各都道

＊20　ここでの社会増減は国内での人口移動のみについて考えており、国内外の社会増減は考慮していない。

府県内において、人口が郊外から都市部へ移動している点にも目を向ける必要がある。

（3）人口減少の地域の現状にどう寄り添うか

　地域の人口減少に対しては、減少を受け入れる施策、減少を食い止める施策に分けて、どのように寄り添うかを検討する必要がある。

人口減少を受け入れる策の基本的な考え方

　減少を受け入れる策としては、個人や企業の有する無形・有形資産など、地域の資源を無駄なく活用していくシェアリングエコノミー[21]、サーキュラーエコノミー[22]（循環型経済）を推し進める施策が挙げられる。推し進める上で重要なことは、地域の経済の形が従来の形とは異なり、サービス産業化するという認識を共有することだ。その上で地域の人、モノ、カネあるいは情報という地域資源を効率よく効果的に域内で循環させ、地域経済、地域社会の課題への取り組みの活性化を図る。ただし、第8章で説明したように、SDGsおよびESGが社会に浸透することで、資金循環・情報循環を生み出す考え方や循環させる方法が将来的に変化あるいは多様化していくことを念頭に置いて、ビジネスのコンセプトと仕組みづくりを考えていく必要がある。

　人の面で言えば、現状では人が増えない分、人材確保ができず事業を休業・廃業したり、単純作業においては人の仕事がロボットにリプレースされたりすることも増えている（第14章参照）。人の減少を許容するためには、人材を確保する仕組みを域内に構築することが求められる。人材を確保するためには地域の資源としての人を新しい仕組みで循環させるシェアリングエコノミーが必要になるだろう。ただし、仕組みを構築する前にビジネスコンセプトを検討しなければならない。

　人のシェアリングにおいては関係人口の拡大という考え方がある。総務省

---

[21]　一般的にはP2P（個人間）を対象として、個人がもつ有形資産や空き時間などの無形資産を活用して、他の個人へ提供する経済活動

[22]　資源循環の効率化だけでなく、原材料に依存せず、既存の製品や遊休資産の活用などによって価値創造の最大化を図る経済システム

によると、関係人口とは「地域や地域の人々と多様に関わる者」と説明され、具体的には、その地域にルーツがあり、近隣の市町村に居住する「近居の者」、その地域にルーツがあり、遠隔の市町村に居住する「遠居の者」、その地域にルーツはないが、過去にその地域での勤務や居住、滞在等の経験等を持つ「何らかの関わりがある者」、ビジネスや余暇活動、地域ボランティアなどをきっかけにその地域と行き来する「風の人」に整理されている。人口の増加が見込めない中、いかにその地域に関わる人口を維持していくか、こうした考え方は人のシェアリングと言えるだろう。

　地方自治体や地域金融機関にはこれらの人々が地域と継続的に関わるための仕組みづくりや、それぞれの地域・関係人口のニーズを把握し、マッチングさせる中間支援機能が求められる。

　加えて、人材不足問題が深刻化すると同時に、働き方の多様化を促進する動きが活発化していることは、人材の専門性が高まる、高齢者を含めた労働力の活用などの働き方の多様化を含めて人材不足問題の解消につながる、「就社」ではなく「就職」の意識が高まる、フリーランスなど人材が流動化する動きにつながることから、注目に値する。特に、政府の働き方改革（2017年3月「働き方改革実行計画」）＊23 の一環として2018年1月には厚生労働省が「副業・兼業の促進に関するガイドライン」＊24 を公表し、これまで指摘されていた秘密漏洩、残業時間などの懸念をある程度払しょくするルールが明示された意義は大きい。それ以来、全面解禁とまではいかないが、副業・兼業を原則禁止から原則自由とする企業が増えている。

　その一方、兼業・副業により働き方が多様化すれば、人材不足の問題も解消できるとの政府の思惑も透けて見える。さらに、リカレント教育の手段、

＊23　首相官邸のウェブサイトでは「働き方改革は、一億総活躍社会実現に向けた最大のチャレンジ。多様な働き方を可能とするとともに、中間層の厚みを増しつつ、格差の固定化を回避し、成長と分配の好循環を実現するため、働く人の立場・視点で取り組んでいきます」とされている。さらに2018年6月29日に「働き方改革を推進するための関係法律の整備に関する法律」が成立した。「長時間労働を是正していく。そして、非正規という言葉を一掃していく。子育て、あるいは介護をしながら働くことができるように、多様な働き方を可能にする法制度が制定された」と安倍首相は記者会見で述べている。
＊24　副業・兼業自体への法的な規制はないが、厚生労働省が2017年12月時点で示しているモデル就業規則では、労働者の遵守事項に、「許可なく他の会社等の業務に従事しないこと」という規定がある（同ガイドライン）

キャリアアップの手段とも捉えることができる。教育と働きを分離した施策より、「働きながら学ぶ」という側面を持つ兼業・副業は働く人の専門性を向上させるという意味ではメリットの大きい手段と言える。

　70歳までの高齢者の働き方の多様化も視野に入ってきている。2020年には「改正高年齢者雇用安定法」が成立し、早ければ2021年4月から施行される。高齢者雇用の促進方法として、①定年廃止、②70歳までの定年延長、③継続雇用制度導入(65歳までの現行制度と同様、子会社・関連会社での継続雇用を含む)、④他の企業(子会社・関連会社以外の企業)への再就職の実現、⑤個人とのフリーランス契約への資金提供、⑥個人の起業支援、⑦個人の社会貢献活動参加への資金提供が、企業の具体的な対応策として考えられていた。

　他方、前述した「就社」ではなく「就職」あるいは「就業」という意識が高まってくれば企業のあり方も変化してくる。企業にとって働く人のジョブディスクリプションをさらに明確にするとともに、新規雇用に際しては必要な専門性を明確にして労働力を確保することが求められる。さらに、2020年4月からは正規と非正規労働者の賃金格差を是正する目的で同一労働・同一賃金制度が開始された。

　これらを踏まえると、企業側と雇用される側の職に対する新たな意識の定着と、それに対応する体制が整備されることが必要となる。その前提の下で将来的には、シェアリングエコノミーの定着によりフリーランスという企業に属さない職種が増えることが想定される。とすれば、既存の産業における「専門性のポートフォリオ」を把握した上で、将来の地域の産業の変化を想定しながら、将来的に必要な専門性を特定することが必要ではないだろうか。単純な人手の獲得ではなく、必要不可欠な専門性を確保していくための施策が求められる。

　地域の中小企業を想定すれば、政府が推し進める働き方の多様化が進まず、副業・兼業にも課題が多いと推測できる。その場合、高齢者を含めた全世代の専門性の異なる人材を職能別（企業の経営も含む）にプールして、地域内に人材＝専門性を循環させるような人材派遣ビジネスのプラットフォーム構築は考えられないだろうか。専門性という情報を安心安全に流通させる仕組みを構築することで、自由に人を循環させることができれば、中小企業の人

材不足（専門性不足）が解消される可能性が高まる。

　加えて、専門性が集まりやすくする地域の環境整備も大事な要素である。地域においてシェアリングエコノミーという経済形態が定着していけば、働き手としては、企業に雇用契約の中で縛られつつも雇用の安定を望むのか、企業とのしがらみをミニマイズさせて雇用の安定を多少犠牲にしながらもフリーな立場を選択するか、選択の自由度が今後さらに増していく。働き手の流動化が進む可能性がある。ただし、利用者の立場でシェアリングエコノミーを考えると、P2Pの枠組みの中で、サービスの質の面での懸念を持つことが想定される。さらに高齢化が急速に進展する中、高齢者が利用者となることが考えられ、シェアリングエコノミーに慣れていないため、その懸念はより大きい。とすれば、サービスの質の安定を保証する、保険によりサービスの提供に付随する損害リスク等を回避するなど、フリーランスが自由にアクセスして活用できるインフラを整備する必要がある。このように現状から将来の変化に必要な要素を補っていくことで人手不足、働き方改革という社会課題を解決しながら、人の流れを安心安全に創出するために必要なインフラを整備してビジネス化することが欠かせない。

　モノの面で言えば、モノを所有するというよりも、モノを必要な時だけ活用し、いわゆるサブスクリプション方式でモノと時限・更新契約するという契約形態が増えていく。この背景には、スマホの普及によって様々なアプリが活用されて一般化したことで、オンライン上で契約が可能になり、自動化・省力化による低コスト化が実現できたことが挙げられる。これが進めば、モノは企業の所有のままになり、今以上にモノの管理が容易になるため、３R（Reduce（廃棄物の発生抑制）、Reuse（再使用）、Recycle（再資源化））を前提に製造される可能性が高くなる。これにより環境と経済の両立を目指すサーキュラーエコノミー（循環型社会）の実現に向けた域内での動きが求められることとなる。ここでも需要側と供給側をつなぐ情報の流れを安心安全かつ効率的・効果的に生み出す仕組みが重要な鍵となるだろう。

　カネの面で言えば、「新規・成長企業等と資金提供者をインターネット経由で結びつけ、多数の資金提供者（＝crowd〔群衆〕）から少額ずつ資金を集める仕組み」であるクラウドファンディング[25]の利便性の高さを地域活性化に活用する例が、さらに増えていくと考えられる。資金の流れを創出す

ることはビジネス化する上で重要である。

　例えば、域内の不稼働資産の問題に対して、クラウドファンディングを活用して地域活性化を促進する規制緩和が政府によって進められている。2017年6月には、不動産特定共同事業法の一部を改正する法律（平成29年法律第46号）が公布、12月に施行され、空き家・空き店舗等が全国で増加する一方で、志ある資金を活用して不動産ストックを再生し、地方創生につなげる取り組みのさらなる促進を目指している。ここでも需要側と供給側をつなぐ情報の流れを安心安全かつ効率的・効果的に生み出す仕組みが重要な鍵となるだろう。地銀としては、カネの面におけるクラウドファンディングの運営への関与と、循環型経済、地域社会の取り組みをどのようにビジネスにつなげるかがポイントだ。

人口減少を食い止める策

　人口減少を食い止める策では、政府が地方創生の総合戦略で打ち出している、東京一極集中を防ぐ、出生率を高める、子育て世代等が住みやすい街にするなどの政策の有効性が試されている。各自治体の地方版総合戦略でこれらの政策の実現に向けた取り組みが活発化しており、人口減少を食い止める策として期待されている。

　しかし、実際には、地方版総合戦略は地域事情を反映せず、画一的な戦略が多く、その有効性に疑問がもたれている。このため東京への一極集中が是正されておらず、地方の人口減少は進んでいる。地方自治体としても、地域への密着を深め、細かいニーズに応えられるような情報収集の工夫が必要だ。都道府県の単位よりも市町村単位の地域に密着した地方自治体の役割が、さらに重要になる可能性が高い。単独の市町村では限界があるため、自治体が連携して住民の情報収集を可能とする情報銀行等のプラットフォームを、共有財産ではなく公共財として構築することも考えられる。

＊25　一般には「新規・成長企業等と資金提供者をインターネット経由で結びつけ、多数の資金提供者（＝crowd〔群衆〕）から少額ずつ資金を集める仕組み」を指すものとされている。寄付型、購入型、投資型の3種に大別される。金融商品取引法の検討対象となっているのは投資型クラウドファンディング。「ファンド形態」については、現行の金融商品取引法の下において、第二種金融商品取引業者による募集または私募の取り扱いが可能である。

人口減少を「受け入れる策」の中で全体最適の視点で「食い止める策」を工夫する

　人口減少を食い止める策よりも、人口減少を受け入れる策を実施していく中で、地域のステークホルダーの協力を得て、全体最適の視点により少しでも減少を食い止める策を講じていく必要がある。特に、街づくり、街のコンパクト化などの不動産業、不動産開発については、全体最適を考えて、参入していくことが必要となるのではないか。

3. 仕事の場である企業数の減少

（1）全国的に小規模企業の減少が顕著[*26]

沖縄を除く全都道府県で企業数が減少

　人に仕事の場を提供する主体である民間企業は、地方経済の担い手として非常に重要な役割を担っており、人口問題と同様に地方創生の議論において無視することができない。

　2009～16年の企業数（会社企業数ベース）変化率を都道府県別に見たのが**図表III-12-8**である。沖縄を除くすべての都道府県で企業数が減少しており、12都道府県では減少率が10%を超えた。

規模が大きい企業数が増加した一方規模の小さい企業数の減少が続く

　また、企業規模別に見ると、常用雇用者数が100人以上の企業が増加した一方、0～4人、5～99人といった比較的小規模の企業は多くの地域で減少した。一般に、企業・事業所の規模が大きいほど「規模の経済」が働きやすく、生産性が高まりやすい。そのため、平均的に見た企業・事業所の規模の拡大は、日本経済全体の生産性を押し上げてきたと考えられる。

＊26　鈴木雄大郎・長内智「総合戦略から探る令和時代の地方創生に必要なことは何か」大和総研調査季報　2019 年 夏季号 Vol.35

図表III-12-8　都道府県別会社企業数の変化率（常用雇用者規模別、2009年〜2016年）

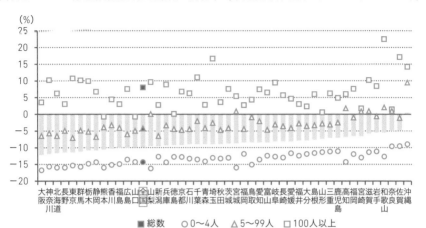

大阪神奈川　北海道　長野　東京　群馬　栃木　熊本　福岡　広島　山口　全国　山梨　新潟　徳島　京都　石川　千葉　青森　埼玉　秋田　茨城　福島　宮城　愛知　鳥取　富山　岐阜　長崎　愛媛　福井　大分　島根　山形　三重　鹿児島　高岡　福島　宮崎　滋賀　岩手　和歌山　奈良　佐賀　沖縄

■ 総数　　○ 0〜4人　　△ 5〜99人　　□ 100人以上

（出所）総務省、経済産業省統計より大和総研作成

（2）大規模化は必ずしもプラスとは言えない[27]

地方経済活性化の観点から大規模化にはマイナスの効果の方が大きい

　しかし、地方経済の活性化という観点で見ると、大規模化には「合成の誤謬」が生じる可能性がある。すなわち小規模の企業・事業所が減少し、大規模の企業・事業所が増加すると、日本全体で見れば経済にプラスの効果をもたらすが、地域経済に限ればむしろマイナスの効果の方が大きくなる恐れがある。

ショッピングモールの建設で都市部に所得が流出

　例えば、本社機能が都市部にある流通企業が、ある地域に大規模なショッピングモールを建設し、その影響を受けて商店街の店舗が減少した場合を考えよう。

　ショッピングモールは幅広い商品やサービスを提供し、雇用を創出するため、その地域の失業率の低下や家計所得の増加、消費の拡大といった経済効

---

[27]　鈴木雄大郎・長内智「総合戦略から探る令和時代の地方創生に必要なことは何か」大和総研調査季報　2019年　夏季号　Vol.35

果が見込まれる。ただし、その一方で、ショッピングモールの稼いだ利益の一部は、本社のある域外の都市部に移転される。

　地元の商店街が稼いだ利益のほぼすべては地元住民の所得となるため、域内で資金が循環しやすい。これに対して、本社機能が都市部にあるショッピングモールの場合、都市部に所得が流出する分だけ、域内での資金循環が低下する。ショッピングモールの建設による経済活性化と、域外への所得流出という2つの要因の大きさによって地域経済への影響が左右されるだろうが、後者の効果が前者よりも大きい場合には、企業の大規模化は、むしろ地域を衰退させる可能性がある。

　さらには、ショッピングモールの収益が悪化し、その地域から撤退する可能性も十分に考えられる。これまで多数の従業員を雇用していたショッピングモールが撤退し、それを補うための地元商店街の再活性化などが起こらなければ、雇用を吸収しきれず、失業を招いたり都市部へ雇用が流出したりする可能性がある。

　今後、地方経済の活性化を考える上では、こうした企業・事業所の大規模化の「負の側面」も忘れてはならない。

(3) 従来の仕事の場が減少していく地域の現状にどう寄り添うか

　従来の仕事の変化と、仕事の場の減少は避けられないとの認識を共有した上で、仕事の場の減少を食い止める施策を検討していく必要がある。

　まずは、テクノロジーの進展によって長期的には、消費・生産の方法が変化していくことで価格が変化していき、従来のGDPをベースとした成長のモデルが崩れていくことから仕事が変化していくことについて、理解を深めるべきかもしれない。

　消費の方法が変化するとは、モノからサービスに消費の比重が移っていくことを意味する。技術の進歩、普及によってモノ自体の品質において企業ごとの差別化が難しくなってくれば、企業ブランドの付加価値は低下していき、企業間では価格競争が激しくなる。価格競争により企業が淘汰されるが、残るブランドは価値がより高くなり、新たなブランドが生まれる可能性も高くなる。この背景には、消費のニーズが多様化している中で、モノのデザイン性が高い、嗜好性が高い、アフターフォローが秀逸など、従来とは異なる付

加価値に焦点が当たることがある。加えて、企業と消費者の間で、中古品を含めたモノの評価、比較における情報の非対称性がなくなる。消費者は膨大なモノ・サービスの選択肢の中から、モノ・サービスの品質と価格をベースに自分にとって経済合理性の高い消費の判断が可能となる。消費者の企業ブランドからの"解放"と言えよう。製造する企業からの消費者の自立、解放が進み、市場価格がオンライン上ですぐに入手できることもあり、モノに対する価格への経済合理性の意識は非常に高まる。モノ自体よりも付随するサービスの付加価値で消費を判断していく消費者が増える。このため販売からアフターフォローまでの体制の付加価値が高まってくる。バーチャルでもリアルでも販売会社の信用力の高低が、モノ・サービスが売れる判断基準になる。ただし、ニーズが多様化するため、嗜好性の高い商品、こだわりが強い商品は、このカテゴリーから外れ、専用の市場ができ、価格が高くても売れ、ブランドのロイヤリティが維持される可能性もある。

　さらにテクノロジーが進歩し、スマホが普及することで、デジタルプラットフォーマーなどの消費者とモノをどこでもオンライン上で「つなぐ」サービスの利便性が飛躍的に高まっている。この結果、消費の形態が、モノを購入して所有することから、一定期間モノを借りて利用するというサービスの購入に変化していくことが考えられる。その理由として、サービスを「つなぐ」から「受ける」までのプロセスで店舗に行かなくても済むことから、サービス利用までの時間が大幅に節約できる一方、所有しても利用していない時間を無駄と認識する消費者が増えていくことが挙げられる。これは地域資源の中で不稼働資産を減らすという目的、SDGsの目的とも合致する。これを踏まえれば、消費の大きな変化として、サブスクリプション型の消費が一定程度増えていく可能性が高いことが挙げられる。

　他方、生産の方法が変化するとは、まずは単純業務から複雑な業務へ省力化・単純化の流れが加速して、いわゆる業務の画一化が進むことである。各産業、各企業が保有する商品開発、製造（生産）、販売までのサプライチェーンが共通化する傾向が強くなり、将来的には1つのオープン・プラットフォームを形成すると想定される。政府が進める2030年に達成を目指すSociety 5.0が、その流れを後押しするだろう。

　次に消費の方法が変化することで、バリューチェーンの中で生産プロセス

の付加価値が低下していく。上記を踏まえて、業務の画一化が進めば共通化しやすい生産プロセスの付加価値は低下し、消費の変化に対応する商品開発と商品を活用したサービスの付加価値が高まっていくという"ベルカーブ"の状態にシフトしていくことが考えられる。国内でもグローバルでも同じ論理が当てはまる。

　とはいえ、生産プロセスの中でも、オープン化していく生産プロセスと付加価値の高い生産技術は別々に考える必要がある。例えば優秀な中小企業では、高い製造技術をベースに開発と製造は一体となっているため、サプライチェーンや、製造プロセス自体が変化しても生き残っていく可能性は高い。逆に大手企業の工場に地域が依存してしまうと、製造プロセスおよびサプライチェーンが変化すると、工場の撤退リスクにさらされ、直接的な影響を受けることとなる。とすれば、中小企業の「知のネットワーク」を再度強化していく必要があるだろう。将来的には複雑な業務も、人の頭脳に蓄積された知識・経験が人工知能（AI）に移管されることで、少数の人あるいはロボットにリプレースされる。この観点からも、地域に必要な専門性をプールしながら、その専門性を補完するAIあるいは専門性の高い人材がデータサイエンティストと連携するなどの組み合わせを創出するビジネスが考えられないだろうか。単なるIT会社と人材派遣会社の枠組みを超えたビジネスが有効ではないか。

　これらを踏まえると、仕事が減っていき、変化する中で、地銀はどのように地域に寄り添うべきだろうか。地域のサービス産業が生き残っていくために必要なことは、全国レベルの品質は保ちながら、画一的なサービスではなく、地域に根差したサービスを提供できる体制を整えること、そのようなサービスを提供できる企業を多く設立することだろう。このために、既存の企業が、上記の品質と適切な価格水準でサービスを向上できる地域内でオープンなサービス・プラットフォームを構築することが求められる。その方針の上で、自らサービス業である地銀は、自行の業務プロセスのIT化による効率化の手法、オンラインのプラットフォームのオープン化など自行のノウハウの地元企業へのオープン化、共有を進めていくことなどが考えられる。

　さらに、製造業では中小企業の知のネットワーク、信頼のネットワークに補完される、地域の中でオープンな情報プラットフォームの構築を検討して

はどうだろうか。単に、域内企業の大規模化、M&Aなどによる事業承継を通じて地元企業の存続を確保するだけではなく、コンサルティングを強化する中で得た信頼と情報から、中小企業間の知のネットワークを創出して、域内の知の集約を図り、あるべき地域産業の姿を模索してはどうだろう。この中で、域内の経営資源の将来を見据えた効果的な再配分が可能となるのではないか。その目的の達成に向けて、人手不足の解消のため業界を超えた域内での雇用のマッチングを促進する策や、地銀で積極的に取り組んでいるコンサルティングの強化などが求められる。新たなビジネスとして、地銀の信用をベースとした人材派遣、マッチングの事業も、この目的との親和性が高いと言える。

　いずれにしても、地方創生への貢献から社会問題を解決するような新規のビジネスに参入して、それを将来的にプラットフォーム化していくことで、域内の仕事の変化、減少に対応することが求められる。それによって地銀の域内での付加価値も高まり、収益性の部分でも持続可能性を高めることが可能となる。非金融の分野にも参入する必要があるため、本業の金融業に影響を与えるような事業リスクの回避、そのためのグループ経営のガバナンスの強化などの対策が必要となるだろう。

第13章　相続が進めば地域経済・社会が変わる[*28]

相続による金融資産の流出が課題に

　地方創生と相続問題の関連で言えば、親子の別居による都市部への金融資産の流出が地方創生にマイナスに作用すると想定される。この背景には、日本の家計の資産保有状況の特徴の1つとして、資産が高齢者に偏在していること、親と子の別居率が高い地域が存在していることが挙げられる。

　金融資産ベースまたは不動産などを含む総資産ベースで見ても、その過半は65歳以上の高齢者によって保有されており、さらにその割合は年々高まっている。また、日本は高齢化の進行とともに「多死社会」に近づいていると言われている。国立社会保障・人口問題研究所の推計によると、2015年に約130万人だった年間の死亡者数は、団塊世代が80歳代後半となる2030年代には約160万人まで増加すると見込まれている。

　このような高齢者への資産の偏在と「多死社会」に直面しつつある日本において、相続発生件数や発生額は今後拡大していくことが予想される。金融機関にとって、それは脅威とも機会とも捉えることができる。地域の課題の1つであることは間違いなく、相続関連の商品・サービスを通じて高まる需要への対応を積極化する必要がある。その対応を怠ると、親と子の別居率が高い地域では、域外に相続資産が流出し、域外の金融機関に顧客を奪われる。地銀の銀行口座の相続後の歩留まり率は、メガバンク等の他の金融機関より低い。これまで以上の顧客との密着、地域密着による信頼関係の構築が求められる。

---

*28　森駿介／土屋貴裕「相続資産の移転と地域のリテール金融市場の将来」大和総研調査季報 2017 年 夏季号 Vol.27

1. 富裕層の分布と資産保有の特徴

(1) 富裕層はどこにいるのか

金融資産残高4000万円以上の世帯は三大都市圏、特に首都圏に集中

　相続の問題に寄り添うと言っても、そもそも地銀として地域の富裕層の分布状況を把握しているのだろうか。そこで、ここでは資産額が多い「資産富裕層」に着目[29]し、金融資産残高4000万円以上世帯を富裕層世帯と定義する[30][31]。

　まず、全国の富裕層世帯の絶対数は、そのほとんどが人口の多い三大都市圏、特に首都圏に集中している。次に富裕層世帯数が各都道府県の世帯数に占める割合を見ると、三大都市圏はおおむね高い水準であることが確認できる（図表Ⅲ-13-1）。三大都市圏以外でも石川県や福井県、島根県などでは富裕層世帯の比率が高い。一方で、北海道・東北地方や九州・沖縄地方で富裕層の割合は相対的に低い。ただし、上記の富裕層の分布状況は高齢者だけでなく、他の世代も含んだものである。

高齢富裕層比率の高い地域は三大都市圏と県庁所在地

　高齢者に絞った富裕層の分布を見るために、相続税務データにおける被相続人（亡くなった方）を高齢富裕層とみなし、彼らの分布状況を確認する。被相続人を富裕層とみなすのは、一定の資産を保有していなければ相続税課税対象の被相続人とならないためである[32]。

　相続税課税対象の被相続人数を、各地域の死亡者数で割ることにより各地域の富裕層比率を算出すると、10人に1人が相続税課税対象となるような富

---

[29]　富裕層の分布に関しては「所得富裕層」の分布も分析の対象になりうるが、本章の本題である相続からは離れるためここでは触れていない。

[30]　本章における「金融資産」は断りのない限り、総務省「全国消費実態調査」における「貯蓄現在高」と同義である。

[31]　金融資産残高4000万円以上世帯を富裕層世帯とここで定義したのは、全国消費実態調査に掲載されている「資産階級別」で見た家計資産統計の最高額の階級であるためである。

[32]　2014年末までは、保有資産額が「5000万円＋1000万円×法定相続人数」（基礎控除）を上回る者が、相続税課税対象者であった。2015年からは基礎控除は「3000万円＋600万円×法定相続人数」に引き下げられている。

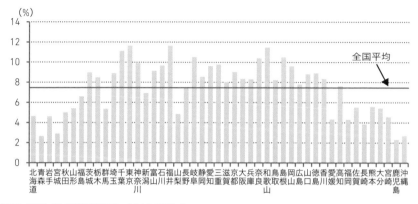

図表III-13-1　各都道府県内の総世帯数の金融資産残高4000万円以上世帯の割合(2014年)

(出所) 総務省「全国消費実態調査」より大和総研作成

　裕層比率の高い地域は、東京都や神奈川県、愛知県内のいくつかの地域、大阪市・京都市の一部、神戸市の一部と芦屋市など、三大都市圏に集中している。その他の地域においては、富裕層比率が10%を下回るものの、おおむね県庁所在地の富裕層比率が相対的に高くなっていた。

(2) 地域ごとで見た富裕層の資産構成の特徴

地方の富裕層は金融資産比率が高く、首都圏は実物資産比率が高い

　同じく相続税務データを用いて、地域別の相続財産の資産構成を確認する。ここでも相続税の課税対象となる被相続人を富裕層とすると、相続財産の資産構成は各地域の高齢富裕層のポートフォリオの近似値とみなすことができるだろう。

　資産構成を国税局別に見ると、関東信越や東京、名古屋国税局の管轄地域では土地・家屋などの実物資産比率が約5割と相対的に高いことがわかる(**図表III-13-2**)[33]。地方圏では沖縄の実物資産比率は6割を超え、全国で最も高い水準である。一方、その他の地域では、実物資産比率は3〜4割程度で

---

[33]　ただし、相続税において宅地や家屋などの評価は時価から割り引かれたものとなるため、各資産を時価で評価した時の実物資産比率はより高いと推察される。

222

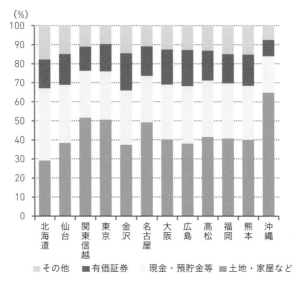

図表Ⅲ-13-2　国税局別の相続財産構成（2014年）

(出所) 各国税局統計より大和総研作成

あり、有価証券と現金・預貯金等を合計した比率が5割前後と高い水準となっている。

親子の別居比率が高ければ金融資産は相続時に域外へ流出する可能性が高い

　金融資産は実物資産と比べて流動性が高いため、仮に子供世代が親と別居して他の地域で暮らしていたとすると、親世代の資産が相続される際に地域外へ流出する可能性が高まる。相続資産に占める有価証券や現金・預貯金の比率が高く、地域をまたいだ親子の別居率が高い地域においては、特に相続資産の流出可能性が高いと見るべきかもしれない[34]。

2. 相続資産の地域間移転

　前節では富裕層の分布に加え、地域別の資産構成を観察することで、地域

＊34　執筆時点で公表されている最新の税務統計は2014年時点のものであり、2015年からの相続税増税の影響は反映されていない。2015年の統計が利用可能となれば、制度の変更点を利用して高齢富裕層の地域ごとの資産分布状況がより多面的に理解できる可能性がある。

からの相続資産の流出の可能性について触れた。以下ではそのような相続資産の地域間移転が実際にどのように生じているのか、その推計を行っていく[*35]。

（1）人口移動状況と高齢者への資産偏在

相続資産の地域間移転がどの程度生じているかを確認するためには、①どの年代からどの年代への相続が発生しているのか、②各都道府県の高齢者とその子供の地域をまたいだ別居比率はどの程度か、③それぞれの都道府県で発生する相続資産額はどの程度か、をそれぞれ推定する必要がある。

どの年代からどの年代へ相続が発生しているか

最初に、どの年代からどの年代へ相続が発生しているかを検討していく。相続税の申告状況から被相続人の年齢構成を確認すると、1990年代後半までは被相続人の過半数が80歳未満であったものの、高齢化・長寿命化の進展により、2013年においては被相続人の約7割が80歳以上となっている（**図表Ⅲ-13-3**）。ここでは示していないが、被相続人のうち約25％が90歳以上だった。親子の年齢差を30歳と仮定すると、子供として親の相続資産を受け取る世代は50歳代や60歳代が中心だと想定される。もちろん、被相続人にとっての相続人（資産を相続する人）の属性は子以外にも考えられるため一概には言えないが、高齢者から50歳代以上の者への相続の割合が高まっていることが相続税の申告状況からもうかがえる。

また、50歳代・60歳代については彼らが若年層だった時、人口移動が活発だったと推測される。**図表Ⅲ-13-4**は三大都市圏の転入・転出超過数の推移を見たものだが、現在の50歳代・60歳代が20歳前後だった頃、すなわち1960年代後半から70年代前半、1980年代前半は、大都市圏（特に東京圏）への人口流入が活発な時期だった。地方から都市圏に移住したこれらの世代の多くが、今も親と別居しているとすると、相続資産の地域間での移転規模は大きくなると思われる。

[*35] ただし、相続に関する統計は限られており、以下では多くの仮定を置いて推計を行っていることに注意が必要である。

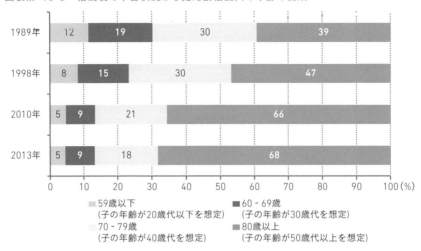

図表Ⅲ-13-3　相続税の申告状況から見た被相続人の年齢の構成

凡例:
- ■ 59歳以下（子の年齢が20歳代以下を想定）
- ■ 60-69歳（子の年齢が30歳代を想定）
- ■ 70-79歳（子の年齢が40歳代を想定）
- ■ 80歳以上（子の年齢が50歳代以上を想定）

（出所）政府税制調査会資料より大和総研作成

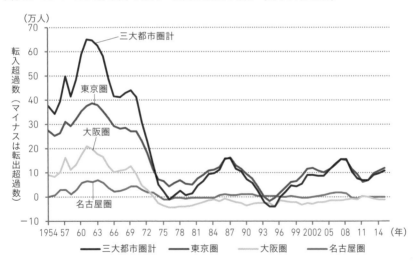

図表Ⅲ-13-4　三大都市圏の転入・転出超過数の推移（日本人移動者）

（出所）総務省資料より大和総研作成

各都道府県の地域をまたいだ別居比率はどの程度か

　次に、相続資産の地域外への流出額を推し量るため、都道府県をまたいで子供と別居する高齢者（親世代）の比率を推計する（以下、「別居比率」）。将来の相続人と思われる子供のうち親元を離れて生活している割合が高ければ、その分、相続時にその地域から資産が流出しやすいと想定される。推計の結果、別居比率の全国平均は約25％だったものの、北関東（茨城県・栃木県・群馬県）や山口県、愛媛県、高知県と九州地方の多くの県では30％を超え相対的に高い水準だった。これらの地域では、相続が発生した際に資産が被相続人の居住地域から子供の居住先である都道府県へ流出する可能性が高くなると考えられる。

それぞれの都道府県で発生する相続資産額はどの程度か

　また、相続資産の発生額を探るために、被相続人の大半を占める高齢者がどの程度資産を保有しているかを推定する。高齢者への資産偏在度合いが高い都道府県ほど、今後数年間で見た時に都道府県内の家計資産総額対比で見た相続資産発生額が大きいと考えられる。65歳以上世帯が保有する家計資産が県内の金融資産総額に占める割合を高齢者の資産偏在度合いと定義し試算すると、秋田県・奈良県・和歌山県・島根県・高知県などは55％と、全国平均を上回る高い水準だった。

(2) 相続資産の流出入動向の推計

　ただし、ここまで見てきたものはあくまで相続資産の「流出」に関するもののみであり、相続資産の地域間移転状況を把握するためには、他の都道府県からの相続資産の「流入」と合わせた「純流出入」の状況を確認する必要がある。そのため、ここまで見てきたデータに加え、各種人口統計により各都道府県の死亡者数や人口移動先を踏まえることで、各都道府県の相続資産発生額や相続資産の流出先ごとの流出額を推計し、流出額・流入額をそれぞれ突き合わせた。推計結果を**図表III-13-5**に示す。

東北・中国・四国地方の多くの別居比率の高い県で純流出比率が5％超

　まず、地域差はあるものの、首都圏や京都府・大阪府・兵庫県などのいく

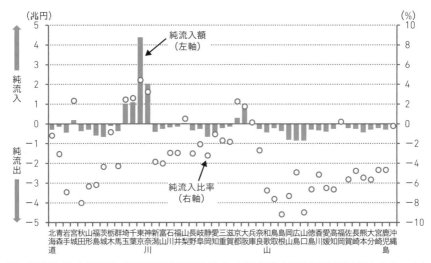

図表Ⅲ-13-5　都道府県別 相続資産の純流出入動向（2016〜25年の推計）

（注）金融資産に限った相続資産の地域間移転状況を推計しており、土地や家屋などの実物資産は分析対象にしていない。あくまで都道府県間の相続資産流出入状況を推計したもの。「純流入額」は2016年から2025年の10年間の相続資産の純流入額の推計値。負の値は純流出を表す。「純流入比率」は純流入額の金融資産総額（2015年時点）に対する比率を示している。
（出所）厚生労働省、国立社会保障・人口問題研究所、総務省などの資料から大和総研推計

つかの都府県を除く37道県において、相続資産の純流出が発生すると推計された。特に、東北・中国・四国地方の多くの県で純流出比率が5％を超える水準となった。これらの地域の多くは、親子の別居比率が高く、高齢者への資産偏在度合いも大きいためだと考えられる。また、純流出比率が最大になるのは島根県約9％で、高齢者への資産偏在率が全国で最も高かったことがその背景にあると考えられる。

純流入が見込めるのは人口流入がある三大都市圏、宮城県と福岡県

　一方、純流入と推計されたのは三大都市圏以外では、宮城県や福岡県などである。これらの県は、周辺地域からの人口流入があったことから、相続資産の流入が一定程度見込めることがその背景にあると考えられる。そのほか、沖縄県で相続資産の純流出が見られるもののその値が低い理由は、高齢者への資産偏在率が約43％と全国で最も低いからだと考えられる。

（3）金融機関外への資産の流出

　以上の推計により都道府県単位の相続資産流出入の状況を確認したが、この推計では分析できなかった金融機関単位で見た相続資産の流出状況はどのようになっているのだろうか。

地銀の資産の一部は相続時に他の業態に流出する割合が高い

　野尻（2017a）が行った相続人へのアンケート調査によると、被相続人が都市銀行を主に利用していた場合、相続資産を「都市銀行」に預けた相続人の比率は約75％だった。一方で、「地方銀行・第二地銀」を被相続人が主に利用していた場合、相続資産を同じく、「地方銀行・第二地銀」に預けた相続人は約42％と低い水準になっており、相続人の一部は「都市銀行」（12.4％）やゆうちょ銀行（12.2％）に預け入れていた（**図表Ⅲ-13-6**）。

　「地方銀行・第二地銀」の資産の一部は、相続時に「都市銀行」やゆうちょ銀行などの他の業態に流出していることが推察される。同様に、信用金庫・信用組合を被相続人が主に利用していた場合、相続資産を同じく「信用金庫・信用組合」に預けた相続人は約38％だった。この場合では、相続資産の主な流出先は「都市銀行」（11.6％）や「地方銀行・第二地銀」（12.7％）、ゆ

図表Ⅲ-13-6　被相続人の利用した金融機関別の相続人の利用する金融機関（単位：人、％）

相続人の利用する金融機関／被相続人の利用した金融機関	都市銀行	地方銀行第二地銀	信用金庫信用組合	ゆうちょ銀行	JAバンク	大手証券	その他	回答数
都市銀行	75.5%	1.9%	0.6%	6.0%	0.9%	4.6%	10.5%	1,017
地方銀行・第二地銀	12.4%	42.4%	1.9%	12.2%	3.4%	6.8%	20.9%	531
信用金庫・信用組合	11.6%	12.7%	37.6%	11.6%	3.3%	3.3%	19.9%	181
ゆうちょ銀行	12.1%	2.9%	0.8%	63.6%	2.1%	3.9%	14.6%	827
JAバンク	9.0%	5.8%	1.6%	15.7%	53.2%	3.2%	11.5%	312
大手証券	16.1%	0.8%	0.0%	5.9%	0.0%	68.6%	8.5%	118
その他	12.9%	12.9%	1.2%	8.2%	1.2%	9.4%	54.1%	85
わからない・覚えていない	18.4%	5.3%	1.8%	19.2%	1.8%	4.9%	48.6%	510
総計	30.9%	9.7%	3.0%	23.3%	6.3%	6.8%	20.0%	3,581

（注）都市銀行は三菱UFJ銀行、三井住友銀行、みずほ銀行、りそな銀行の4行、大手証券は野村證券、大和証券、SMBC日興証券、三菱UFJモルガン・スタンレー証券、みずほ証券の5社
（出所）野尻哲史（2017a）「相続に伴う資産、世代、地域、金融機関間の資金移動」フィデリティ退職・投資教育研究所より大和総研作成

うちょ銀行（11.6％）である。また、被相続人と同じ金融機関に相続人名義の口座を保有していなかった場合、同じ業態に相続資産がとどまる比率はさらに低下することも、同調査では示されている。

同じ都道府県内の別の業態への相続資産の流出防止対策も重要な課題

　以上のアンケート調査と大和総研の推計から、地域金融機関にとっては、地域外への相続資産流出だけでなく、同じ都道府県内の別の業態への相続資産の流出防止も重要な課題だということが示唆される。前述の通り、別居比率の全国平均は約25％だったが、野尻（2017a）の調査によると被相続人が主に地銀や信金などの地域金融機関を利用していた場合、その資産の約6割は他の業態へ流出していることになる。これは、別居比率より高い水準であり、同一の都道府県内の他の業態に資産が流出している可能性も高いと考えられる。地域金融機関にとっては、地域内外への相続資産の流出それぞれに対策が求められていると言える。

3. 相続による資産流出と地域の家計金融資産の関係

（1）地域のリテール金融市場の規模が今後どうなるのか

　前節では相続資産の地域間移転の推計を行ったが、この推計結果と合わせて地域のリテール金融市場の規模が今後どうなるのかを検討する。

2025年までの推計では30都道府県で家計の金融資産総額の減少

　最初に、地域のリテール金融市場の規模として、都道府県別で家計の金融資産総額（世帯当たりの金融資産残高に世帯数を掛け合わせたもの）を取り上げ、その増減率を推計した。世代（世帯主年齢）別の世帯当たり金融資産残高は今後変わらないとの前提で、人口動態や世帯構成の変化による影響から推計している。推計期間は2016年から2025年までの10年間としている。その結果、今後、47都道府県のうち30道県で家計の金融資産総額の減少が予想されることがわかった。

相続資産の純流出が予想される地域の多くではリテール金融市場が縮小

　家計の金融資産総額が増加すると推計された残りの17都府県はおおむね三大都市圏か地方主要都市圏（宮城県、石川県、福岡県など）であり、それら以外の地域ではリテール金融市場の縮小が予想される結果となった。この推計に、前述の相続資産純流出入額の推計を照らし合わせると、相続資産の純流出が予想される地域の多くではリテール金融市場の縮小も同時に予想されるという関係が見られる（**図表Ⅲ-13-7**）。多くの地域では、相続資産の純流出規模に比べてリテール金融市場の縮小規模が小さいように見えるが、これは現役世代に比べて多くの資産を保有している高齢者の増加が、相続資産の純流出の影響を一部相殺するためと解釈できる。

図表Ⅲ-13-7　相続資産純流出入額と金融資産総額の増減率（2016～25年の推計）

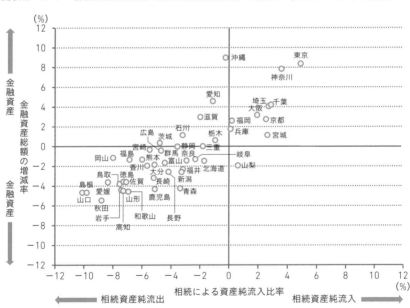

（注1）「純流入比率」は2016年から2025年の10年間の相続資産の純流入額の推計値の金融資産総額（2015年時点）に対する比率を示している。
（注2）「純流入比率」の負の値は純流出を表す。
（注3）「金融資産総額の増減率」は年代別の世帯当たり金融資産残高は変わらないとの前提で人口動態等の変化から推計している。
（出所）厚生労働省、国立社会保障・人口問題研究所、総務省資料より大和総研推計

（2）2025年以降もリテール金融市場の縮小は続く

　ここでは、10年を超える長期の推計は実施しなかったが、リテール金融市場の縮小が想定される地域においては2025年以降も楽観的にはなれないかもしれない。理由は、その後も団塊の世代のさらなる高齢化が進展し、死亡数の増加が続くと見込まれるためだ。

2025年以降も団塊の世代の死亡数の増加によりリテール金融市場は縮小

　国立社会保障・人口問題研究所の推計によると、全国の年間の死亡数は2015年の約130万人から団塊の世代が80歳代後半となる2030年代には約160万人まで増加する。死亡数の増加は2040年代まで続くと予想されており、大和総研の推計結果よりも大きな影響が相続資産の純流出が予想される地域に及ぶかもしれない。

　特に、相続資産の流出は、都道府県外に別居する子を持つ高齢者の比率が

図表III-13-8　都道府県外別居比率と高齢者への資産偏在状況（推計）

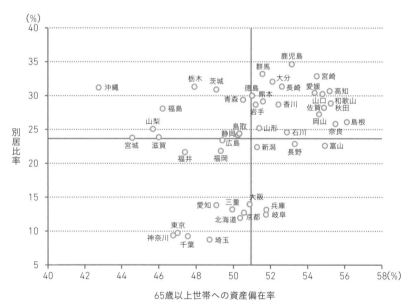

（注1）「65歳以上世帯への資産偏在率」は、65歳以上世帯の保有する金融資産総額が各都道府県全体の家計の保有する金融資産総額に占める割合を表している。
（注2）「別居比率」は都道府県外に別居する子を持つ高齢者（65歳以上）の比率を推計したものである。
（注3）図表中の実線は全体平均。
（出所）厚生労働省、国立社会保障・人口問題研究所、総務省資料より大和総研推計

高く、高齢者への資産偏在率が高い地域、もしくは今後高くなることが見込まれる地域においてより大規模になると考えられる。このような地域ではリテール金融市場規模の縮小が加速することが予期される（**図表III-13-8**）。

4. 相続の問題への寄り添い方（地域の金融資産の域外流出を防ぐには）

　相続によって域外に金融資産が流出していく地域において取るべき方策としては以下の3点が考えられるが、地銀としての課題は多い。

(1) 顧客の家計単位での信頼関係の構築・強化
　単純に考えれば、人口減少を抑制することが必要となる。相続資産の純流出入の動向は人口移動と密接に関わるため、雇用創出を促すことなどにより人口流入の促進と人口流出の抑制が実現できれば、相続資産の純流出規模も縮小するかもしれない。ただし、実際に人口の域外への流出が激しい地域が多く見られ、人口減少を食い止めることは至難の業である。

　とすれば地銀として、まずは顧客の世帯ベースでの信頼関係の強化・構築が求められる。信頼関係強化のためには、相続、事業承継にかかる専門性の高い人材の確保、あるいは人材の教育が欠かせない。その人材を十分に活用できるように、相続前、相続後に対応できるような商品・サービスの品揃えの拡充も必要だ。ただし、地域の中で富裕高齢者層がどこに居住しているかも把握しておかなければならない。銀行内の情報に加え、地元の税理士などとの連携によって情報を確保していく必要がある。これらは正攻法であり、多くの地銀が施策として実行に移しているものの、成功している銀行は多くはない。その理由の1つとして、地銀が地域密着度合いでは信金・信組に、専門性では大手の金融機関に劣後する中途半端な位置づけにあることが挙げられる。

(2) 高齢者への資産偏在の緩和
　2点目に、高齢者への資産偏在の緩和が挙げられる。具体的には、相続発生前に親から子・孫に資産の世代間移転を進めていくことである。「団塊の

世代」がさらに高齢化し相続資産の純流出額が急拡大する前に、その加速度を緩めるための施策が求められる。例えば、教育資金や住宅賃金の贈与については税制優遇措置が設けられており、これらの制度の活用を促すことにより資産の世代間移転を促していくことが考えられる。もちろん、贈与の一部は地域外へ移転してしまう可能性も少なくないが、相続時に資産が一気に流出するリスクは低減できる。親子の別居が地域金融機関の営業エリア内でのものであれば、贈与等に関するサービスの提供時に将来の相続人と良好な関係を築くことで地域内の他の業態への相続資産流出が回避できるかもしれない。

(3) 支店以外の受け入れチャネルの拡大（インターネット専用支店等の活用）

　3点目として、金融機関間の相続資産のシフトを抑制するために、以下の対応策が考えられる。まず、親元から離れ都市部で生活する子供世代に相続時に資産を預け入れてもらうためには、支店以外の受け入れチャネルを拡大することが考えられる。「相続定期」をインターネット専用支店で預け入れられるようにしている地域金融機関や、郵便局ネットワークの利用を通じて都市部に住む地方出身者へ銀行サービスを提供することを予定している地域金融機関もある[36]。今後、都市部やインターネット経由での地域金融機関のサービスの利便性が高まれば、地域からは相続資産が流出するかもしれないが、他の金融機関への資産流出は一定程度抑止できるだろう。

(4) 相続人の中心となる50歳代・60歳代の口座獲得は重要

　ほかにも、**前掲図表Ⅲ-13-3**で見たように、近年では50歳代・60歳代が相続人の中心となる世代と想定されることから、中高年の口座獲得は重要だ。世論調査からは、中高年層の間で老後の生活への不安が高まっていることが示唆されることから、中高年層に対して老後の生活に備えるための金融商品・サービスを提供することを将来の相続人の口座獲得の一環と位置づけること

---

[36]　日本郵政グループ「郵便局スペースを活用した『銀行手続の窓口』の設置」（2017年6月14日）https://www.post.japanpost.jp/notification/pressrelease/2017/00_honsha/0614_01_01.pdf

も1つの方策かもしれない＊37。個人型確定拠出年金（iDeCo）や2018年1月から開始された「つみたてNISA」など、非課税制度の活用も相続資産流出を阻止するための一手段として検討すべきではないだろうか。

＊37　なお、金融資産保有目的に対して「老後の生活資金」だと回答する比率は30歳代や70歳以上など他の年代でも高まっている。

第14章　人手不足による事業廃業が進むと地域経済はどう変わるか[*38]

地方創生の行く手を阻む人手不足

　人手不足により事業承継が進まず域外に事業が流出したり、事業廃業が進んでいることが、地方創生を促進する上で抱える課題である。確かに、地方創生とは地元中小企業が高付加価値の新製品を開発し販路を拡大し、就業者1人当たりの付加価値、ひいては平均所得を上げることである。その行く手を阻む最大の要因が人手不足だ。昨今の人手不足は景気循環要因だけでなく、「団塊の世代」の大量退職と少子化による新規就業者不足という構造要因がある。産業構造の高度化が世代交代を機に、職種構成にようやく反映されつつあるという見方もできる。

　構造要因を踏まえると、人手不足の問題には、製造業やサービス産業などにおいて、単純な生産活動、サービス提供から企画・開発志向のビジネスに転換することが合理的な解決策となる。職種構成で言えば専門・技術職のウエイトを増やすことである。省力化投資によって技能・労務職そのものを減らすことも重要である。

　人手不足と並び注目されている事業承継問題も、経営人材の不足と言える。これに対しては、経営人材をプール、育成し、派遣する仕組みが必要と考えられる。地元経済を最も深く知る地域金融機関の人材紹介事業、M&A事業の充実拡大が問題解決の鍵となる。

[*38]　鈴木文彦「地方創生を阻む人手不足と事業承継の問題」大和総研調査季報 2018年春季号 Vol.30

1. 人手不足の背景

（1）人手不足の指標の水準が示す空前の人手不足

　人手不足を示す指標である有効求人倍率（季節調整値、厚生労働省）では、2018年の平均が1.61倍に達し、1973年の1.76倍に次ぐ過去2番目の水準だった。2020年1月末に公表された2019年の同倍率は引き続き1.60倍と過去3番目の高水準となった。日銀短観で人手不足感を示す雇用人員判断DI（アンケートで雇用人員が「過剰」と回答した先の割合から、「不足」と回答した先の割合を引いた指数）は、2013年にマイナスに転換（つまり不足感が過剰感を上回った）し、マイナス幅も年々拡大してきている。2019年では9月が－32％pt、12月が－31％ptと、バブル末期の1992年3月並みの水準である。まさに空前の人手不足の状況だ。

景気循環要因（景気回復による人出不足）

　言うまでもなく、その要因の1つとして景気回復が挙げられる。日銀短観で人手不足感を反映する雇用人員判断DIは、業況判断DIに若干遅れてほぼ連動していることがうかがえる。業況判断DIは09年3月を底として改善傾向にあり、同じように雇用人員判断DIが示す人手不足感の度合いも高くなっている。

比較的大きな構造要因（回復期において業況回復感以上に人手不足感が上回るケース）

　ただ、今般の人手不足は景気循環要因だけでなく、比較的大きな構造要因を伴っている模様だ。雇用人員判断DIは業況判断DIを大きく上回っている。景気後退期において、雇用人員判断DIのマイナス値が業況判断DIのプラス値を絶対値で上回る、つまり業況悪化感以上に人員過剰感が募るケースは珍しくないが、回復期において業況回復感以上に人手不足感が上回るケースは多くない。今般の人手不足感に関しては、これまでの回復期では見られなかったほどの業況判断DIとの乖離がある。

(2) 年齢構成に起因する人手不足

団塊の世代が引退期を迎え完全に労働市場から退出

　ここ数年の人手不足問題はわが国の就業者の年齢構成との関係が深く、少子高齢化を色濃く反映している。雇用人員判断DIで雇用人員が不足と答えた先が過剰と答えた先より多くなった2013年は、「団塊の世代」に属する1948年生まれの世代が65歳になった年である。職種によって違いはあるが、いわゆる「団塊の世代」が引退期を迎え完全に労働市場から退出したことも少なからず空前の人手不足に反映されている。当の1948年生まれの人は2018年に70歳となった。人手不足は目下進行中の課題である。

　図表Ⅲ-14-1は、年齢階級別に見た就業者数の推移である。特徴がいくつかある。まず、「団塊の世代」が属する1995年に40歳代後半だったピーク層が、5年たつごとに5歳ずつ年齢階層が右にずれていく様子がわかる。ずれていくとともにピーク層の山が小さくなり、2015年には山がなくなった。

図表Ⅲ-14-1　年齢階級別就業者数

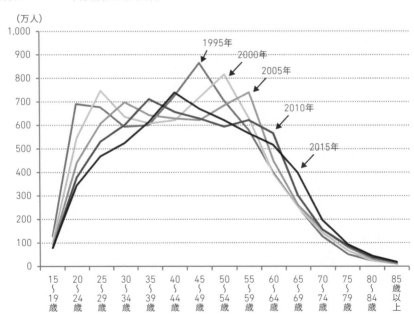

（出所）総務省「国勢調査」から大和総研作成

2015年に60歳代後半になった「団塊の世代」だが、山がなくなったとはいえ、前後世代に比べ数が多かったことには変わりなく、グラフの65〜69歳の層に着目し時期を遡ってみると、1995年以降では最も多い。

次に、1995年には20歳代と40歳代後半の層の2つのピーク層によるグラフの山と、30歳代の層の谷からなる「M字カーブ」があったが、2015年にはほとんどなくなっている。これは、女性の労働参加率が高まったことを反映している。

また、1995年には存在した20歳代前半の層の山が時代とともに低くなり、労働市場への新規参入という事象が形づくる折れ線の傾斜が緩やかになってきた。これは、高学歴化に従って、高卒で就職する若者が少なくなるとともに全体的に就業時期が遅くなってきていることや、少子化により若年層自体が少なくなっていることを意味する。

団塊の世代の労働市場からの退出を補うだけの若年層の新規参入がない

労働市場からの退出による就業者の減少を補うだけの若年層の新規参入がない。例えば、2016年に68歳となる1948年生まれの「団塊の世代」の人口に比べ、2016年に20歳となる世代の人口はその半分強である。将来の総人口の減少が確実とはいえ、目先の人口は減らないので必要なサービスの量は急には減らない。サービス供給に必要な就業者の数を保とうと、とりわけ「団塊の世代」の大量退職を補おうとするものの、それに見合うほどの新規就業の見込みがない状態となっている。

人手不足は中小企業において特に深刻だ。その理由として年収、待遇、安定性に勝る大企業に対する求職が多いことが挙げられる。

(3) 業種・職種特有の人手不足

人手不足の深刻度は業種によってばらつき

人手不足の深刻度は業種によってばらつきがある。**図表III-14-2**は雇用人員判断DIがマイナス転換した2013年をはさみ、2012年と2017年における有効求職と有効求人の年平均の差を示している。これを見ると、2012年、2017年ともに事務的職業は求職が求人を上回っている。運搬・清掃・包装

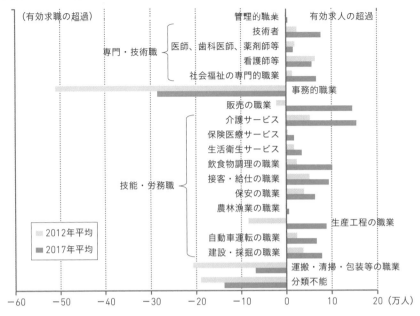

図表III-14-2　有効求職に対する有効求人の超過数

（有効求職の超過）　　　　　　　　　　　　　管理的職業　　　　有効求人の超過

専門・技術職 {
　　　　　　　　　　　　　　　　　　技術者
　　　　　　　　医師、歯科医師、薬剤師等
　　　　　　　　　　　　　　　　　看護師等
　　　　　　　社会福祉の専門的職業
}
　　　　　　　　　　　　　　　　　　　事務的職業

　　　　　　　　　　　　　　　　　　販売の職業

技能・労務職 {
　　　　　　　　　　　　　　　　　介護サービス
　　　　　　　　　　　保険医療サービス
　　　　　　　　　　　生活衛生サービス
　　　　　　　　　　飲食物調理の職業
　　　　　　　　　　接客・給仕の職業
　　　　　　　　　　　　　保安の職業
　　　　　　　　　農林漁業の職業
　　　　　　　　　　　　　　　　　生産工程の職業
　　　　　　　　　自動車運転の職業
　　　　　　　　　建設・採掘の職業
}

■ 2012年平均
■ 2017年平均
　　　　　　　　　　　　運搬・清掃・包装等の職業
　　　　　　　　　　　　　　　　　　　分類不能

-60　　-50　　-40　　-30　　-20　　-10　　0　　　10　　20（万人）

（注）職種別に比較可能なデータは2012年3月から存在するため、2012年の平均は3月から12月まで10カ月分の単純平均である。専門・技術職、技能・労務職は本文中の呼称であり、「管理的職業」「技術者」以下は統計上の分類名である。
（出所）厚生労働省「一般職業紹介状況」から大和総研作成

等の職業も同じである。対して、それ以外のほとんどの業種では求人が求職を上回り、その差は5年前に比べて拡大している。販売の職業、生産工程の職業は5年前に求職超過だったが求人超過に転換した。「技能・労務職」[39]を中心に求人が求職を大幅に超過している。

「専門・技術職」では技術者、看護師等、社会福祉の専門職の不足が深刻

　「専門・技術職」では技術者、看護師等、社会福祉の専門職の人手不足が深刻だ。看護師等は慢性的な人手不足であり、5年前に比べると保育士やケアマネジャーなど社会福祉の専門的職業の求人が大きく増えた。近年は製造

[39]　厚生労働省「一般職業紹介状況」、総務省「国勢調査」、「就業構造基本調査」など統計によって職業分類の名称が若干異なっている。このことを踏まえ技術者、研究者、医師、看護師などの職業を本文中では「専門・技術職」と総称している。同じく、介護サービス職、生産工程に従事するライン工、自動車運転手などの職業を「技能・労務職」と総称している。

業・建設業の技術者の人手不足も深刻だ。医療・福祉系をはじめ大卒理系の有資格者が求職の中心で、絶対数が少ない。

技能・労務職では、介護サービスの人手不足が著しい

技能・労務職では、介護サービスの人手不足が著しい。飲食物調理の職業、接客・給仕の職業など飲食店関連の求人も増えた。生産工程の職業はこの5年で求職超過から求人超過に転じ、トラックドライバーなど自動車運転の職業、建設・採掘の職業の求人超過幅が増えた。

昨今の人手不足は「技能・労務職」で顕著だ。これらの職種に属する就業者は「専門・技術職」に比べ大学・大学院卒の割合が低く、賃金水準も低い。まず、2015年の国勢調査の結果から50歳代前半の世代と30歳代前半の世代を抽出し、大学・大学院卒の割合を整理すると、50歳代前半の世代は就業者総数における大学・大学院卒の割合が26.3％であるのに対し、30歳代前半の世代は31.0％と、この間の20年で大学・大学院への進学率が高まった。

職種別に大学・大学院卒の割合を見ると、研究者、技術者をはじめとする「専門・技術職」に属する職種における高さが目立つ。就業者総数の大学・大学院卒の割合に対する職種別の割合の比である特化係数を見ると、事務従事者、販売従事者の大学・大学院卒の割合も就業者総数の割合を上回っている。自衛隊員や警察官など保安職も同様だ。

他方、「技能・労務職」の大学・大学院卒の割合は、就業者総数に占める大学・大学院卒の割合を軒並み下回っている。大学・大学院卒の割合は若くなるにつれ高まってゆくが、専門・技術職は高く、事務職、販売職、保安職も全体の平均を上回り、技能・労務職は低いという特徴は世代を超えて変わらないように見受けられる。

次に賃金水準を見てみよう。**図表III-14-3**は、就業構造基本調査をもとに職種別に所得水準を整理した表である。この表からは、生産工程、建設・採掘より右の列、つまり「技能・労務職」の所得水準が低いことがうかがえる。特に農林漁業、サービス職が低い。

高くなった学歴と職種のミスマッチが人手不足の一因

つまるところ、総じて高くなった学歴と職種のミスマッチが人手不足の要

(%)	管理的職業	専門技術職	事務従事者	販売従事者	保安職	生産工程	建設・採掘	輸送・機械運転	運搬清掃包装等	農林漁業	サービス職
								技能・労務職			
1500万円以上	5.7	2.0	1.0	1.1	0.1	0.1	0.0	0.4	0.0	0.0	0.0
1250〜1499	3.5	1.9	1.8	1.9	0.0	0.3	0.5	0.2	0.1	0.2	0.1
1000〜1249	15.6	6.9	7.2	7.6	3.8	2.3	1.9	1.2	0.3	0.5	0.3
900〜999	8.4	4.4	5.3	4.8	8.9	2.2	2.7	1.1	0.4	0.3	0.4
800〜899	16.5	9.1	8.3	7.0	15.0	5.0	2.8	2.2	1.6	0.3	0.7
700〜799	14.6	15.9	11.7	9.8	20.6	8.2	5.7	3.8	4.8	1.6	1.6
600〜699	11.9	15.7	14.3	11.4	17.3	10.3	7.8	5.6	9.9	3.6	3.2
500〜599	10.1	14.4	13.0	12.6	12.5	14.7	11.6	9.9	12.7	7.1	5.9
400〜499	6.5	11.6	10.7	15.4	6.0	17.0	17.7	20.9	17.1	11.5	9.5
300〜399	4.0	9.5	10.2	12.1	4.9	17.3	21.8	27.7	21.2	16.7	21.2
250〜299	0.5	3.8	4.7	4.6	3.7	7.8	11.1	12.5	10.0	10.7	15.5
200〜249	0.5	2.8	5.6	5.4	4.1	7.0	9.3	9.2	9.2	15.1	21.0
150〜199	0.6	0.7	2.5	2.5	1.9	3.3	3.7	2.8	4.3	8.7	10.4
150万円未満	1.0	0.8	3.1	3.1	1.1	3.5	3.2	1.7	6.9	23.3	9.3

(注) 45歳以上55歳未満の正規職員・従業員。調査基準は2012年。「技能・労務職」は本文中の呼称で統計上の分類との対応を示すためのもの。
(出所) 総務省「就業構造基本調査」から大和総研作成

因として無視できない。世代が進むにつれ大学・大学院卒が増加しているが、事務的職業など学歴相応の求人がそれほどには増えていない。一方、介護サービス職、調理人、ライン工、建設作業員など技能・労務職の求人は減っておらず、大学・大学院卒は技能・労務職への求職を避けるので、こうした職種で人手不足がますます深刻化する。

　また、産業構造の高度化に伴って需要が増えつつある専門・技術職は理科系や有資格者の求人が多い。ところが、新たに増えた大学・大学院卒の人材は、求人側が必要とする専門性を持つには至っていない。このように供給が限られているので専門・技術職においても慢性的な人手不足が生じる。

(a) 法人・団体役員

　「法人・団体役員」は、**図表Ⅲ-14-4**に示すように年齢構成が40歳代後半以降に偏っている。この職業は20歳代の新規就業は考えにくく、昇進や新規創業による他の職業からの流入によって就業者が増える。昔から40歳代

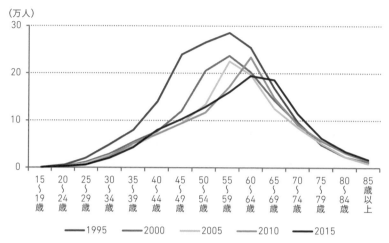

図表III-14-4　法人・団体役員の年齢階級別就業者数

(万人)

凡例: ―1995　―2000　―2005　―2010　―2015

(出所) 総務省「国勢調査」から大和総研作成

後半以降がボリュームゾーンにあるが、時代とともにピークが高い年齢層に
移行していることが見て取れる。また、時代にかかわりなく70歳代になる
と就業者の流出が多くなる。個人差はあっても70歳を過ぎると経営者が仕
事を続けることは困難になることを示している。零細企業の法人・団体役員
の中には後継者がいないケースもある。中には、廃業以外の選択肢がない場
合もありうる。このように法人・団体役員の年齢構成のグラフからも、事業
承継の問題がうかがえる。

(b) 技能・労務職

「技能・労務職」のうち人手不足が深刻な飲食物調理、接客・給仕職およ
び自動車運転技術者を見てみよう。飲食物調理、接客・給仕職業従事者は、
飲食店や旅館ホテル業に属する職業である。これらの職種も人手不足の度合
いが深刻である。いずれも1995年に40歳代後半だった団塊世代が退出する
一方、若年層の流入は増えず、全体として就業者数が減少している。特に接
客・給仕職業従事者は時代にかかわらず20歳代前半がピークだが、年々こ
の層の就業者数が少なくなってきている。若年層を主力とする接客・給仕職
業従事者は、とりわけ少子化の影響をもろに受ける。

(c) 専門・技術職

　「専門・技術職」のうち技術者は、有効求職に対する有効求人が多い職業の１つである。就業時期が2000年までは20歳代後半だったのが、高学歴化を反映してか2005年以降は30歳代前半になっている。退出年齢が比較的早いと見え、40歳代から減少が始まり、現役の期間が短いのも特徴である。1995年に比べて就業者数に大きな変化はないことから、自動車運転従事者などの技能・労務職とは異なり、団塊世代の大量退職による人手不足の影響は受けていないようだ。2000年に250万人を超えたが2005年に214万人まで減少し、その後持ち直すなど景気を如実に反映することから、近年の人材需給の逼迫の背景には景気回復による業容拡大があると考えられる。このところ相次いだ製造検査における不正事件も、求人増に拍車をかけていることは想像に難くない。

2. 平均所得向上に向けた地域の人手不足問題への寄り添い方

(1) 長期的には生産性向上が最善手

どの産業でも職種構成が高度化することによる賃金水準の改善を目指す施策が必要

　これまで見てきたように、人手不足問題の根底には、わが国の人口構成の変化、大学進学率の変化がある。問題解決にはこのような構造要因を踏まえた施策が必要だ。経済の成熟につれ製造業からサービス産業に産業の中心が移行するが、日本のサービス産業の生産性、１人当たりの付加価値は、他の先進国よりも低いとも言われる。これに関して、産業別でなく職業別に見ると、「技能・労務職」から事務職、「専門・技術職」などに比重が移っていくことに着眼した方が実態をよく捉えることができる（**図表III -14-5**）。例えば、同じ製造業でも職業別に見れば生産工程から販売職、事務職、さらには企画、研究開発など専門・技術職に比重が移っている。職種構成が高度化することは賃金水準が上がること、ひいては就業者当たりの付加価値が増えることであり、生産性の向上に通じる。

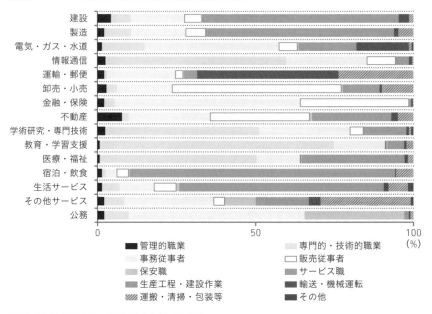

（出所）総務省「国勢調査」（2015年）から大和総研作成

専門・技術職のウエイトを高めることがサービス産業の生産性向上に資する

　生産性が低いと言われるサービス産業だが、職種構成を見ると、学術研究・専門技術、教育・学習支援は専門的・技術的職業の割合が高いが、宿泊・飲食、生活サービスはサービス職の割合が高い。また、医療・福祉は病院と介護施設で職種構成が大きく異なる。同じサービス産業であっても、賃金水準が相対的に高い専門・技術職の割合が高ければ付加価値の水準も高く、賃金水準が相対的に低い技能・労務職の割合が高ければ付加価値の水準も低いと考えられる。そうしたことから、専門・技術職のウエイトを高めることが、サービス産業の生産性向上に資すると言える。

(2) 専門・技術職の比重を高めること

専門・技術職の人手不足を優先的に解決する必要

　平均所得向上を目指す地方創生の観点で言えば、人手不足の解消と同時に

生産性の向上を図らなければならない。製造業であれば、値段を高く設定できる新製品・新サービスを開発し、売上総利益を増やすことである。人手不足の職種は専門・技術職と技能・労務職に大別されるが、中でも専門・技術職の人手不足を優先的に解決する必要がある。**図表Ⅲ-14-6**は、都道府県ごとに製造業における専門職の割合と、就業人口における製造業の割合を見たもので、4つのタイプに分類できる。「専門職比率が高い工業県」に生産性が高い県が分類されていると言える。

高学歴の人材の仕事が増えて人手不足が解消することが理想

　地場産業の織物業であれば、生産工程のみを下請けするビジネスから、デザイン性の高い服飾を自社開発するビジネスへの展開が考えられる。職種で言えば、生産工程従事者から、専門的・技術的職業に区分されるデザイナーに変わることである。農業分野における「6次産業化」も同じ発想だ。農作業だけでなく、加工食品を開発し、自社で販売することは、職業分類で言えば農業従事者から、専門的・技術的職業、販売従事者に比重を移すことにほ

図表Ⅲ-14-6　製造業のタイプ別都道府県の分類

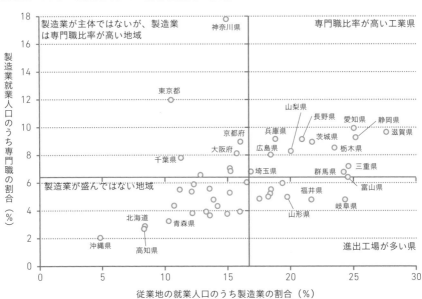

（出所）平成 22 年国勢調査（総務省）から大和総研作成

かならない。開発型、販路開拓型の事業に転換することで、職種構成が高度化し、給料手当が増える。それによって大卒・大学院卒の人材が仕事自体に魅力を感じ、求職数が増えるのが理想のシナリオだ。

3. 事業承継問題の実態と対策

　事業承継も地域が解決すべき喫緊の課題だ。2017年12月8日に閣議決定された「新しい経済政策パッケージ」には次の記述がある。「2025年までに70歳を超える中小企業・小規模事業者の経営者は約245万人であり、うち約半数の127万人が後継者未定である。これは日本企業全体の約3割に相当する。現状を放置し、中小企業の廃業が急増すると、10年間の累計で約650万人の雇用、約22兆円のGDPが失われるおそれがある」。

　その上で、「廃業企業の約半数程度は生産性も高く、黒字企業である」との認識のもと、「中小企業・小規模事業者の円滑な世代交代を通じた生産性向上を図るため、今後10年間程度を事業承継の集中実施期間として取組を強化する」としている。

　事業承継も経営人材の不足と考えれば人材不足問題の1つと言える。経営に関して経験と知識を持つ人材が高齢化し、引退後の人材不足を補うほどの求職がないという問題である。

(1) 事業承継ニーズほど事業承継「問題」は多くない

「業績好調だが後継者がいない」ため廃業を余儀なくされるケースが問題

　とはいえ、事業承継のニーズが増えることと事業承継「問題」は異なる点に留意が必要だ。経営者が高齢となり、身内や社内に適当な後継者がいない場合に事業承継ニーズが発生する。しかし、地方創生の観点では、そうしたケースはすべて事業承継で対応すべきとは必ずしも言えない。業績が低迷し成長の見込みがない場合、あえて廃業を選択するのも合理的な判断である。産業の新陳代謝によって国全体の生産性の向上さえ期待できる。

　事業承継が単なるニーズではなく社会的な問題と認識されるのは、業績好調にもかかわらず身内や社内に適当な後継者がいないため廃業を余儀なくさ

れるケースに限られる。もっとも、業績が好調なほど次世代の継承動機が高まると考えられるため、事業承継ニーズのうち事業承継「問題」に当てはまるケースは多くないかもしれない。

資産超過のままの休廃業・解散の背景に高齢化と後継者難がある

さて、**図表III-14-7**によれば、休廃業と解散の件数は2003年以降増加傾向をたどっている。出所の定義によれば、休廃業とは特段の手続きをとらず事業を停止すること、解散とは事業を停止し企業の法人格を消滅させるために必要な清算手続きに入った状態になることを指す。いずれも基本的に資産超過状態であり、支払停止に陥った倒産とは異なる。調査によれば、休廃業・解散した企業の代表者のうち50.9％が70歳代以上だった。中小企業全体のうち70歳代以上が24.1％であることを踏まえると、資産超過のままの休廃業・解散の背景に高齢化と後継者難があることがうかがえる。

なお、隣接する概念に人手不足倒産、後継者難による倒産がある。これは人手不足や後継者がいないことが背景にあるが、いずれにせよ財政状態が悪化し支払停止に至った点で休廃業・解散とは異なる。この場合、引き継ぐ事

図表III-14-7　休廃業・解散件数の推移

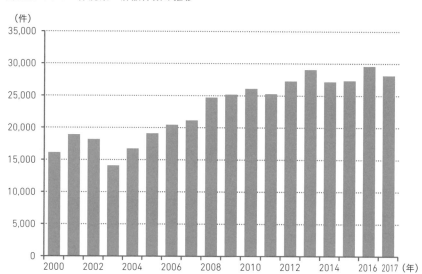

（出所）東京商工リサーチ「2017年『休廃業・解散企業』動向調査」から大和総研作成

業も財産もないことから、業績好調にもかかわらず事業の継続に困難をきたす事業承継の論点とは区別して考えるものとする。

　休廃業・解散した企業の中には休廃業・解散に至る直近で黒字計上している企業もあるが、休廃業・解散に至るほどであるので、全企業に比べればその割合は低い。**図表Ⅲ-14-8**は休廃業・解散企業と全企業の売上高経常利益率の分布を比較したものだ。それぞれ出典が異なり階級区分が若干異なるので注意されたい。休廃業・解散のうち廃業直前に売上高経常利益率が判明したものに限られているため、あくまで参考である。

　中小企業白書によれば、休廃業・解散に対する生存企業の売上高経常利益率の中央値は2.07％だった。休廃業・解散企業のうち約3分の1が生存企業の中央値を上回っている。「新しい経済政策パッケージ」の記述の通り、約半分が黒字計上である。一方、企業活動基本調査で見た全産業の売上高経常利益率の分布と比べると、それでも黒字企業の割合が低いことは否めない。また、売上高経常利益率の分布を見ると赤字の程度が深刻なものほど多くなる。やはり休廃業・解散を選択せざるをえない背景には、資産超過であって

図表Ⅲ-14-8　全産業と休廃業・解散企業の売上高経常利益率の比較

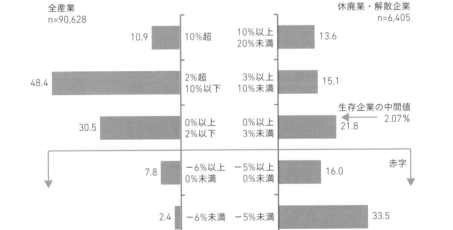

（注）休廃業・解散企業は2013年から2015年までの期間で休廃業・解散した企業8万4091社のうち、廃業直前の売上高経常利益率が判明している企業、東京商工リサーチ調べ。
全産業は企業活動基本調査の売上高経常利益率別企業数の2013年度から2015年度分を合算したもの。
（出所）中小企業庁「2017年版 中小企業白書」、経済産業省「企業活動基本調査」から大和総研作成

も、業績低迷し先行き不透明といった事情がかなりの部分を占めていると思われる。

　その上、黒字計上だったとしても企業規模は極めて小さい（中小企業庁「中小企業白書」東京商工リサーチ「2016年『休廃業・解散企業』動向調査」の再編加工）。休廃業・解散企業の企業規模の割合を見ると、黒字廃業企業の68.6%、高収益廃業企業の80.4%は従業者が5人以下である。20人を上回るのは黒字廃業企業で6.9%、高収益廃業企業で4.1%にすぎない。見方によっては、個人事業と大差ない「企業」であって、そうした企業が休廃業・解散すると言っても、事業主が高齢に伴って引退するのと実態はそれほど変わりない。

　まとめると、全国の年間約3万件の資産超過の休廃業・解散企業のうち、約半分が黒字企業で、そのうち5%前後、単純計算で750件前後が、事業承継「問題」の対象と考えられる。休廃業・解散の数が多い割には積極的に克服すべき事業承継問題の対象になるケースは必ずしも多くない。ある程度の規模があり資産超過かつ黒字計上している企業は社内体制も相応に確立しており、休廃業・解散に至る前に後継者を確保していると見ることもできる。

（2）経営人材の育成と紹介

　先述の通り、経営者の高齢化に伴って事業承継ニーズは増えつつも、平均所得の向上を旨とする地方創生の観点で言えば、規模が小さく生産性が低いケースの事業承継は積極的な支援対象になりにくい。会社の体裁を整えるのに必要な程度の規模を持ち、資産超過かつ常時黒字で成長が見込める先であれば、手続き等を別にすれば、後継者候補の選定以外に問題はなさそうだ。このように考えると、事業承継に対する支援は一義的には後継者候補の獲得に関する支援である。

　そのためには地域でどのような支援体制を構築する必要があるだろうか。例えば、いわゆる人材紹介事業を活用する事例が増えてきている。公的機関でも、各都道府県の事業引継ぎ支援センターは、14年度に「後継者人材バンク」制度を始めた。これは、後継者がいない中小企業に起業志望者を紹介する取り組みである。

　2020年6月末で事業が終了するが、地域経済活性化支援機構の100%子会

社の株式会社日本人材機構も、経営人材を紹介する企業の1つだ。東京をはじめとする大都市から地方の企業に経営幹部人材を紹介することを使命としている。

地域中核企業による経営人材の育成

　経営人材の獲得とはいえ、まずは経営人材の母集団を増やさなければならない。技術・ノウハウ面の知識経験も必要だ。地方に目を向ければ、将来の経営人材は地域中核企業にいる。

　初期投資が嵩み、起業のハードルが上がる中、事業承継は起業の手段でもあるが、そもそも経営者を目指す人が少ないのが問題だ。起業にもいろいろあるが、地域活性化を目指すのであれば、親元企業での修業期間を経て起業する「スピンオフ型」の創業を増やす必要がある。

　ここでインキュベーターとなるのは地域中核企業である。将来の独立開業を前提に、地域中核企業で一定期間育成する仕組みがよいのではないか。スピンオフ型の創業を体系的につくる発想だ。もっとも、昨今の野球チームにおける移籍、芸能事務所のタレントの独立の問題を例に挙げるまでもなく、独立可能なレベルの人材は自社に引き留めたい動機が働くので、地域金融機関、地元の商社、地方自治体などが連携してスピンオフ型の創業を支援する体制が必要だろう。

地域金融機関の人材紹介業務の可能性

　地域金融機関が、経営者人材の育成と人材紹介事業の両方を担う方法も考えられる。

　2018年1月、金融庁が公表した監督指針の改正案に、銀行が人材紹介業務を担える旨が明記され、同年3月末に適用が始まった。監督指針の改正を機に、取引先企業に対する経営相談・支援機能の強化策の1つとして、戦略的に活用する目的で、すでに多くの銀行が人材紹介業に参入している。

　第12章の人口減少への対応の部分で述べたように、銀行が人材紹介業に進出するならば、経営人材をプールし、企業側の経営課題を踏まえたオーダーに応じて紹介するビジネスが向いている。いわゆる「エグゼクティブサーチ」という業態である。メインバンクであれば、どのような人材なら企業を

成長させることができるか、従業員とうまくやっていけるか、後継者問題に悩む中小企業の経営陣と膝を突き合わせて考えることができる。当の企業の給与支払能力も大体わかる。まずは幹部人材として紹介し、引き継ぎ期間を経て事業自体を承継する流れになる。その際、株式を引き継ぐにしても、個人保証を再検討するにしても、間を取り持つのが取引銀行なら話はスムーズに進むだろう。

　エグゼクティブサーチであれば候補人材は外部からスカウトすることになるが、自らの行員を紹介するのも一考に値する。銀行は地元有力企業の1つであり、行員はビジネスマンとしての地力を十分有する。それでも、経営人材としての知識と経験を身につける必要があるだろう。そこで、銀行自身が経営人材の育成機関を目指してはどうだろうか。新卒採用を倍に増やし、銀行内部で昇進する従来のキャリアプランに加え、地元企業の経営幹部を目指すキャリアプランを用意する。地元企業への出向と銀行業務を交互に経験し、出向先では経営幹部に必要な素養を、銀行では経営診断と企業支援に関する知見を身につける。40歳頃、経営者として伸び代を残した年代で地元企業に転籍するというキャリアプランである。

事業承継ファンドの活用

　事業承継を経営の承継と所有の承継の2つに分けて考える。ここで、人材紹介を通じて招聘した新しい後継者が経営のみ承継し、所有は旧経営者のままというパターンがありえる。この場合、旧経営者に経営権が残ったままであり、新しい経営者の経営方針に影響が残る可能性もある。また、相続が発生した場合に想定される経営の不安定さがある。法定相続分で分割相続となった時にはなおさらだろう。

　新しい経営者が会社の所有を引き継ぐケースも考えられる。ただし、資産超過企業の場合は、新しい経営者の買い取り原資の問題が生じる。地域中核企業などが買い手となればこうした問題は生じないが、そうした企業が見つからない場合、事業承継ファンドが資金の出し手となる解決策がある。いわゆる事業承継MBO（Management Buyout）の手法である。

　もちろんファンドである以上は、数年後の上場または他企業への売却のようないわゆる出口戦略が求められる。転売利益を最大にするためとはいえ、

ファンドが当該企業の経営を支援し、生産性向上や販路開拓に貢献するというメリットを享受しない手はない。経営者の交代に伴って企業の飛躍のきっかけになりうる点に着眼すべきだろう。

(3) M&A手法による成長企業への承継

　事業承継問題の解決には、経営人材を外から獲得する方法のほかに、事業承継M&Aの方法がある。成長志向の企業に経営を引き継ぐ考え方である。

　経営人材が不足している事業承継問題と、従業員人材が不足している人手不足問題は、相互補完的な関係にある。次代に引き継ぐ経営人材がいない企業は、従業員の不足が成長の隘路になっている企業と結合するのが根本的な解決策となる。それを実現する手法がM&Aだ。事業承継問題の文脈で言えば、後継者問題に悩む企業が売り手となり、経営を引き継ぐ企業が買い手となる。

　M&Aの買い手側、つまり経営を引き継ぐ側の企業が求めるのは人手だけではない。特許等の知的財産、許認可、顧客基盤や地域の信用など無形の経営資源も求められている。

　なお、M&Aとはいえ、元の企業が吸収されてなくなってしまうわけでは必ずしもない。事業承継目的のM&Aでは企業そのもの、屋号は残すケースが多い。従業員の雇用も引き継がれる。

　事業承継M&Aは、事業承継と人手不足を両方解決するとともに、企業規模の拡大による生産性の向上も期待できる。ここでも地域金融機関の役割が期待される。ただし、大企業の本社が大都市、例えば東京である場合、融資取引が東京に移転する可能性が大きい。地域金融機関にとっての最適を考えれば、この方法はとりにくい。銀行のM&Aビジネスのジレンマを乗り越える工夫が求められる。

第15章 「社会的課題」の増加で資金の流れが変わる

「動脈」から「静脈」への資金循環が必要に

　地域の社会的課題が増えるとはどういう状況なのか。前述したように相続・事業承継の進展に伴い、金融資産と事業が域外に大量に流出すれば、社会的課題のみが地域に残る状況を指す。人も減り、仕事も減り、町の活気が失われる。そんな世界が浮かび上がってくる。政府の地方創生にかかる政策の課題だけが残る世界が浮かび上がる。地域の持続可能性を高めるためには、地域が一体となって地域の全体最適を目指す必要がある。

　全体最適で考えていくためには、まずは地域の従前からの部分最適の意識を変えていかなければならない。現在、盛んに啓発されているSDGsなどの意識を持つ意義も、そこにある。つまり、誰も取り残さない社会的包摂かつ持続可能な成長を目指すためにグローバル、域内の全体最適の視点を持つ必要があることを強調していると考えられる。

　資金の循環で言えば、全体最適の視点から効果的な社会的課題の解決に向けて効率的な資金の流れをつくれるかが試されている。人間の身体に例えれば、これまで地域の成長のために「動脈」にのみ資金を流していた方針を変え、循環型の経済を形づくるために「静脈」にも資金を流す必要がある。

1. 地域社会の意識が変わる（地方公共団体の取り組み状況）

(1) 地方公共団体がSDGsに取り組むメリット

　SDGsはあらゆる社会的課題の解決を目指しており、17の目標はいずれも地方行政に関わるものである。そのため、SDGsは目新しいものではないと考え、SDGsへの取り組みを促されることに困惑を感じる地方公共団体もあるかもしれない。地方公共団体がSDGsに取り組むメリットとして、①SDGsを参考に優先的に取り組むべき課題の整理ができる、②気づけていない課題の洗い出しができる、といったことが挙げられる。

優先的に取り組むべき課題の整理

　従来の地方創生（もしくは地域活性化）は、雇用の創出や人口減少への対応など、主に地域経済の成長（GDPの増加）に主眼が置かれる傾向にあった。一方、SDGsは地域住民の暮らしの質に大きく影響する地域の自然資本（森林や土壌、水、大気、生物資源など自然によって形成される資本）や、教育、医療、地域コミュニティの関係など、多様な視点から地域課題を捉えるものだ。各地域において、17の目標に対する現状を把握し、特に達成度が低いと思われる目標に対して、優先的に取り組むことが考えられる。

気づけていない課題の洗い出し

　SDGsは幅広い社会的課題の解決を目指すものであることから、17の目標の視点からあらためて地域を見直すことで、これまで気づけていなかった課題が洗い出される可能性がある。SDGsの目標は相互に関係し合っており、1つの目標の達成を目指すことが、他の目標の達成につながるが、逆に阻害することも起こりうる。

　目標14の「持続可能な開発のために海洋・海洋資源を保全し、持続可能な形で利用する」[*40] を例に考えてみたい。海に面していない地方公共団体

[*40] 外務省仮訳より。SDGs目標の日本語訳について、本章では注記のない限り、外務省仮訳を用いる。

などは、当該目標に対する関心は相対的に低いことが予想される。しかし、地域に水産養殖の技術や、海洋汚染の解決に結びつく技術を持つ企業や大学などがあれば、それらを支援することで目標14の達成に貢献することが考えられる。そして、それが1つの産業として成長すれば、雇用を生むことにもつながるかもしれない。

　一方、海には河川などを通じて内陸部の工場廃水や家庭排水が流れ込んでいる。海に面していない地方公共団体において、経済成長や雇用の創出を目的に工場を建設することは、海洋汚染の一因となり、目標14の達成を阻害する可能性がある。17の目標に基づき、都市・地域で何ができるか考えることで、これまで気づけていなかった課題が見えてくるかもしれない。

(2) 2030年からのバックキャスティング

　SDGsは2030年という期限が設けられている。2030年に目標を達成するためには、何をいつまでにやればいいか、バックキャスティングで計画を立てる必要がある。

　例えば、目標11のターゲットの1つに「2030年までに、大気の質及び一般並びにその他の廃棄物の管理に特別な注意を払うことによるものを含め、都市の1人当たりの環境上の悪影響を軽減する」[*41]とある。この達成プロセスを考えると、まず「大気の質」や「一般並びにその他の廃棄物」をどのように定義し、測定するのかを検討、その後に数値の把握、1人当たりの環境上の悪影響を軽減するための施策の実施、施策の効果測定という段階を踏むことが想定される。

　SDGsの進捗を測定するためには指標が必要である。国レベルでは、国連統計委員会などの議論を経て、2017年7月の国連総会において232の指標が採択されている。一方、世界全体の目標として策定された指標を、地方公共団体レベルに当てはめることは必ずしも適切ではない。一般財団法人建築環境・省エネルギー機構は、日本の地方公共団体がSDGsの達成状況を計測するために、国レベルの指標を都市・地域レベルに置き換えた指標（ローカライズ指標）「私たちのまちにとってのSDGs（持続可能な開発目標）──

---

*41　総務省政策統括官（統計基準担当）による指標仮訳より。

進捗管理のための指標リスト」を作成している。

　前掲の大気の質や廃棄物に関するターゲットを例にとると、国連総会で採択された指標は「都市で生み出された固形廃棄物の総量のうち、定期的に収集され適切に最終処理されたものの割合（都市別）」「都市部における微粒子物質（例：PM2.5やPM10）の年平均レベル（人口で加重平均したもの）」[42]となっている。一方、ローカライズ指標は「廃棄物の最終処分割合（最終処分量／ごみの総排出量）」「微小粒子物質（PM2.5）年平均値（μg/m^3）」「化学オキシダント（Ox）濃度の昼間1時間値が0.12ppmであった日数」「窒素酸化物（NOx）年平均値（ppm）」「二酸化硫黄（SO2）年平均値（ppm）」が挙げられている。

　どのような指標で進捗を測るかは、都市・地域ごとに、その特性に合わせて検討すべきだが、いずれにしろ、どのようなプロセスを通じてSDGsの達成を目指すのか、できる限り早い段階で検討を開始することが望ましい。2030年までの残り時間が短くなるほど、できることも限られていく。

（3）各都道府県の状況

地方公共団体で広がるSDGsへの取り組み

　地方公共団体におけるSDGsに対する関心は高まっている。①内閣府地方創生推進事務局が2017年8月30日〜10月13日に実施したアンケート調査[43]、および②自治体SDGs推進評価・調査検討会が2018年10月1日〜11月16日に実施したアンケート調査[44]によれば、①の時点でSDGsに関心があるという回答は36%だったが、②の時点では56%に上昇した[45]。また、SDGsの取り組みを推進、もしくは推進予定の地方公共団体も、①の時点では35%であったが、②の時点では51%まで上昇している。

＊42　総務省政策統括官（統計基準担当）による指標仮訳より。
＊43　内閣府地方創生推進事務局「SDGsに関する全国アンケート調査 地方創生に向けたSDGsを活かしたまちづくり 概要（平成29年10月13日現在）」（2017年10月）、調査対象は1797の地方公共団体であり、回答率は38.1%であった。
＊44　自治体SDGs推進評価・調査検討会「平成30年度SDGsに関する全国アンケート調査結果」（2018年12月11日）、調査対象は1,788の地方公共団体であり、回答率は57.0%であった。
＊45　「非常に関心がある」「関心がある」の合計。

2019年1月に神奈川県が主催した「SDGs全国フォーラム2019」では、「『SDGs日本モデル』宣言」に神奈川県の33全市町村のほか、33都道府県を含む93の自治体が賛同した。「『SDGs日本モデル』宣言」は、地方公共団体が、人口減少・超高齢化など社会的課題の解決と持続可能な地域づくりに向けて、企業や学校・研究機関、住民などとのパートナーシップを深め、日本の「SDGsモデル」を世界に発信することを掲げたものだ。このように、地方公共団体を起点とする動きも見られ、今後さらにSDGsに取り組む地方公共団体が増えることが予想される。

47都道府県の現状

　前掲の自治体SDGs推進評価・調査検討会による調査では、すでにSDGsを推進している地方公共団体は全体の1割弱だった。具体的にどういったことを行っているのか確認するため、47都道府県の取り組み状況について、公開されている情報に基づき調査を行った。ここでは取り組んでいるかを判断する基準として、県が定める何らかの計画の中で、SDGsについて言及されているかどうかを調べた。

　結果は、本書執筆時点で47都道府県のうち17都道府県（36％）が総合計画や長期ビジョンといった、都道府県政の中核となるもの（以下、総合計画等）の中で、SDGsについて何かしら言及していた。言及のなかった30都道府県の中でも、6都道府県（同13％）では、今後策定する総合計画等の中でSDGsを取り入れることを打ち出している。このほか、環境計画や消費者計画といった特定の分野でSDGsの考え方を取り入れている都道府県もあった。現状、SDGsを全く取り入れていない（取り入れる予定も公表されていない）都道府県は19（同40％）だった。

　本来、SDGsは地方行政全体に関係するものなので、環境や消費といった特定の計画だけに盛り込まれるべきではなく、総合計画等に位置づけられることが望ましい。しかし、総合計画等を5〜10年単位で策定している地方公共団体も少なからずあり、そういったところでは、順次見直しが到来する計画からSDGsを取り入れていくプロセスもありえるだろう。

　総合計画等でSDGsに言及があった17都道府県も、取り組み度合いには濃淡が見られる。例えば、総合計画等においてSDGsを考慮するという文章

があるだけの都道府県もあれば、自らの実施施策をSDGsの17の目標に紐づけしていたり、SDGsの取り組みについてアクションプランを策定している都道府県もあった。

地方公共団体がSDGsに取り組む際の指針として、一般財団法人建築環境・省エネルギー機構が「私たちのまちにとってのSDGs（持続可能な開発目標）——導入のためのガイドライン」を発行しているが、このガイドラインによれば、地方公共団体がSDGsに取り組むステップは、「SDGsの理解」「取組体制」「目標と指標」「アクションプログラム」「フォローアップ」の5段階に分けられる。

この基準に基づくと、先のSDGsについて総合計画等で何かしら言及していた17都道府県のうち、ステップ2以降に進んでいると考えられる都道府県は、北海道・神奈川県・長野県・滋賀県・大阪府・広島県の6つのみだった。なお、このうち北海道・神奈川県・長野県・滋賀県・広島県は、内閣府が実施するSDGs未来都市に選定されている都道府県だ。

いずれの地方公共団体も取り組み始めたばかりであり、方向性を示しただけというところも少なくない。今後、取り組み体制の整備や、目標の設定、施策の実施というプロセスに進んでいくものとみられる。

2. ソーシャル・ファイナンスの必要性が増す

(1) 域内にこれまでとは異なる資金の流れを生み出す必要性

前節で見てきたように、SDGsの17の目標に対する地方自治体の取り組みを踏まえると、社会的課題の解決に向けて、域内の資金の流れを変えていく必要がある。これを地方自治体、既存の地域金融機関だけに任せていいかという懸念が生まれ、テクノロジーの発展に伴い地域金融の担い手を多様化していけば、地域の資金を隅々まで循環させられるかもしれない。

すなわち「地域金融エコシステム」の再構築である。簡単に言えば、「地域金融における資金供給側と資金需要側をつなぐ経路（＝金融商品を中心とした『資金調達ビークル』とそれを販売する仲介業者）の体系」を構築し直す取り組みである。地域金融の各構成機関が、その役割を最大限に果たす環境を整備することとも言える。

再構築の必要性があるかは、既存の地域金融が、「効率よく地域の末端の
ニーズまで資金を流すことで、地元地域の経済を活性化する」ことがじきて
いるか否かで判断できる。特に、金融庁の金融行政方針のもと、地域金融の
中心的な役割を担う地域金融機関の負担は増している。

　SDGsに関して地銀に求められている役割の1つに、経済的な財・サービ
スと資金を結びつけることが挙げられる。例えば、前述の金融行政方針に規
定されている「共通価値の創造」の「事業性評価」によって、地域を深掘り
する＝地元中小企業への貸出を増やすことが該当する。第4章で触れたよう
に、サービス業などの労働生産性の低い産業を改善し、資金の流れを生み出
す役割が求められている。

　もう1つとしては、市場価値の算定が困難な不稼働資産、公的サービス（医
療・介護サービスなど）、自治会あるいは個人単位のボランティア的な非営
利事業・サービスなどと資金を結びつけることが挙げられる。稼ぐ力が落ち
ている地域金融機関にとって、市場価値の算定が非常に難しい財・サービス
に対してまで資金提供を求められることは、過度な信用リスクを取ることに
つながり健全性を損なうことになりかねない。さらに多数の地銀が株式上場
している現状を踏まえると、SDGs、ESGを投資方針に組み込む投資家が増
えているとは言え、ガバナンス上、相応の説明責任を求められる。

　図表III-15-1は現状の地域金融のエコシステムを簡単に示したものだ。こ
の中で、通常の「ファイナンス」と「ソーシャル・ファイナンス」の担い手
は、ある程度、区分されるべきだろう。つまり、「ファイナンス」の「金融（資
金）仲介組織」（＝資金供給側の担い手）の役割は、地域金融機関（地方銀行、
第二地方銀行、信用金庫、信用組合）などが担い、一方、「ソーシャル・フ
ァイナンス」では、例えばクラウドファンディングの運営者、地域通貨の運
営者が担うことを意味する。これは、「地域の資金提供者」が「ファイナンス」
と「ソーシャル・ファイナンス」では異なるためである。リターンを求める
か求めないかで区分されていると言える。加えて、資金ニーズ側である「民
間組織」もファイナンスとソーシャル・ファイナンスでは異なる。これは、
当該民間組織が提供する域内の「財・サービス」が市場原理による価格決定
がされるものか否かによる。現状では、これをつなぐ経路となる「資金調達
形態」はローン、債券、エクイティ、ソーシャル・インパクト・ボンド、地

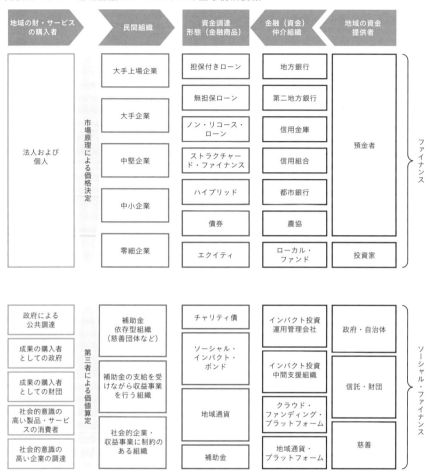

図表III-15-1　地域金融のエコシステムの主な構成要素

地域の財・サービスの購入者	民間組織	資金調達形態（金融商品）	金融（資金）仲介組織	地域の資金提供者
法人および個人	大手上場企業	担保付きローン	地方銀行	預金者
	大手企業	無担保ローン	第二地方銀行	
	中堅企業	ノン・リコース・ローン	信用金庫	
	中小企業	ストラクチャード・ファイナンス	信用組合	
	零細企業	ハイブリッド	都市銀行	
		債券	農協	
		エクイティ	ローカル・ファンド	投資家
政府による公共調達	補助金依存型組織（慈善団体など）	チャリティ債	インパクト投資運用管理会社	政府・自治体
成果の購入者としての政府		ソーシャル・インパクト・ボンド	インパクト投資中間支援組織	
成果の購入者としての財団	補助金の支給を受けながら収益事業を行う組織		クラウド・ファンディング・プラットフォーム	信託・財団
社会的意識の高い製品・サービスの消費者		地域通貨		
社会的意識の高い企業の調達	社会的企業・収益事業に制約のある組織	補助金	地域通貨・プラットフォーム	慈善

（注）地域通貨は広い意味での資金調達形態であることに留意。本来は、図表中の民間組織と財・サービスの購入者の間の決済の部分に記述される。
（出所）G8社会的インパクト投資タスクフォース日本国内諮問委員会「社会的インパクト投資の拡大に向けた提言書」（2015年5月29日）等各種資料より大和総研作成

域通貨など多様である。

　ここでの問題意識は、「資金供給者から資金調達者へ資金が流れる経路である金融（資金）仲介組織の役割が明確になるため、本格的にこうした仲介組織が多様化すれば、地域金融のエコシステムが再構築され、資金を循環させる機能が効果的に働く」ということである。

少子高齢化、産業のサービス化など地域経済・社会のエコシステム（生態系）が変革する中、地域の構成員の資金ニーズが多様化し、かつ小規模化し、資金ニーズの量と質が変化している。つまり、地域経済の縮小に伴い、これまでの経済的な目的による資金調達のみではなく、社会問題を解決するための資金調達（ソーシャル・ファイナンス）が徐々に増えていると考えられる。このため、資金需要者は多様化、細分化、小規模化している。

　それに加えて、地域内で蓄積されている財の価値が、大幅に減少あるいは無価値になっている可能性もある。さらに付加価値を生む財とサービス、それを生み出す人材（生産年齢人口）を維持・増加する必要があるものの、それをある程度囲い込むどころか、域外に大量に流出させている状況も見過ごせない。人・モノ・カネの自由な流れを維持しながらも、域内の人・モノ・カネの「地産地消」を促すことで、地域の包摂的な経済成長につながるような仕組みを構築する必要がある。

　既存の地域金融機関が、「ファイナンス」の分野で地域経済を活性化させるために地域金融の中心的役割を担うことは重要だが、それ以上のコスト負担を求めることには議論の余地がある。先端的な技術面の進歩は凄まじく、末端の資金ニーズに即時に対応できる仕組みが可能になりつつあり、技術面では地域金融の担い手が本格的に多様化する時代が来ているかもしれない。

（2）既存の地域金融エコシステムで対応可能か

　本章の結論は、「地域金融のエコシステムの再構築は必要」である。その理由は、地域金融機関、クラウドファンディング、地域通貨など、地域金融を構成する仲介機関が機能不全に陥っているからではなく、同機関が担うべき役割を最大限発揮するために必要だからである。そのためには、地域の資金供給者と資金需要者をつなぐ経路を見直し、役割分担・関係を明確にし、それを踏まえて、地域金融の担い手を本格的に多様化させる必要があると考えられる。

　地域金融のエコシステムを再構築できるか否かの条件は、①労働生産性の低い産業の付加価値を高めることにより資金ニーズを創出すること、②金融（資金）の仲介業務の大幅な効率化、③域内の資金を域内の運用先につなげること、④域内の消費を囲い込むこと、の4つがある。特に②は、技術的な

イノベーション（＝FinTech）により効率性、利便性の飛躍的な向上が図られることから、どの地域金融の構成機関も優先的に取り組むべき課題だろう。

ただし、FinTechによって既存の地域金融のエコシステムをスクラップ・アンド・ビルドすることではなく、あくまでも既存の地域金融がその役割を最大限果たすことに主眼を置いた方がよいだろう。その上で、地域金融エコシステムの再構築に対する当事者間の合意形成に取り組んでいくことが重要だ。その際には、地方創生で強調されている産学官金の連携において、全体最適を目指す方針を打ち出すことが欠かせない。

すでに技術的には、地域資源（人・カネ・モノ・情報）を円滑に循環させる新しい社会システムの構築ができる＝地域経済・社会のエコシステムの変革が可能となる環境は整っている。その変革に対応できるような、地域金融のエコシステムも再構築が迫られていると考えてもおかしくはない。そのような時代に突入していることについての認識を、地域金融の構成機関は深める必要がある。

最後に、地域金融の担い手の多様化が本格化する中で、ロボット（AI＋ビッグデータ）が少額資金を仲介する機能を担うことで、既存の仲介コストを革新的に低下させ、仲介する資金単位が限りなく少額（例えば、商品購入時のポイントなど）になるような仲介の仕組みが機能し始める可能性もありうる。仲介業自体の変革である。現状では、資金仲介、金融仲介はコンプライアンスというコストがあるため、上記仕組みが機能することは難しいが、将来それが解決すれば、地域金融のエコシステムの構成機関も大幅に変わる可能性がある。

「地域に最後まで残る」行政、地域金融機関、地元の有力企業などが社会的課題を解決するための地域特有の情報の収集・分析をある程度一体で行っていく必要がある。ただし、それを実行に移すためには、地元住民、企業等の地域の情報の発信源との距離、いわゆるラストワンマイルを縮めることが重要になる。

そのためには情報を域内で効果的に流通する仕組みが鍵となる。テクノロジーによって1人ひとりの情報収集が可能になり、安全安心に情報がフローする世界を考えていかなければならない。

それによって、地域内で資金の流れが変わる、人の流れが変わる、財の流

れが変わるような方向性を創出していく必要があるだろう。この全体最適の視点によって、資金、人、財の流れが変わることで、本当の意味での地域の資金、人、財の地産地消が実現できる。それによって、地域の社会的課題が解決する仕組みができてくる可能性が高まるのではないか。このような仕組みを踏まえて、地域のまちづくりが生きてくる。持続可能性に向けた取り組みが待ったなしの状況にあることに鑑みれば、地域のステークホルダーが全体最適を考えて、個々の戦略・アクションプランを設定する必要があるだろう。

［第Ⅲ部 参考資料］

・Agarwal, S., J. Driscoll, X. Gabaix, and D. Laibson (2009), "The Age of Reason: Financial Decisions over the Life-Cycle and Implications for Regulation", Brookings Papers on Economic Activity 2:51-117.

・Santucci,L. (2018), "CFI IN FOCUS: Addressing the Financial Well-Being of Older Adults", Federal Reserve Bank of Philadelphia

・研究代表者：朝田隆（2013）「都市部における認知症有病率と認知症の生活機能障害への対応」、厚生労働科学研究費補助金 認知症対策総合研究事業

・鈴木孝弘・田辺和俊・中川晋一（2018）「都道府県別の高齢者認知症患者率の推定とその要因分析」『東洋大学紀要 自然科学篇』第62号、東洋大学

・一般社団法人金融財政事情研究会（2018）「多角化する金融機関のビジネス展開：アクセスが容易になる相続関連商品も続々」『週刊 金融財政事情』第69巻39号

・寺林暁良（2012）「地域金融機関による遺言関連業務の取扱状況」『金融市場』2012年10月号、農林中金総合研究所

・研究代表者：二宮利治（2015）「日本における認知症の高齢者人口の将来推計に関する研究」、厚生労働科学研究費補助金 厚生労働科学特別研究事業

・八谷博喜（2018）「家族を受託者とする信託」『ジュリスト』2018年6月号、有斐閣

・森駿介・土屋貴裕（2017）「相続資産の移転と地域のリテール金融市場の将来」『大和総研調査季報』2017年夏季号（Vol.27）
https://www.dir.co.jp/report/research/capital-mkt/it/20170901_012256.html

・森駿介（2018a）「高齢社会における金融とその対応：認知能力の低下に対する金融ジェロントロジー」、大和総研レポート（2018年8月2日付）https://www.dir.co.jp/report/research/capital-mkt/it/20180802_020236.html

・森駿介（2018b）「『金融ジェロントロジー』がより求められる地域はどこか」、大和総研コラム（2018年7月23日付）
https://www.dir.co.jp/report/column/20180723_010076.html

・青木美香（2014）「相続で多発する家計資産の地域間移動」『調査月報』2014年9月号、三井住友信託銀行

・重頭ユカリ（2014）「親子間相続による預貯金の動きについて」『農中総研 調査と情報』40号、農林中金総合研究所

・土屋貴裕（2012）「家計金融資産の偏在と運用面の課題」『大和総研調査季報』2012年新春号（Vol.5）
https://www.dir.co.jp/report/research/capital-mkt/asset/cho1201_05all.pdf

・野尻哲史（2017a）「相続に伴う資産、世代、地域、金融機関間の資金移動」、フィデリティ退職・投資教育研究所

・野尻哲史（2017b）「相続に伴う地方からの資産流出をいかに抑制するか」『週刊金融財政事情』68巻22号、一般社団法人金融財政事情研究会

・宮本佐知子（2008）「加速する相続に伴う個人金融資産の地域間移転」『資本市場クォータリー』2008年春号、野村資本市場研究所

・宮本佐知子（2015）「注目集まる相続資産市場と金融機関の取組み」『野村資本市場クォータリー』2015年夏号、野村資本市場研究所

第Ⅳ部

求められる
「地域×銀行」の
ビジネスモデル

第16章 オープン化を続ける銀行業の次世代ビジネスモデルへの対応

「地域銀行業×デジタルプラットフォーマー」の実現に向けて

　本章の最大の論点は、地域で求める付加価値と銀行業で追求する付加価値のバランスが取れるかである。前者は第Ⅲ部で述べてきたように地域で脈々と築いてきた地域密着を活かしながら域内の将来の社会課題に「寄り添う」という付加価値である。後者は、第Ⅱ部で触れたようにデジタライゼーションの進展により銀行業がますますオープン化する中で飛躍的に高まっていく利便性・効率性を追求するという付加価値である。

　両者とも顧客本位の付加価値の追求ではあるものの、人の活用に関しては相反する面があると言えるかもしれない。つまり前者は人の介入が求められ、後者は省力化・自動化が求められる。この観点から地銀の経営層は非常に難しい組織のかじ取りを強いられていると言える。後者を重視すれば、商品・サービスの差別化の困難な価格競争が著しく激しいレッドオーシャンの市場に漂流しかねないし、前者を重視すれば短期的にはビジネス化できずにコストが増えるだけになりかねない。両者を追求するのであれば、テクノロジーのみを導入すること、あるいは表面的に地域密着をすることに終始するような中途半端な取り組みは回避しなければならない。中長期的にはグループ経営の視点を強めながら、銀行業と地域の事業の経営資源の配分を両者の付加価値の多寡に合わせて柔軟に変更していくことで、バランスの取れた付加価値の追求が可能となる。

　地域のビジネスと銀行ビジネスの付加価値のバランスを取るためには、地銀の本源的な付加価値は何かという、原理原則に立ち返る（＝Back to Basic）ことが求められる。方法論だけの議論に終始してしまうと戦略の目的を見失い、延々と袋小路に迷い込むこととなる。様々な方法論を議論する際には「何のために」という戦略の目的をシンプルにして組織全体が納得して行動することが必要ではないか。これによって行員自身が従事している業務を守るという部分最適ではなく、顧客本位の視点からの全体最適の目線に変えていく

ことが必要となるだろう。

　本章では、死守すべき付加価値とともに、地銀のデジタライゼーションが進展した形である「地域銀行業×デジタルプラットフォーマー」という地銀の「次世代ビジネスモデル」を実現するための条件とリスクについて述べる。

1. 安易な地銀不要論を覆すために死守すべき２つの付加価値と達成すべき3つの条件

　図表Ⅳ-16-1に示すように、これまで挙げてきた主な論点を並べると、今後10年の間に既存のビジネスモデルの強化と次世代銀行ビジネスモデルへの変革ができなければ、社会・経済の構造的な変化という荒波によって地銀が海の藻屑となる可能性が高く、「地銀不要論」にたどり着いてしまう。この懸念を払しょくし、「地銀必要論」を導くための変革には、地銀の機能分解と企業文化まで踏み込んで、ビジネスモデルとその体制を見直すことが求められる。その上で組織として求めるべき付加価値を向上させる目的で、テクノロジーを効果的かつ効率的に導入しながら組織を丁寧かつ抜本的に変えていく必要がある。前述したように中途半端な組織とビジネスモデルの見直しに基づく中途半端な付加価値の追求では変革は難しい。将来的に地域のビジネスモデルと銀行業のビジネスモデルを一旦区別して戦略を考え、その上で両方のビジネスモデルをつなぐ戦略を検討していくべきだろう。

(1) 企業文化の変革を伴う２つの付加価値の抜本的な強化

抜本的な効率性の向上という付加価値の追求

　第一に、銀行業がオープン化する中で「これまでにない効率化」という新たな付加価値を生み出すためには、「決済、資金供与と預金業務」を一体として運営してきた銀行の機能を分解して業務を見直す必要がある。例えば、ふくおかフィナンシャルグループ（FFG）がデジタルバンクを設立する際に打ち出した「本来の『銀行』が持つ3大業務（「預金」「為替」「貸付（融資）」）と3大機能（「金融仲介」「決済」「信用創造」）に着目し、シンプルかつデジタルで『銀行』そのものを"Re-Design（再デザイン）"、"Re-Define（再定義）"する」[1]という方針が参考になる。これを踏まえて、テクノロジーの導入だけにとどまるような投資の無駄を避けるために、企業文化・慣習に根づい

---

[1]　ふくおかフィナンシャルグループ「『みんなの銀行設立準備株式会社』の設立について」（2019年8月7日）より抜粋

268

図表IV-16-1　地銀不要論と地銀必要論の論点整理

地銀必要論

構造的変化	・構造的変化には戦略だけではなく企業文化を改善して対応する必要（「企業文化は戦略に勝る」byピーター・ドラッカー）
企業文化	・地域金融の企業文化の存在意義は地域（既存の"地域金融のビジネスモデル"で付加価値は守れるか）
地域密着深化	・地銀をより地域に密着した企業文化に変革（地域の事業リスク、社会課題の"傍観者"の存在ではいけない） ・地域金融エコシステムの変化（地域金融の担い手の多様化による地域金融のあり方の変化）を主導していくべきではないか

【仮説】地銀が生き残れなければ地域は生き残れない

地銀不要論

今後10年	・今後10年は既存の銀行ビジネスモデルの事業環境は厳しい
構造的変化	・社会・経済構造の変化（生産年齢人口・事業者数減少、不稼働資産増加）、規制緩和、テクノロジーの進展で銀行業が構造的に変化
戦略的変革	・人・テクノロジーによる既存のビジネスモデルの戦略的変革（将来のボリューム層"デジタルネイティブ"を睨んだ次世代ビジネスモデルの追求）

【仮説】既存のビジネスモデルを変えていけなければ地域にとって不要となる

（出所）大和総研

た既存業務を見直し、行員に対して丁寧に変革を促す必要がある。

　機能分解することで、必要となるデータの活用についても行内あるいはグループ内で効果的かつ効率的な共有が可能となる。情報が増えれば増えるほど、あるいは情報が整理されればされるほど、その活用の仕方についての情報が多岐にわたって求められる。既存の「銀行」そのものを再デザインしなければ十分活用ができず、ビッグデータ・データサイエンティスト、AI分析手法が宝の持ち腐れになる。中途半端にならないためには、IT導入だけ

にとどまらず業務自体をデジタル化していくというデジタル・トランスフォーメーションの徹底的な追求と、人とテクノロジーの融合に関しての丁寧な取り組みが求められる。

地域密着という付加価値の追求

　第二に、地域密着の付加価値を追求するにしても、信用金庫、信用組合（信金・信組）のレベルまで密着度合いを高めていく必要があるが、第2章で触れたように地銀と信金・信組は仕組みが異なるため乗り越えるハードルは高い。

　地銀が地域密着を深化させるためには、2つの戦略があると考えられる。1つ目は、現状の規模のままで地域密着を深化させるとすれば、他社との連携（インオーガニック）によるプラットフォーム戦略の採用が必要となる。ここでのプラットフォームとは、テクノロジーによって地域密着を可能にする広範かつ網羅的な情報をグリップする仕組みであると言える。

　もう1つは現状の規模を維持しながらも、域内の顧客との密着が不足している領域のつながりを強化する組織あるいは会社を他社と連携して立ち上げる戦略である。コンサルティング会社、地域商社、農業法人等を設立し、専門性の高い人が中心となって、情報をグリップして地域密着をより深めるのが目的だ。

　上記2つの戦略は両方とも必要不可欠である。プラットフォームの構築から始めるか、不足している領域での地域密着から着手するか、取り組む順番の違いと捉えることもできる。どのような戦略を選択するにしても、地域の決済基盤のプラットフォームとしての機能を維持することと、「地域のリスクの傍観者」と揶揄されないように、第Ⅲ部で述べたコミットメントを伴う新たな発想を用いた「寄り添う力」が今まで以上に求められよう。同時に銀行業の本流のビジネスとは異なる企業文化が求められよう。

(2) 次世代のビジネスモデルへの変革のために必要な条件

　上記の付加価値の追求はキャッシュフローを生み出すことで初めて次世代のビジネスモデルとして成立する。既存の本業の効率化を大前提とした上で、①地域の決済基盤の維持、②情報収集・分析機能の大幅な拡充、③総合金融

機関あるいは総合サービス企業としての大幅な販売力の強化、という３つの条件を満たす必要がある。

　ただし、競争環境は厳しさを増しており、地銀によっては必要な条件を満たせないリスクが高まっている。特に、「①地域の決済基盤の維持」では、第Ⅱ部でも説明したように地銀の決済口座を直接介さない決済が増えており、それが地域にも及ぶことで支店ネットワークを通じて栄華を誇ってきた地銀の牙城が崩れつつある。これに加え、「②情報収集・分析機能の大幅な拡充」についてはデジタルプラットフォーマーが長けているため、地銀は地域の付加価値の高い情報を守ると同時に、組織として情報を収集・分析し活用する仕組を早急に構築しないと、付加価値の高い情報までも域外に流出し、情報生産機能という付加価値を死守できないリスクが高い。「③総合金融機関あるいは総合サービス企業としての大幅な販売力の強化」は上記①と②が死守できるかに依存しているため、死守できなければ顧客情報から遠ざかる状況に追い込まれ、組織的な販売力の低下につながる。

　これを踏まえて、次の「2. 既存の仕組みで資金決済基盤を守れるか」で競争環境の激化を概観する。その上で「3. 情報は域外に逃げていかないか」と「4. 販売力を自前の人材とデジタルだけで強化できるか」では、上記の①から③の条件を満たせないリスクについて説明する。「5. グループ経営を強化できるか」では、上記２つのリスクを回避できた場合を見込み、扱う事業が多様化する次世代のビジネスモデルを持続させるためのグループ経営の強化の必要性について触れていく。

2. 既存の仕組みで資金決済基盤を守れるか

(1) リスク１：仮想アリペイモデル（デジタルプラットフォーマーの参入）

決済基盤を脅かす勢力の台頭がさらに増す

　まずは、地域の資金決済基盤を脅かす勢力である携帯電話キャリア、SNS運営会社などの「デジタルプラットフォーマー」についてである。第Ⅱ部で触れたように決済の多様化と規制緩和が進むことで決済分野への参入障壁が

低下し、非金融ビジネスを収益源に持つ「デジタルプラットフォーマー」の多くが、「決済＋」のビジネスモデルにより金融業界へ参入してきている。

デジタルプラットフォーマーが本来有するビジネスモデル

そもそもデジタルプラットフォーマーのビジネスモデルとは何だろうか。総務省のデータ通信白書では「ネット広告、ネット市場、検索エンジン、SNS、アプリ市場、決済システム等の広範なネット上の活動の基盤」「間接ネットワーク効果が存在」「顧客が当該ネットワークを利用するために（ネットワーク効果を内部化するために）仲介機能が必要であり、その仲介機能を担っている」としている[2]。これに加えて経済産業省[3]では、「複数の顧客が存在する」という要素を加えている。

プラットフォーマーの類型

デジタルプラットフォーマーの類型は、まずサービス種別としては「マッチング型」と「非マッチング型」に分類され、さらにBtoC（モール等）とCtoC（オークション型）に分類される。経済学による類型としてDavid S. Evans[4]の分類では以下の4つに区分される。

(a) 「取引仲介型（オンラインオークション、e-コマース、スマホ金融等)」
(b) 「メディア型（SNS、検索サービス)」
(c) 「ソフトウェア型（オンデマンド・サービス、アプリ市場等))」
(d) 「決済手段型（クレジットカード、モバイル決済、電子マネー等)」

例えば、BigTechと呼ばれるGAFAに代表されるデジタルプラットフォー

---

[2] 経済産業省委託調査　調査受託者：NTTデータ経営研究所「平成29年度産業経済研究委託事業　プラットフォーマーを巡る法的論点検討調査報告書」（平成30年3月）P5参照
[3] 経済産業省委託調査 調査受託者NERA ECONOMIC CONSULTING「平成24年度我が国経済構造に関する競争政策的観点からの調査研究（プラットフォーム関連事業に関する理論分析)」
[4] Platform Economics: Essays on Multi-Sided Businesses の著者。経済学者、ビジネスアドバイザー、Market Platform Dynamics社の創設者。「平成24年度我が国経済構造に関する競争政策的観点からの調査研究（プラットフォーム関連事業に関する理論分析)」で採用されている分類を提唱。

マーは、(a) に Amazon、(b) に Google（Alphabet）、Facebook、(c) に Netflix、(d) に Paypal、Apple が分類される。

　(a) から (d) に共通する特性としては、すべてのデジタルプラットフォーマーが、双方向でつながる売り手と買い手、アプリ提供者と利用者などの当事者向けに、マルチホーミング[*5]つまりあらゆる経路でつながる場あるいは手段をオンライン上で提供する機能と、それを個々につなぐ役割を担うことである。加えて、従来の方法では不可能であったこと、例えば売り手と買い手を「つなぐ」ことを人の手を極力介さずにデジタルの世界で瞬時に実現することでビジネスを創出していることである。

　この特性を排他的に持つことで、デジタルプラットフォーマーは顧客との接点である「フロント」という付加価値が最も高いバリューチェーンの要素をオンライン上で牛耳ることが可能となり、販売チャネルの多様化が本格的に進展しつつある。この結果、従来の伝統的な企業が維持してきた製販一体型のサプライチェーンに対する製販の分離を、デジタルプラットフォーマーがこれまで以上に進展させるリスクが高まっている。これは銀行だけではなくすべての企業が共通して直面するリスクと言える。とすれば、銀行がデジタルプラットフォーマーにリプレースされやすい産業かどうかが次に問題となる。

「つながりに着目したビジネスモデル」とその影響

　デジタルプラットフォーマーのビジネスモデルの特性は、あらゆる場所からあらゆる経路を通じてオンライン上でアクセスする消費者の多種多様なニーズと多種多様な財・サービスの供給側とを「つなぐ」という付加価値を活用したビジネスモデル（「つながりに着目したビジネスモデル」＝ Connected 型ビジネスモデル）と捉えることができる。この付加価値により、複数の企業のサービスを束ねるようなサービスの企業間あるいは業界内の連携・横展開が可能となり、従来までは不可能と見られていた新たなサービスが生まれている。組織の内部の特定機能を代替するために外部の機能をつなぐ「API

[*5]　機器や組織内ネットワークを複数の異なる経路（回線）を通じてインターネットに接続すること。

エコノミー」、複数の金融機関の個人口座の情報をつなぐ「アグリゲーションサービス」などのビジネスが台頭している。さらに人・モノ・カネの多種多様かつ膨大な情報をあらゆるニーズにつなぐ（仲介）「マッチングエコノミー」「シェアリングエコノミー」などが当てはまる。まさにスーパーアプリと呼ばれるゆえんである。

つなぐビジネスを拡大させる「顧客データ活用のビジネスモデル」

　「つながりに着目したビジネスモデル」は必然的に契約と課金が伴う。契約形態は、サービスと利用者をつなぐ効率性が劇的に改善することで、購入契約よりもレンタル、サブスクリプション型のサービス利用契約を選択する消費者が多くなる。このため契約・課金は少額化・短期化し、決済は銀行口座を経由した決済よりも、利便性の高いモバイル決済が主流となる。これにより決済の多様化が進む。当然、顧客の取引情報が付随してくる。これが以下に述べる「データに着目したビジネスモデル」ということになる。

　このビジネスモデルの中には、まずデジタル化が難しい（難しかった）リアル情報を簡単にデジタル化する機器（スマートフォンなど）自体を販売することがビジネスとなる。そのデータをコンテンツ化して提供する基盤の運営ビジネス（例えばYouTube）、コンテンツ自体を創出するビジネス（YouTuber）などがある。さらに、リアルな情報をデジタル化することで、メルカリなどのネットオークションを通じて、従来、経済的価値の評価・判定が難しかった財・サービスの交換の場が生まれる。これが「データに着目したビジネスモデル」であり、情報の活用が高まるほど拡大していく。このビジネスモデルでは、少額決済の取引が大半を占めることから、利用される決済は利便性が高く、取引が多いほど収益性が増す。効率的かつ利便性の高い決済の導入が進むことで「つなぐ」と「情報」の２つのビジネスモデルの相乗効果が創出され、デジタルプラットフォームは巨大になったと言える。

デジタルプラットフォーマーと類似の特性を持つ銀行のビジネスモデル

　銀行も同様に業界全体で決済機能を安心・安全な状態で維持することで、「つなぐ（＝金融仲介機能）」と「情報（＝情報生産機能）」との相乗効果により巨大化していったと言える。これに伴い、1980年代から1990年代にか

けてシステムも大型化（メインフレーム（大型汎用機）の導入）した。銀行口座での決済の利用が大幅に増加すれば、当然、顧客の情報が蓄積する。銀行の店舗を中心とした決済ネットワーク、資金移動ネットワークが拡大することで利用者の利便性が向上し、ネットワークが拡大し巨大化していった。まさしく前述したデジタルプラットフォームが巨大になった経緯と同様のことが見て取れる。

　しかし、銀行が巨大化していった好循環が悪循環に変化している。顧客の銀行口座を直接通じた決済の活用が減る、情報が減る、長引く超低金利政策により重厚長大の決済システムを維持できなくなる、店舗ネットワークを縮小する、という悪循環である。このような観点からも伝統的な銀行のプラットフォームビジネスの限界が近づいていると考えられないだろうか。

死守すべき付加価値も奪われつつあるか

　将来的にインフラ機能と販売機能の分離、いわゆる「製販分離」の可能性が高い状況において、次世代の銀行ビジネスモデルの中で維持すべき付加価値とは何だろうか。

　銀行口座を通じた決済機能による取引情報の蓄積と、支店ネットワークを通じた「つなぐ」が死守すべき付加価値だろう。地銀であれば、ここに「地域限定」という付加価値の源泉が加わる。

　しかし、電子マネー、モバイル決済等など決済手段が多様化し、利用者が窓口あるいはATMで銀行口座に振り込む等の手段による銀行決済が減少している。銀行が直接的に決済情報を媒介する機会が減少することから、顧客の詳細な情報が銀行本体には蓄積しなくなる。顧客情報を囲い込む方法として、銀行が後述するようなSNS銀行、コンビニ銀行を共同で設立する事例が見られる。ただし、銀行本体が詳細な情報を活用してビジネスを拡張できればいいが、法的に困難なことが予想される[*6]。「情報」と「つなぐ」の部分がデジタル化されればされるほど、ますます銀行は本来の付加価値の輝きを失うこととなるだろう。これは決済だけではなくリテール金融全体に影響

＊6　金融商品取引法にもとづいて、顧客にあらかじめ情報の共有について知らせた上で、情報の相互提供を行う方式などの適用の可能性。

を与える可能性がある。いわゆる「決済＋」ビジネスモデル、つまりデジタルプラットフォーマーがモバイル決済を軸に様々な金融商品サービスのラインナップを拡張していくビジネスモデルである。さらに、オンライン上ではプライベートコインを活用した法人向けの送金・決済ビジネス、機械学習アルゴリズムというAI（人工知能）による信用リスクの審査モデル（クレジットスコアリング）を活用した運転資金を中心とした短期の法人向け融資(オンラインレンディング）などが、すでにサービスとして銀行あるいは非金融の業者から提供されており、法人向け金融サービスの一部もオンラインが主流になる可能性がある。

　このように決済を中心としてデジタルプラットフォーマーがデジタル化された金融商品サービスを活用して「決済＋」のビジネスを拡大していることは将来的に脅威となりうる。その原型モデルが中国の「アリペイモデル」（**図表IV-16-2**）である。決済機能をグリップする目的は、テクノロジーの進展あるいは検索エンジンのビジネスモデルの成功によって得た膨大な顧客の多種多様な情報を様々な金融サービスに活用することである。アリペイモデルは「スーパーアプリ」とも呼ばれる。1つのアプリですべての金融商品をカバーするという仕組みである。加えて、アリペイはアリババという他業種での本業があることが強みである。

　日本では、海外のデジタルプラットフォーマーに伍するようなビジネスモデルを目指す企業が多く登場し、その取り組みを積極化している。さらに、日本のプラットフォーマーがアリペイモデルを目指す動きがある。通信の分野で幅広い世代で厚い顧客基盤を持つNTTドコモ、ソフトバンク、KDDIの携帯電話キャリアである。

　これらの企業においては、将来的に料金収納において金融商品サービスの手数料を一緒に収納する工夫の余地があると考えられている。例えば、携帯電話の毎月の基本料金の収納の際に、付随サービスとして金融商品・サービス関連の手数料が自動的に収納（決済）されるなどの「セット割」の契約形態である。あるいは前述した「サブスクリプション型」のサービスの提供である。加えて、携帯電話キャリアは電子決済の仕組みをアプリ上に構築し、ポイントも付与する特典を与えている。顧客を契約で押さえる、つまり顧客との「ラストワンマイル」を牛耳るという強みを活かせる携帯電話キャリア

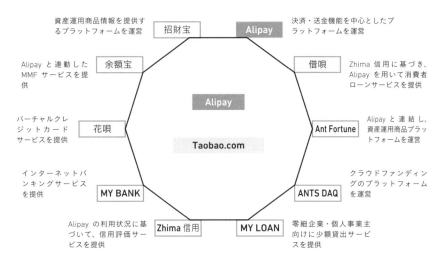

図表IV-16-2　Alipay（アリペイ）のビジネスモデル

資産運用商品情報を提供するプラットフォームを運営　招財宝

決済・送金機能を中心としたプラットフォームを運営　Alipay

Alipay と連動したMMF サービスを提供　余額宝

借唄　Zhima 信用に基づき、Alipay を用いて消費者ローンサービスを提供

Alipay
Taobao.com

バーチャルクレジットカードサービスを提供　花唄

Ant Fortune　Alipay と連結し、資産運用商品プラットフォームを運営

インターネットバンキングサービスを提供　MY BANK

ANTS DAQ　クラウドファンディングのプラットフォームを運営

Alipay の利用状況に基づいて、信用評価サービスを提供　Zhima 信用

MY LOAN　零細企業・個人事業主向けに少額貸出サービスを提供

（出所）Ant Financial 資料より大和総研作成

は将来的に脅威だろう。

　このような動きを受けて、政府としても前述した横断的な金融サービス仲介法制の整備によって「仮想アリペイモデル」を認めるような方向に向かっていると思われる。日本でのスマホを介したデジタルプラットフォーマーの運営するアプリは、実際には各種の制度（銀行代理業者、金融商品仲介業者、保険募集人など）ごとに、仲介業者の担う役割や規制が異なる。このため一見、似たような画面操作でも、実は、その意味合いが異なっている。預金、証券、保険の各種口座に紐づくため、各銀行、証券会社、保険会社がアプリの運営会社から手数料を受け取って、それぞれの機能を提供している。ただし、例えば、**図表IV-16-3**に示すように、送金サービスにしても、投信の販売にしても、商品・サービスを購入するための手続き上では、実際の商品・サービスの提供元である金融機関のブランドを示す画面は非常に少なく、スマホ上のプラットフォーマーのブランドの商品・サービスのように消費者からは認識できてしまう可能性がある。このためすでに「仮想アリペイモデル」が登場していると言える。これによって消費者は、金融機関の商品・サービスが当該金融機関のブランドとは認識せず、アプリの運営者のブランドと認識する可能性が高いため、ホワイトラベル化[7]が進む可能性は大きい。

オンラインにおける送金（決済）や投資商品の提供（イメージ）

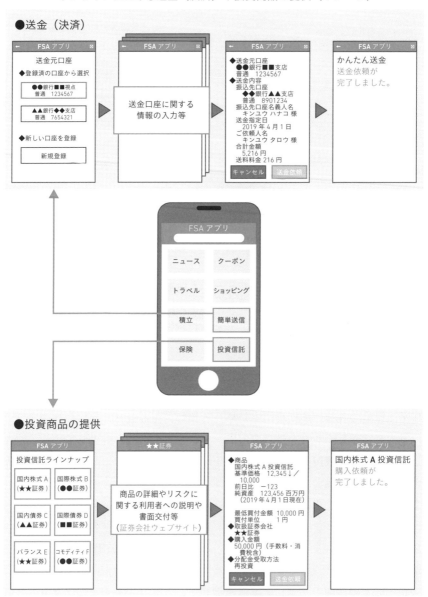

アリペイモデルは限界か。求められるリアルとデジタルの融合

　ただし、デジタルプラットフォーマーである携帯電話キャリア自身の、金融のビジネスモデルの収益性は満足できる水準ではなく、本業のビジネスとの相乗効果が将来的には期待できるものの、現状ではビジネスモデルとしては発展途上であると考えられる。オンライン上の金融業として成り立たせるためには、「送金・決済」「資金供与」「リスク移転」「資産運用」のどの機能の適合性が高いかを検証している段階と想定される。現状では、ロイヤリティが低く短期少額の金融商品・サービスの適合性が高く、長期多額の商品・サービスには相対の販売チャネルが依然必要となると考えられる。

　結局のところ、高齢顧客層への対応が増えていくことも考慮すれば、オンラインチャネルの適性に欠ける金融商品・サービスの約定・アフターフォローまでオンライン上で完結させるのは難しい状況にある。このため相対の販売チャネルとオンライン上の販売チャネルの連携あるいは融合が求められていると言える。この課題への対応として、自前では営業員は雇用せず、代わりにIFA（独立フィナンシャル・アドバイザー）を活用するために会社を設立しているデジタルプラットフォーマーがある。

（2）リスク2：地域の決済基盤を揺るがすスマホ銀行・コンビニ銀行の脅威

メガバンクとデジタルプラットフォーマーによるスマホ銀行・コンビニ銀行

　第Ⅱ部でも触れたが、「決済＋」型のプラットフォーマーのビジネスは、メガバンクと日本のプラットフォーマーの連携によって実現しようとしている。**図表Ⅳ-16-4**に示すような「スマホ銀行」と「コンビニ銀行」である。

　消費増税に伴いキャッシュレス化を進めようと、政府の後押しで地域の中小零細企業への決済端末の導入が進んでいる。コンビニ・スマホ銀行あるい

＊7　商品・サービスの販売会社が巨大になることでブランドが浸透し、ブランド力が強くなる一方、製造・供給会社のブランド力が弱くなることで、販売会社のブランドで販売する状態。例えば、コンビニエンスストアのブランドで販売する商品・サービスなどが該当。金融業界に当てはめると、アプリ運営会社があらゆる金融業態の商品・サービスを扱う"スーパーアプリ"となることでブランド力が強くなる一方、金融商品・サービスの供給者である銀行、保険会社、証券会社等のブランド力が弱くなる状態を意味する。

はコンビニ・スマホ金融の利便性が地域で相対的に高まる可能性がある。さらに、このようなキャッシュレス化の流れは、電子化された地域通貨の導入を容易にするかもしれない。コンビニ・スマホ銀行を通じてキャッシュレス決済が中小・零細企業に普及すれば、地域の様々な主体の決済あるいは商流情報がコンビニ・スマホ銀行に集約され、地銀あるいは地域金融全体に影響を与える可能性がある。このような地域の決済基盤を揺るがす動きに対抗すべく、デジタル上の金融プラットフォームの構築、支店網の機能による再編、コンビニとの連携などによる店舗ネットワークの見直しを検討していく必要があるだろう。

地域金融機関の取り組み

　ただし、**図表IV-16-5**に示すように、地域金融機関が単独もしくは共同でリテール決済ビジネスを取り組んでいる。地域通貨、QRコードを活用したスマホ決済システムなどが主な事例だが、デジタルプラットフォーマーとメガバンクが連携した取り組みやスーパーアプリと比較すると、地域の決済を維持する仕組みとしては心許ない。オープン化する銀行業の中で競合に伍していくことは困難であると判断する方が賢明かもしれない。確かに、地域の決済基盤の少額短期のリテール決済については、規模に勝る大手のデジタルプラットフォーマーが主導権を握り、情報が流出する可能性が高くなる。ただし、前述したように、アナログ情報を中心とした質の高い顧客情報までが流出する可能性は低い。これまで蓄積してきた銀行口座の決済情報は質の高い情報であり、他の金融業態の金融機関からは喉から手が出るほど欲しい情報である。質の高い情報を活用するためのデータの収集、整備、分析の強化に取り組む必要がある。

(3) リスク3：5Gの導入により金融の世界が変わる

　5Gの導入で通信速度が格段に速まることが、金融の世界に与えるインパクトは大きいと考えられる。例えば、前述した2つのプラットフォーマービジネスの拡大に勢いがつくことが想定される。

図表IV-16-4　メガバンクとプラットフォーマーとの連携が広がるか

	主な既存のリテール決済ビジネス	主な新規のリテール決済ビジネス
三井住友フィナンシャルグループ	三井住友VISAカード SMBCデビット	•GMOペイメントゲートウェイと次世代決済プラットフォームを構築し、ワンストップペイメントサービスを提供（2019年4月以降順次開始）
みずほフィナンシャルグループ	みずほ マイレージクラブカード みずほJデビット	•QRコードを活用したスマホ決済サービス「J-Coin Pay」を提供。約60の金融機関が参画する予定（2019年3月開始） •J.Scoreの導入（2018年10月導入） •LINEとともにLINE Bankを設立し、決済サービスやレーティングによるレンディングを目指す（2019年にLINE Bank設立準備株式会社）
三菱UFJフィナンシャル・グループ	MUFGカード 三菱UFJデビット	•スマホ上での決済サービスであるMUFG Walletを提供（2019年10月開始） •ローソンとともにローソン銀行を設立し、クレジットカード業務などを開始（2018年）
りそなホールディングス	りそなカード りそなデビットカード	•りそなキャッシュレス・プラットフォームとして主要な決済ツールに1台で対応可能な端末を提供 •QRコードを活用したスマホ決済サービスである「りそなウォレットアプリ」（プリペイド／口座即時決済／後払い）を提供（2019年2月）
3メガ中心	―	•三井住友フィナンシャルグループ、みずほフィナンシャルグループ、三菱UFJフィナンシャル・グループ等によるQRコード決済の統一化として、Bank Payを導入
ゆうちょ銀行	JP BANK カード Mijica	•QRコードを活用したスマホ決済サービスである「ゆうちょPay」を提供（口座即時決済）（2019年5月）

（出所）各社ウェブサイト等より大和総研作成

図表IV-16-5　地域金融機関によるリテール決済ビジネスの取り組み状況

金融機関	主な新規のリテール決済ビジネス
飛騨信用組合	•アイリッジの電子地域通貨プラットフォームであるMoneyEasyを活用し、スマホ上でQRコード決済を2017年冬から商用化
地域金融機関約60行	•みずほフィナンシャルグループが構築した、QRコードを活用したスマホ決済サービス「J-Coin Pay」に参画（2019年3月開始）
横浜銀行、福岡銀行、熊本銀行、親和銀行、りそな銀行、埼玉りそな銀行、近畿大阪銀行、ゆうちょ銀行、沖縄銀行、北陸銀行、北海道銀行	•GMO ペイメントゲートウェイの銀行Payを活用し、QRコードを活用したスマホ決済サービスを導入（各銀行によって導入時期は異なる）。参加金融機関の相互乗り入れが可能
258の信用金庫	•Origamiが提供するOrigami Payを活用し、QRコードを活用したスマホ決済サービスを導入（各銀行によって導入時期は異なる） •2020年1月メルペイがOrigamiの全株式を取得し、Origamiがメルカリグループに参画。メルカリ・メルペイ、信金中央金庫との業務提携を締結

（出所）各社ウェブサイト等より大和総研作成

さらなる地銀の機能の付加価値流出の脅威

　まずはデジタルプラットフォーマーの「つながりに着目したビジネスモデル」がさらに拡大していく可能性が高い。リアルタイムに近い形で扱える情報量が格段に増え、より高度で複雑な機能をAPIでつなぐことが可能となる。これは、オープン化の流れが加速することを意味する。それに合わせて銀行自体が機能分解する範囲が広がり、自身が持つべき機能の付加価値を見直す必要が出てくる。将来的にもこの見直しに継続的に取り組む必要があるため、新しいテクノロジーを取り込める柔軟な対応を可能とするアジャイル型開発（顧客の要求案件や経営環境の変化に対し、俊敏かつ柔軟に対応することを重視したソフトウェアまたはコンピュータシステムの開発手法）の組織体制を整備することが重要だ。ただし、生産性の向上には、テクノロジーの見極めだけでなく、情報の質の見極めが必要になるため、金融業では高い知見を有するデータサイエンティストの付加価値が高まってくる。販売員の知見を上回るような販売力強化のためのデータを、データサイエンティストが見極め提供することができれば、リアルとデジタルをつなぐ原動力となるだろう。

デジタルプラットフォーマーの「情報に着目したビジネスモデル」の脅威

　次に考えられるのは、デジタルプラットフォーマーの「情報に着目したビジネスモデル」の脅威が増すことである。**図表IV-16-6**に示すように、5Gの導入が進めば、既存の金融機関が相対で実施していた個人認証のデジタル化がより一層進む。加えて、総務省で検討されてきたマイナンバーICチップが将来、スマホに導入[*8]されれば、消費者がスマホ上で様々なサービスを受けられる可能性が高い。さらに同図表に示すように、サービスの供給側でも、企業のビジネスのデジタライゼーションの進展とともにGoogle、Amazonなどプラットフォーマーによる様々なパブリック・クラウド・サービスの活用が進むだろう。さらに、利用者（＝企業）のニーズを業界の基準（FISC（The Center for Financial Industry Information Systems：公益財団法人金融情報システムセンター）などが定めるルール）に則して反映しやすいよ

＊8　総務省「スマートフォンへの利用者証明機能ダウンロード検討サブワーキンググループ」（2015年〜2018年）

図表Ⅳ-16-6　想定される5Gの世界

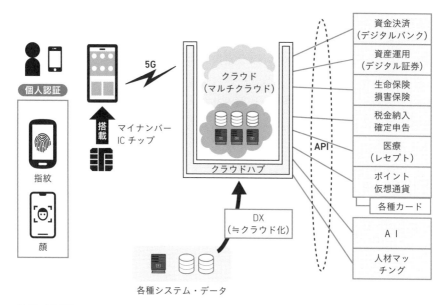

（出所）大和総研

うに、マルチクラウド（クラウドハブ）と呼ばれるクラウドのとりまとめ役
のサービスが普及していけば、クラウドの利用者にとって、APIを通じて様々
な商品・サービスによりつながりやすい環境が生まれてくる。消費者側と供
給側を「つなぐ環境」が5Gによって容量・スピードの両面で大幅に改善す
れば、消費者はこれまで利用が難しかった多数かつ複雑なサービスをストレ
スフリーで利用できるようになる。加えて、顧客データの収集においても、
IoTを通じて個人を特定できる顧客データの直接的かつリアルタイムに近い
形態での取得が可能になれば、デジタル化の手間が省け、これまでより顧客
のデジタル情報の質・量が大幅に向上するだろう。

付加価値の高い情報のデジタル化の流れは本格的に創出されるか

　これによって既存の金融機関は、2つの優位性が低下すると想定される。
過去に蓄積した顧客の一次情報に近い質の高い情報のストックの優位性があ
るとはいえ、今後、これらはデジタル化され、個人情報保護の問題はあるも
のの、プラットフォーマーに一部流出して蓄積されていく可能性が高くなる。

また、相対での個人認証が必要だった複雑なサービスが、オンライン上で増えていく可能性が高い。

　このような状況になれば、銀行ビジネスの収益性が低下している中、銀行側は銀行ビジネスをオンラインの世界にできるだけ押し込めてしまおうというインセンティブが働いてくる。一方、顧客の契約手続きまでの書類作成の負担を軽減することにも役立ち、顧客本位の営業体制の強化にもつながる。最後にテクノロジーの面において、仮想アリペイモデルが充実し、利用者が増えることが想定される。利用者が増えることで、デジタルネイティブ世代だけではなく、すべての世代に広がり、一般化、習慣化されれば、既存の金融機関への脅威は大いに高まるだろう。さらに、前述したスーパーアプリのビジネスモデルも容易になる。

3. 情報は域外に逃げていかないか

(1) 情報は域外（銀行外）に流出して蓄積していく可能性が高い

リスク1：止まらない決済手段の覇権争いとデジタル情報の囲い込み

　さらなるテクノロジーの進展が見込まれる中での次世代銀行モデルの最大の脅威は、第Ⅱ部、前節でも触れた決済手段の多様化と「決済＋」ビジネスの拡張である。これにより情報は銀行の外に、地銀であれば域外に流出し、蓄積していく可能性が高い。政府が進めるキャッシュレス化の流れも加わって、決済手段の多様化はデジタルプラットフォーマーだけではなく、メガバンクも推進している。メガバンクの提供するウォレット、ステーブルコインなどは、メガバンクの銀行口座と紐づいており、口座決済を維持する手段として活用されている。メガバンクにとっても決済基盤の維持、顧客情報の維持は重要な経営課題となっている。

　このように考えると顧客情報を握る鍵は、決済の覇権を握るのは誰かということと、覇権を握った業者との関係に行き着く。しかし現状、小口決済はレッドオーシャンの様相を呈しており、あまり収益性の高い事業領域とは言えない。決済基盤の競争力が資金力の違いにより勝ることを踏まえると、決済の覇権を握る業者はデジタルプラットフォーマーになるというシナリオの

実現可能性が最も高いが、一方ではメガバンクとデジタルプラットフォーマーなどが共同で覇権を握る可能性も否定できない。問題は、デジタル化された顧客情報、つまり検索エンジン×eコマースによる顧客の情報収集よりも、顧客のライフスタイルまで踏み込んだ精度が高く、付加価値の高い情報まで流出するかということだ。

リスク2：銀行内、グループ内での情報が販売力強化に活用しきれない

　銀行にある情報を銀行外あるいはグループ外に流出させない仕組みの構築が求められる。その上で、銀行内において顧客の情報を循環させ、有効に活用し、販売につなげていく。それを実現するためには、銀行内のこれまで蓄積してきた情報を集約して整理（データベース化）し、販売につながるようにデータ分析できる体制を構築あるいは再度整備することが重要だろう。外部から見れば、銀行の情報は喉から手が出るほど有用な情報が多いが、銀行自身は銀行業の枠の中に蓄積した情報を押し込んだまま利用しており、客観的な情報の価値に気が付いていないケースが散見される。確かにビジネスに活用するには銀行法上の制約があるものの、有用性を認識した上で、情報の活用の範囲を拡大しながら本業をベースに新たなビジネスを組み立てていくことが必要だ。行員・組織が情報の有用性をしっかり認識して活用していけば、データベース化ができて情報の外部流出が防げるのではないだろうか。その認識が組織に浸透しないまま、今までの行動様式でデータ整理の取り組みを行員・組織に命じると、データベース化が進まず、データが劣化して、外部流出が避けられない状況に陥りかねない。

(2) 情報の質の見極めと新たなビジネスに結びつく活用ができるか

リスク1：顧客との質の高い接点と情報が維持できず地域密着が希薄になる

　地域の決済基盤を維持できるか否かは、地銀が地域密着によってさらに精度の高い情報を収集する仕組みを構築できるかが鍵となる。ポイントは、地域に寄り添うことができるか、社会的問題まで解決できるような仕組みの構築ができるかである。どのような情報が域外に逃げていくかを冷静かつ客観的に見極めつつ、域内のデジタル化された情報が地域の顧客に特有の質の高

い情報なのか、ビッグデータと呼ばれる多種多様な情報なのかを判断する必要がある。

　地銀によっては、すでに顧客との関係が強く、質の高い情報を保有していることもある。ただし前述したように情報の質の高さを認識した上で、共有しなければ、顧客との接点が減少して関係が希薄になり、質の高い情報が流出しても気づかないだろう。第三者の客観的なチェックが入った時点で、気づいても手遅れというケースもある。

　加えて、顧客との質の高い接点を維持できているかも問題となる。例えば、オーナー社長に代表されるキーパーソンに面会しないで、影響力のない従業員と接点を維持している可能性もある。

リスク2：収益に結びつかない

　このような懸念が残る中で、本業において地域に密着した質の高い接点と、信頼関係に基づく質の高い情報の維持・共有ができなければ、本業以外で地域の問題が多様化する中で、地域に寄り添ってコミットすることは困難である。地域密着が中途半端になっていれば、次世代の銀行のビジネスモデルどころか既存の地銀ビジネスモデルの維持がままならず、さらに地域のビジネスモデルを展開する力は不十分な状態が続いていくと考えられる。先端的なテクノロジーを活用して、情報を収集・分析することに経営資源を投入しても、収益力の向上には結びつかない。

(3) 情報銀行は有効か

リスク1：現状の情報銀行では地銀が活用するのは難しい

　地銀が情報銀行を収益源の1つとして活用することは、現時点では難しい。その理由として、情報を利用する側からすれば、個人から提供される情報自体の価値の評価が難しいこと、情報を提供する側からすれば、情報提供の手続きが煩雑で、十分な対価が得られる可能性が低いことなどが挙げられる。情報銀行の設立・維持のコストが収入を大幅に上回ることは、容易に想像がつく。

リスク2：地銀が地域密着型情報銀行[*9]を活用する可能性が高まるか

　地銀がCRM（Customer Relationship Management・顧客管理システム）を活用して情報を能動的に収集する仕組みではなく、域内の顧客の情報が集まる仕組みの1つとして、例えば「地域密着型情報銀行」を開業することが考えられるのではないだろうか。

　具体的な事業としては、「クローズ型情報銀行」から始めることが望ましい。つまり、本人、もしくは地域企業から個人データを預託され、そのデータを地域内の企業に提供することから出発するものの、将来的には、地域内に限ってみればオープン型情報銀行（＝地域密着型情報銀行）を目指すことが考えられる（**図表Ⅳ-16-7**）。この情報銀行の主目的は、地銀を介して、域内の提供者および利用者が安心・安全に域内の住民の情報を循環させることである。情報銀行については、多くの人々が同時に不自由なく利用できる財＝公共財であることの認識を共有し、全体最適の視点で活用することが重要だろう。情報を「共有の資源」としてしまうと、いわゆる「コモンズの悲劇[*10]」を招くこととなり、部分最適が横行して不正利用が多発する、あるいは域外に流出することで、域内の情報が地方創生のための域内の資源として活用できなくなる（＝枯渇する）ことにつながるリスクが高まる。全体最適の視点で、付加価値の高い情報を安心・安全に域内の隅々まで循環させて地方創生につなげることが重要だろう。

　上記の理念を踏まえると、地銀が「地域密着型情報銀行」を営む利点は、親和性と優位性にある。親和性については、地銀が情報銀行事業を行うことで、データ提供先の地域企業に対して資金・データの両面で支援できるようになる。従前の資金の貸付に加え、各種のデータを提供することで、地方企業が新たな事業を行うためのコンサルティング機能を発揮することにつながると考えられる。

　また、地域連携にも役割を果たすことが可能となる。「地域密着型情報銀行」のデータ提供先としては、商店のほか、バス、医療・介護、観光等の事業者

---

*9　藤野大輝「令和元年は『情報銀行元年』となるか」2019年7月16日大和総研レポート
*10　ここでは域内の多くの人々の利用可能な共有資源である情報が部分最適で不正に乱用されることによって、域内の付加価値の高い情報が域外に流出して、資源の枯渇を招いてしまうことを意味する。

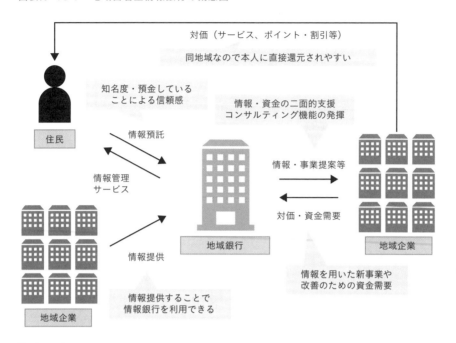

（出所）大和総研

などが考えられる。例えば、地域の乗合バスについて、過剰供給が問題になっている。乗合バス業者に対し、商店等における購買履歴（時間帯など）、住所、または可能であれば地域住民（特に高齢者）の医療に関する通院データ[*11]などを共有することで、より効率的なルート構築や時刻表の改善が見込まれる。同様に、医療・介護の効率化や商店の顧客ニーズの把握、高齢者への宅配サービスの創出など、相互に連携を促すことができるのではないだろうか。

　地銀の優位性については、まず、個人からの信頼性の高さが挙げられる。情報銀行にとって利用者からの信頼は、集まるデータの量に大きく影響すると思われるが、地域内の住民にとっては、地銀の知名度は高く、また、大事

[*11]　なお、認定指針では現状は医療情報等の要配慮個人情報は対象外である点には注意が必要である。

な資産を預けている先でもあることから、信頼性は十分に高いと考えられる。

　また、地銀は地域企業との関係性が深いと考えられ、提供先の地域企業にどのようなデータが必要であり、そのデータをどう利用すべきかについてまで、地域企業とともに考えることが可能である。

　「地域密着型情報銀行」は、住民側にもメリットが大きい。提供したデータは、自分が住む地域の企業に提供されるため、サービスなどの便益を直接得られる機会が多いと想定される。また、提供先が地域企業であることは、個人にとっても一定の安心感があるのではないだろうか。

　このように、地銀による「地域密着型情報銀行」は地域の活性化に寄与するとともに、地銀、地域企業、個人のそれぞれにメリットがある、「三方よし」の仕組みであると考えられる。また、地方自治体にもメリットが大きいと考えられる。

　ただし、このような構想の実現には、中長期にわたる綿密な計画と継続的な計画の見直し、継続的なコミットメント、域内のステークホルダーとの連携などが必要となり、負担も大きい。

リスク3：システム面への対応

　主な課題としては、地銀、地域企業、個人のシステム面への対応が挙げられる。個人については、大都市や首都圏でインターネット利用者の割合が80％を超えているのに対し、地域によっては70％を切る都道府県もある[12]。また、20代、30代、40代のスマートフォンの保有率はいずれも80％を超えているが、60代以上のスマートフォン保有率は50％を切っている。特に高齢者の多い地域は、どのようにして住民に情報銀行を活用してもらうかを考える必要がある。このようなシステム面の問題が解決しても、域内のどのような情報の付加価値が高いか選別することが必要になる。

リスク4：地域密着型情報銀行の地銀のシステム、ノウハウ、人材の面での負担増

　地銀としても、大量のデータを扱うだけのシステム、ノウハウ、人材が必

---

[12]　総務省「平成30年通信利用動向調査」より。

要となってくる。情報銀行を事業として行うには一定以上のセキュリティや
ガバナンスの体制が求められており、認定を得て情報銀行を運営できる準備
をしなければならない。ここについては、地銀単体で情報銀行を行おうとす
るのではなく、情報分野に特化した企業と手を組んで共同で事業を行うこと
も視野に入れておく。地域企業にも何らかのシステムを導入していく必要が
想定されるため、システム会社との協力も検討する必要がある。

リスク5：地域住民、地域企業にメリットを感じさせられるか

　地銀が「地域密着型情報銀行」を開業する上でもう1つ考えなければなら
ないことは、どこまで個人にメリットを感じさせられるかである。いくら地
域連携に資すると主張しても、個人からデータが集まらなければ情報銀行は
事業として成立しない。どの企業に、どのようなデータがあれば、どのよう
な新たなサービスを個人に提供できるか、どれだけ個人に金銭的還元（ポイ
ント・割引等を含む）ができるかを、地域企業とともに考えていくことが期
待される。

4. 販売力を自前の人材とデジタルだけで強化できるか

(1) 銀行員の販売力は高まるか

リスク1：情報生産機能の効率性が高まるか

　情報、分析力の衰えは、販売力の低下に直結する。そもそも銀行は情報生
産機能の効率性を高めるために巨大化していき、それを支える広範な店舗ネ
ットワーク、重厚長大な資金決済システムが形成されていった。さらに、伝
統的ビジネスに適合する人と組織が、システムリスクを極小化してモノとカ
ネを動かすプラットフォームに完璧なまでに仕上がっている。一方、完璧な
プラットフォームであるがゆえに、事業環境の変化への対応力の柔軟性が欠
けている。

リスク2：デジタルは販売力強化に十分活用できるか

　このため銀行の扱う金融商品・サービスが多様化する中、銀行の行員自身

の販売力が戦略的に問題となる。なぜ今になって問題にするかと疑問に感じられると思うが、地銀だけではなく銀行が従来以上に本格的に顧客起点で組織を変えていかなければならないという経営課題に直面しているからである。顧客起点で販売チャネルを多様化しながら、従来の販売方法を大きく変革して組織全体で生産性を高めていくことが求められている。デジタライゼーションは確かに販売チャネルの多様化の重要な要素であるものの、結局は人とデジタルの連携・融合をどうするかが最大の問題となる。デジタルツールを活用して、行員自身の生産性を維持・向上させながら、何を販売するか、販売できるかということを経営判断すべき時期に来ていると言える。それによって、自前主義の戦略（オーガニック戦略）に徹するか、自前主義を捨て、他社を活用する他力活用主義の戦略（インオーガニック戦略）を採用するか、経営判断を下す必要が出てきている。実際、そのような判断を下した地銀が出てきている。

(2) オーガニック戦略かインオーガニック戦略か

リスク1：どの事業領域まで自前の人材だけでオーガニック戦略が取りうるか

　例えば、地銀の経営判断の1つとして、以前から銀行がターゲットとしている中小企業に対して、融資や法人役務につながるような金融商品・サービスの提供のみに注力する判断を下した事例が挙げられる。リテールの預かり資産ビジネスは、他業態の営業員に任せる判断であり、いわゆる人の面でのインオーガニック戦略である。

リスク2：どの事業領域まで自前のシステムだけでオーガニック戦略が取りうるか

　他方、システムのインオーガニック戦略を採用する地銀もある。効率化のためにオンラインのチャネルを強化しようとしているが、自前でシステムへの投資を負担するのは難しいと判断し、他社のシステムを活用することで投資の負担を減らして、顧客の利便性を高めているケースである。システムだけではなく、人についてもIFAを活用している地銀の事例もある。

リスク3：インオーガニック戦略で主導権を握れるか

　中小の地銀は、オーガニック戦略でもインオーガニック戦略でも自行が主導権を握って経営資源をコントロールする経営が難しくなってきていると推測される。この点において、大手の地銀のインオーガニック戦略とは異なると考えられる。ただし大手は大手で主導権は握っているものの、行員の数で中小より勝っているため、なんとか経営資源のコントロールを維持し主導権を握っているのが実情だろう。体力のあるうちにデジタル化に対応しながら、組織の変革に向けた中長期の戦略を実施していると考えられる。

(3) デジタル化が進んでも情報収集分析の拡張にはアナログデータの収集が不可欠

リスク1：デジタル化の中で店舗ネットワークを販売力の強化にどう結びつけるか

　他方、これまでの地域の資金移動および決済基盤を維持してきた銀行のリアルな店舗ネットワーク戦略との整合性が課題となる。決済基盤を維持するよりも、コスト高になっている店舗をどのように統廃合するかは大きな問題だ。ただ単に減少させるのではなく、立地している場所の地域特性を見直して、必要な機能のみを残す店舗の再編が必要となるだろう。

　このような店舗ネットワークの価値を棄損しない再編が実施できれば、デジタルの販売チャネルのみでは収集できない付加価値の高いアナログ情報を収集できるようになる。

リスク2：アナログ情報収集の効率性を改善できるか

　相対で得られる顧客情報は、デジタルチャネルで得られる情報よりも、正確性、網羅性、個別性が高いため、付加価値が高い。いわゆる「アナログ情報」は非常に重要な位置づけとなる。例えば、1つの山を崩して建設した巨大なデータセンターを持つ中国の大手デジタルプラットフォーマーへの取材においては、「デジタルで収集するビッグデータよりも、既存金融機関が保有するアナログデータにこそ価値がある」とのコメントがあった。日本においても、デジタルプラットフォーマーは一律でデータを取ることから、地域

の特性を完全に理解することはできていないと想定される。地銀は、その点に強みを持っているはずであるが、情報収集の効率性と整理・分析には課題があると考えられる。

(4) 付加価値が高い情報は顧客との高い信頼関係から生まれる

リスク1：顧客との信頼関係を維持しながらロイヤリティが維持できるか

　アナログ情報の収集には結局、顧客との信頼関係が必要となる。このため銀行と顧客との情報の非対称性の緩和や、顧客の情報を継続的にフォローできる体制が必要となる。これによって、顧客ロイヤリティの継続的な向上が図られ、顧客との関係性強化、あるいは顧客の囲い込みが可能となる。地域特性が強く質の高い情報（≒アナログ情報）の収集能力は規模には関係がなく、地域を深掘りする銀行の評価が高くなる可能性もある。

　このようなロイヤリティの確保によって金利・手数料競争に陥らない情報における優位性を確立することができるだろう。信頼関係の構築・維持ができれば、テクノロジーの導入によって効率化を図り、企業の事業のライフサイクル、あるいは個人のライフスタイルに合った商品・サービスのタイムリーな提供を追求することが可能となり、結果的に、1人当たりの生産性の向上につながる。この情報の非対称性の解消は、信用コストの低下においても効果がある。

リスク2：顧客本位のために質の高い情報は維持しながら販売力は維持できるか

　一方で、販売チャネル全体として営業経費全体の低下の取り組みを優先しながら、同時に営業スタイルを顧客本位に変化させても販売力が落ちないように、コスト負担に見合う形で相対の販売チャネルを機能させる必要がある。

　それが機能するためには、顧客本位を維持して顧客のロイヤリティを顧客情報の質と量の両方で評価する必要が出てくる。その上で販売のパフォーマンスを評価することが求められる。例えば、顧客のロイヤリティを評価するNPS（ネットプロモータースコア）の導入は、その代表例だ。

リスク3：法人と個人の区分けが企業文化として残る地銀

　法人と個人の業務を区分けする地銀も散見されるが、顧客本位においてはどちらも同じと考えられる。つまり、法人向け融資業務における事業性評価も、リテール業務における顧客本位の業務運営も、ともに顧客のニーズに適合した商品・サービスを販売することである。加えて、顧客のニーズについては、法人であればビジネスモデルの多様化、個人であればライフスタイルの多様化とともに、これまでより多様化の幅が増し、深度が高くなる。テクノロジーの進展により、こうした個々の顧客のニーズまで網羅的に把握することも可能になる。

(5) 販売チャネル別で異なる販売プロセスの構築・強化ができるか

リスク1：販売チャネル別のサプライチェーンが構築できるか

　相対の販売チャネルを顧客本位で深化させながら、販売チャネル全体の営業経費を削減するには、販売チャネル別での経営資源のアロケーションの見直しを検討する必要が出てくる。ターゲットとする顧客ごとに販売チャネル・商品・サプライチェーンを構築し、最終的には、各々を別会社化して製造から販売のサプライチェーンをそれぞれ確立して収益管理をすることが求められる。

リスク2：販売チャネルの多様化で顧客本位の追求がどこまでできるか

　多様化の進む金融商品・サービスについては、顧客本位の視点でカスタマイズする必要が出てきている。現状、投信ビジネスにおいては、共通KPIの活用によって金融機関の顧客本位の度合いが横並びで評価されている。地銀は、長年定着してきた販売方法を180度変えながら、企業文化・慣習自体も変えていき、このような中で、生産性を高めることが求められている。

（6）生産性向上のためには金融商品のシンプル化×顧客本位強化× 販売力の強化が必要

リスク１：金融商品のシンプル化ができるか

図表Ⅳ-16-8に示すように、特に預かり資産のビジネスでは、求められる顧客本位の業務運営とそれに対する金融機関の対応を踏まえて、生産性向上を考えると、「金融商品のシンプル化×顧客本位の強化×販売力の強化」が必要になってくる。これらを同時に行おうとすると、かなりの労力（費用と時間）を要する。

リスク２：人材の育成ができるか

顧客本位のために営業員にとってコンプライアンス上の負担が少ない「商品のシンプル化」を推し進めるか、販売力強化のために収益性の高い複雑な商品を維持し、コンプライアンスの負担にも耐えられる営業員を教育するか、

図表Ⅳ-16-8　生産性の向上＝商品のシンプル化×顧客本位×販売力の強化

『『顧客本位の業務運営に関する原則』の定着に向けた取組み」（2017年3月金融庁）における主な指摘事項

○投資信託の販売額と解約・償還額がほぼ同額である状況が継続	○テーマ型や毎月分配型等、特定の種類の投資信託に偏重	○顧客の主体的な行動の促進やそれを補う仕組みの導入	○長期・積立・分散投資を促すためのインセンティブの導入

今後の金融機関に求められる対応

○販売手数料を得るための"短期乗換売買"は許容されない	○特定の種類の投資信託を、あらゆる属性の顧客へ一律販売する時代ではない	○プッシュアウト型の商品販売ではなく、様々な顧客の主体的ニーズに応えるサービスが求められる	○"相場観"に頼ることのない、「長期・積立・分散」を促す商品・サービスが求められる

金融商品のシンプル化×顧客本位の強化×販売力の強化＝生産性の向上

多種多様なニーズに応えつつも商品はシンプル化する必要	コンプライアンスに割く時間の削減が必要	マーケティング力とアフターフォローの強化	人材育成（コンサルティング機能）

（出所）大和総研

のいずれかの対応が求められる。いずれの戦略を実行するにしても、自行の行員の販売力を推し量り、適切な戦略を採用する必要がある。

5. グループ経営を強化できるか

(1) 高まる地銀のグループ戦略の重要性

　地銀の既存のグループ戦略は 3 つに分類できる。アライアンス戦略、持株会社の設立後の統合戦略、持株会社あるいは銀行を中心とした多角化戦略である（**図表IV-16-9**）。

　グループ戦略成功の鍵は、①リーダーシップを発揮する中核銀行（持株会社）の存在、②中核銀行（持株会社）のグループ戦略に対する中長期的なコミットメントを醸成する企業文化、③事業環境の変化に収益的な耐性のあるグループの多様化した事業ポートフォリオ、④広域事業化をグリップできる強力なガバナンスなどである。

リスク1：アライアンスで競争力を維持できるか

　アライアンスを上記の 4 つの成功の鍵で評価すると、①リーダーシップは曖昧であり、②コミットメントが弱い、③事業ポートフォリオの多様化は期待が持てない、④ガバナンスの強化は難しい、となる。アライアンスはオー

図表IV-16-9　グループの多角化戦略を目指すための体制はどれが優れているか

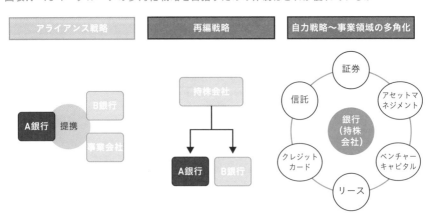

(出所) 大和総研

プン化の一種、すなわち単独行では解決が難しい、テクノロジーを用いた大幅な業務プロセスの改善などを複数行で共有（＝オープン化）して解決していくグループ戦略と定義づけられる。テクノロジーの開発についても、単独ではコストがかかる情報を収集し、開発につなげるなどの効率化を図る目的がある。グループ戦略の初期の段階では評価できるが、コミットメントが必要な段階になると、成果が出せなかったり、参加行が総論賛成・各論反対の関係に陥るリスクがある。

リスク2：持株会社化で競争力を維持できるか

　同様に4つの成功の鍵で評価すると、①中核銀行の存在があればリーダーシップが期待できる、②コミットメントは強くなる、③事業ポートフォリオの多様化は期待が持てる、④ガバナンスの強化も問題ない、となる。逆に、中核銀行がいない場合には、グループ戦略が機能的に実行できない可能性が高くなる。中核銀行と持株会社が綿密に連携している場合には、中核銀行主導でグループ戦略を進めるのか、持株会社主導でグループ戦略を進めるのかによって、広域事業化の進め方の評価に差が出る可能性が高い。持株会社の設立の考え方によっても差が出てくる可能性がある。例えば、シングルプラットフォーム、マルチブランドのような考え方でグループ全体の方向性を戦略的に考える位置づけであれば、持株会社の役割は大きく評価は高くなる。一方、銀行主導になると銀行の考え方の枠から出られなくなり、本格的な事業多角化ができない可能性があり、評価は低くなる。

リスク3：銀行主導で競争力を維持できるか

　自力による多角化戦略は銀行主導の色合いが持株会社方式よりも濃く出る可能性が高い。ただし、持株会社化にするコスト負担を考えると、自力での多角化戦略のほうが効率的な側面があり、成功すれば効果は大きい。上記の4つの評価軸による評価は持株会社化と同様である。結局は、銀行が「儲からない」という認識を持ち、それを踏まえて銀行業の抜本的な効率化を組織的に実行に移して、経営資源の配分を変えるマインドに変革できるかが本質的な経営課題だろう。

(2) 「正しい手順」を踏むことがグループ戦略を成功させる鍵

まずは多角化よりも、本業の変革をグループ戦略において取り込んでいく
かが最大の課題となる。多角化戦略は、本業の変革の手順を定めてから取り
組む必要があり、本業の抜本的な改革を先延ばしにして多角化戦略を実行に
移しても、成功しない可能性が高い。以下では「正しい手順」に触れる。そ
の手順がスキップされている場合にはリスクとなる。

リスク1：グループ経営強化への正しい手順を踏むことができているか

グループ経営の強化の目的は、将来的に銀行業以外の多様化するビジネス
に柔軟に対応するためである。総合金融あるいは総合サービス業として企業
価値を高めるために、経営資源の適切な配分が可能となるように持株会社の
役割を今まで以上に強化することが求められる。そのためには、①コスト削
減、②新規投資への取り組み、③将来のグループの形の認識、④社内・グ
ループ内での情報活用力強化、という4つの手順を踏む必要がある。

リスク2：本部主導で現場から付加価値の低い業務を吸い上げてコスト削減
ができるか

まず、①「コスト削減」では、グループ全体の組織としての効率性を高め
ることを目的とした子会社のコスト削減を効率よく推進していく。この段階
では、各子会社の現場の業務を本部に集約させることが必要となる。その上
で本部が集約した機能の分解をし、現場に必要な機能を定めて、現場の機能
の再編、業務の変革を実施していく必要がある。持株会社は、このような子
会社の変革が進展した上で、各子会社の収益の水準を把握し、グループ全体
の経営資源の配分を考えていく必要があろう。子会社の本部はテクノロジー
の導入を検討するが、経営資源の配分との兼ね合いを考えると持株会社との
連携が必要だろう。

リスク3：現場の業務プロセスを本質的に変える新規投資ができるか

これらの体制が整えられた上で、次の段階（②「新規投資への取り組み」）
として持株会社がテクノロジーの導入などの新規投資を本格的に考えること
が求められる。同時に、持株会社は各子会社のターゲット顧客、グループ内

の役割を検討し、テクノロジーの導入によって各子会社のサプライチェーンがどの程度効率化できるか判断する。これを踏まえて、子会社の付加価値の低い業務（あるいは機能）を持株会社に集約させることが重要だ。この結果、グループ全体の付加価値の低い業務をAPIにつなげたり、業務をグループで共通化させることができるというメリットを享受できる可能性が高まり、グループ全体の経営資源の配分を見直すことができる。

リスク4：将来的には販売チャネルごとに子会社化することができるか

　次の段階（③「将来のグループの形の認識」）では、ターゲットとする顧客別に販売チャネルを分け、それぞれに子会社化することを検討する必要がある。既存の相対の販売チャネルのミドル・バックのシステムと、スマホ銀行等による販売チャネルのシステムが共存することがあるが、将来的には省力化・自動化された後者の子会社のミドル・バックのシステムに統一し、低所得でデジタルネイティブの顧客がボリューム層となることを想定して、抜本的な効率化を図る必要が出てくるだろう。その際には、既存の現場の業務に合わせてテクノロジーによる新しい機能を導入し、現場がテクノロジーを活用した新たな業務に合わせることが必要となる。それによって省力化、自動化が実現できる流れを持株会社が主導権を握ってつくり出し、経営資源を適切に配分することが重要になる（**図表IV-16-10**）。

リスク5：あらゆる顧客情報を収集しグループ内で販売につなげる仕組みがあるか

　最後の④「社内・グループ内での情報活用力強化」では、金融・非金融を問わずグループ内のあらゆる情報を効果的にコントロールするために、マーケティング会社を持株会社の直下に置くことを検討する必要がある。情報のコントロールがグループ各社に分散していると、情報の有効活用が困難になることが想定される。

　事業環境がダイナミックに変化していく中、グループ経営が次世代銀行ビジネスモデルの成功を左右する鍵となるだろう。

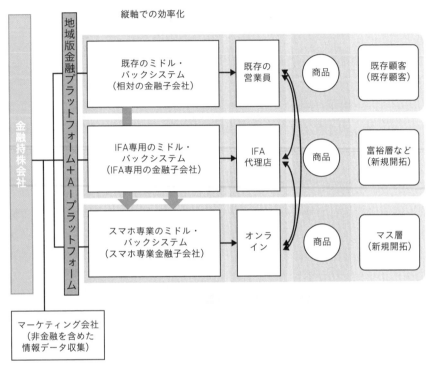

（出所）大和総研

第17章　胎動する地銀の次世代銀行ビジネスモデル

将来的に地域と銀行が両立できるか

　これまで述べてきたように、「決済＋」というデジタルプラットフォーマー、あるいはスーパーアプリというビジネスモデルの勢力が銀行業界でも強まるとともに、銀行業のアンバンドルが進展する可能性が高まっている。このように銀行業が、決済を起点として、「オープン化」していく中で、地銀は銀行として収益を維持しながら生き残っていく戦略を打ち出していく必要がある。

　同時に、地銀は、地域という「クローズした世界」の中で、域内の人・モノ・カネの経営資源を域内で循環させて地方創生を実現するような仕組みを構築し、定着させていくことが求められている。

　本章では、上記の視点を踏まえて、現状の地銀の戦略を分類して、胎動する地銀の次世代銀行ビジネスモデルの状況を整理していく。

1. 地銀の次世代銀行ビジネスモデルの方向性

(1) オープン化する世界への対応によって生み出される付加価値

多種多様なアンバンドルが継続的に発生する世界

　図表IV-17-1は、地域という「クローズした世界」と銀行業という「オープンな世界」の両面を持つ地銀のポジションを概念的に示したものである。

　同図表の右半分の、デジタル化の進展によってオンライン上で「オープン化する（が進む）世界」では、銀行は自前の様々な機能あるいは業務をAPIで外部の専門業者にアウトソースする傾向がますます強くなり、それによって多様なアンバンドルが品を変え形を変えて継続的に発生する。これまで様々な機能と業務を一体で維持していた体制、あるいは銀行業界全体ではメインフレームという重厚長大なシステムを維持して安全安心を維持してきた体制が有してきた付加価値が劣化していくこととなる。

チャレンジャーバンク設立が次世代銀行ビジネスモデルのさきがけか

　上記のオープン化する世界への対応としては、オンライン上において顧客との接点であるフロント部分をグリップするチャレンジャーバンク（デジタルバンク）の設立と、ミドル・バックの機能と業務をBaaPあるいはクラウドにアウトソースするような上下分離が進展する可能性がある。すでにチャレンジャーバンクの設立を宣言した地銀があり、これが次世代銀行ビジネスモデルのさきがけと言える。地銀が、自行の機能と業務を分解して、付加価

図表IV-17-1　地銀の次世代銀行ビジネスモデルの方向性

【次世代ビジネスモデル③】

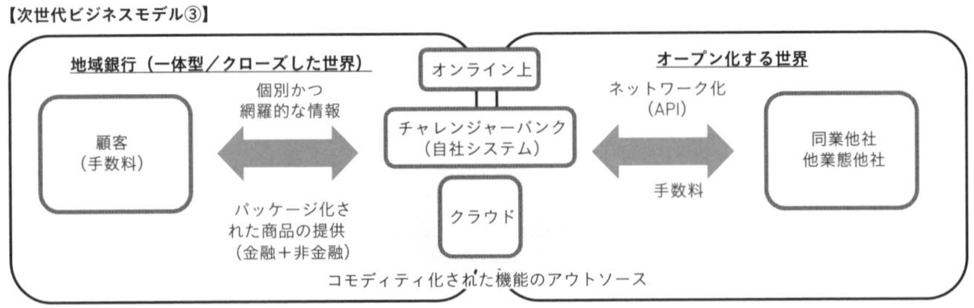

（出所）大和総研

値の低いコモディティ化された機能・業務の判断が可能となれば、将来的には業界全体の主流になる可能性がある。このように考えると、収益性の向上が見込めない銀行業をデジタルに閉じ込める（＝デジタルの世界で完結させる）という戦略に行き着く可能性がある。

(2) クローズした世界への対応によって生み出される付加価値

　一方、本書のテーマである地域×銀行が成り立つためには、**図表Ⅳ-17-1**の左側部分の「クローズした世界」への対応が必要となる。「オープン化する世界」では従前の銀行業の付加価値が低下するため、「クローズした世界」において付加価値を向上させていく必要がある。そのためのキーワードが**図表Ⅳ-17-1**中に示した「個別かつ網羅的な情報」である。この多様な情報が収集・分析されて蓄積すれば、個別の顧客のニーズの把握が可能となるが、地銀で扱う既存の金融商品・サービスだけではこれに対応できなくなる。このため地銀が域内での次世代ビジネスモデルを構築するためには、金融商品サービスに加えて非金融の分野の商品をパッケージ化して提供することが求められる。ワンストップで顧客向けにカスタマイズした商品を提供することが、次世代ビジネスモデルとして必要だ。これに加えて、「個別かつ網羅的な情報」を安心・安全活用することで、域内の社会的課題を解決してビジネスに結びつけることが欠かせない。地銀としての地域密着の工夫によって、地銀の次世代ビジネスモデルが完成する。

2. 胎動する地銀の次世代ビジネスモデル

(1) 地銀の次世代ビジネスモデルを見据えた戦略の分類

　これを踏まえて、地銀の次世代ビジネスモデルを見据えた戦略を整理すると、**図表Ⅳ-17-2**のようになる。中期経営計画等に示されている地銀の戦略は5つに分類できる。

　主な特徴としては、第一にいずれの戦略もインオーガニック戦略であることが挙げられる。グループ内外の企業と連携して自前戦略から脱却を目指していると言える。

　第二に、プラットフォーマー戦略とそれ以外の戦略に分類されることが挙

①FinTech（金融プラットフォーマー）	②コンサルティング	③地域商社	④農業	⑤地域プラットフォーマー
FFG ①iBankマーケティング ②R&D ビジネスファクトリー ③ゼロバンク・デザインファクトリー	七十七 ①77R&C	北海道、ほか ①北海道総合商事	鹿児島、ほか ①農業法人 春一番	**YMFG**（地域エコシステムとしての地域共創モデル） ① **ワイエムコンサルティング** ②YMFG ZONEプランニング ③ **データ・キュービック** ④地域商社やまぐち ⑤ **オープン・イノベーション組織「イイトコドリ」**
	群馬 ①ぐんぎんコンサルティング	第四北越FG ①ブリッジにいがた	宮崎、ほか ①農業法人 夢逢いファーム	
フィンクロス・デジタル：池田泉州、群馬、山陰合同、四国、筑波、福井（BaaP） **TSUBASAアライアンス**：千葉、第四、中国、伊予、東邦、北洋、北越、滋賀（BaaP）	秋田 ①ARC	山陰合同、鳥取、鳥取信用金庫、自治体 ①地域商社とっとり	大垣共立銀行 ①OKB農林研究所	**地域通貨** 飛騨信用組合、山陰合同、伊予、静岡、横浜 **地域密着型情報銀行**

（注）FFGはふくおかフィナンシャルグループ、YMFGは山口フィナンシャルグループ、第四北越FGは第四北越フィナンシャルグループの略。
（出所）各地銀の公表資料より大和総研作成

げられる。前者は図中の①FinTech（金融プラットフォーマー）と⑤地域プラットフォーマーである。後者は②コンサルティング、③地域商社、④農業に注力した戦略である。

（2）地銀の金融プラットフォーマー戦略

ふくおかフィナンシャルグループ（FFG）による金融プラットフォーマー戦略

　オープン化する銀行業の中でプラットフォームの競争に挑み地域の決済基盤そのものを維持することを目的としているのが、図表中の①の「FinTech」を活用した「金融プラットフォーマー」を目指す戦略と考えられる。地域よりもオープン化する銀行業にウエイトを置きながら複数の地域を囲い込む戦略である。グループ戦略としては、中核となる銀行があり、複数の銀行を子銀行として有する持株会社が存在する。中核となる銀行が持株会社のリーダ

ーシップを支えている形態となっている。

(a) 銀行を再デザインした結果としてのデジタルバンク

　FFGは、ゼロバンク・デザインファクトリーで生み出されたデジタルバンクである「みんなの銀行」を設立し、複数の銀行が参画することで金融プラットフォーマーを目指していると想定される。

(b) iBank事業との融合

　デジタルバンクの提供する資金決済基盤を活用する顧客と見られるのが、iBankマーケティング社の約80万人の登録会員（2019年半ばの数値。同社公表資料より）である。すでに、同社は、お金管理機能（Wallet＋）、地域の企業等の情報コンテンツ提供機能（mymo+）、決済カード（Debit＋）などを通じて、地域の顧客が地域の情報を金融商品サービスに結びつけやすい環境を構築している。これによって、グループ内の複数の銀行を含む地銀がデジタルバンクに魅力を感じ、参画することで、金融プラットフォーマーへの存在力を高めていくことが意図されている。

(c) 情報を地元の中小企業に還元（地域版トータルマーケティングプラットフォーム）

　FFGの決済基盤を維持する戦略には、他の手法との組み合わせでさらに強固にしようとの意図も見える。FFGは、iBankマーケティング社の約80万人の登録会員の情報が地元の中小企業の売上につながるように、「地域版トータルマーケティングプラットフォーム」を設立することを公表している。このプラットフォームに地域商社も加えて、デジタルで収集した地域の情報を地元の中小企業にマネタイズできるような形で還元する仕組みの構築を目指している。iBank事業において、オンライン上で顧客のデジタル化された情報を呼び込む仕組みを構築してきたからこそ可能な戦略だ（**図表Ⅳ-17-3**）。

　FFGはデジタルバンク設立とiBank事業の中で地域版トータルマーケティングプラットフォームの設立を掲げていることから、金融プラットフォームの具現化が進んでいると言える。ただし、FFGは福岡中心の都市部が拠点

```
iBank 事業
```

マルチバンク展開

□ **サービスイン（5行）**
福岡銀行／熊本銀行／
親和銀行／沖縄銀行／
広島銀行

□ **参画合意（3行）**
南部銀行（2019年冬予定）／
十六銀行（同）／
山梨中央銀行

全国の地銀
8行が参画

「みんなの銀行設立」
2020年度中の
新銀行の設立を目指す

ポイント事業

□ **様々なポイントサービスとの連携による新たな価値共創**
ブロックチェーン技術を活用したポイントサービスを提供
2019年4月にFFGの会員サービスに導入

「地域版トータルマーケティング
プラットフォーム」

地域総合商社

□ **取引先の商品／サービス等のリソース発掘から販売までを
サポートする地域総合商社事業の立ち上げ検討**

（出所）ふくおかフィナンシャルグループ「第28回会社説明会資料（2019年5月23日）」より大和総研作成

であり、デジタルネイティブと想定される若者が多いという地域市場の特性
があることを踏まえれば、iBank事業の展開は比較的容易だったことを考慮
すべきだろう。

北國銀行の単独行によるECモール事業を活用した金融プラットフォーマー戦略

　北國銀行は、子会社の北國マネジメントがＥＣモール事業を行うこと[13]
で、金融から非金融のアプリを品揃えした金融プラットフォームをオンライ
ン上で形成し、決済基盤を維持する戦略を実行していると考えられる。EC
モール事業を行うことにより、地域の枠を取り払っていることから、金融プ
ラットフォーマー戦略の分類に含まれる。

---

[13]　銀行法第16条の2第9項の規定に基づく認可を取得。

複数行のアライアンスによる金融プラットフォーマー戦略

　この分類には、複数の銀行が「金融プラットフォーマー」を目指す戦略も含まれる。フィンクロス・デジタル社とTSUBASAアライアンスでは複数の地銀がミドル・バックの業務プロセスを共同化、データ・レイクおよびAIプラットフォームを共同で開発することなどで、金融プラットフォーマーとなることを戦略的に進めている。

(3) 地銀の地域プラットフォーマー戦略

　もう１つのプラットフォーマーの戦略が**図表Ⅳ-17-2**の⑤の「地域プラットフォーマー」である。地域限定でプラットフォームになる戦略である。

山口フィナンシャルグループ（山口FG）による地域プラットフォーマー

　山口フィナンシャルグループ（山口FG）は、地域プラットフォーマー戦略を「地域エコシステムとしての地域共創モデル」と定義している。マーケティング情報、特に非金融分野の情報を収集・分析するデータ・キュービック社が同モデルの中核をなすと考えられる。少子高齢化による人口減少が見込まれ、地域経済が縮小し産業も衰退していく中、将来的に地銀が中心となって収集した情報で地域を育成していき、地域共創を目指すビジョンが見て取れる。

　山口FGの2019年に公表した中計においては、CSV（Creating Shared Value：共通価値の創造）経営の実践により、「金融の枠を超え、圧倒的な当事者意識を以って地域を巻き込み、社会課題を解決するリージョナル・バリューアップ・カンパニー（地域価値向上会社）」を目指すとしている（**図表Ⅳ-17-4**）。

　そのために、①地域課題解決に向けた子会社設立、②ユニコーンプログラム（地域にスタートアップ企業の集積を創り、地域イノベーションのプラットフォームの構築を目指したアクセラレーションプログラム）の提供、③「Search Fund（後継者不在企業と若手経営者候補のマッチングと投資）」設定、④域外企業との連携・域外事業への参画など、多様な取り組みで実験を推進している。

　このような戦略の根幹には、自行にとどまらず、地域（顧客企業）も含め

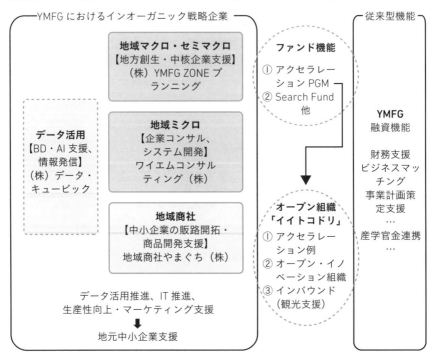

（出所）山口フィナンシャルグループ公表資料より大和総研作成

たデータ活用・IT推進による課題解決、労働生産性向上、マーケティング支援とソリューションの収益化、地域（顧客企業）へのリスクキャピタル供給による収益化があると考えられる。つまり、山口FGが地元のステークホルダーである産・学・公・民と連携して、大手企業・工場誘致やハイテクベンチャーの創出に依存せず、地元中小企業の成長を重視するという「エコノミック・ガーデニング戦略」である。それを踏まえて山口FGが強みを持つ（地域金融機関が強みを発揮すべき）領域から拡大させるエコシステム（プラットフォーム）構築を目指している。

地域通貨の発行

　地域通貨の発行は、地域の資金決済基盤を維持するための方法としては、非常に強力な手法である。法定通貨以外の通貨をその価値を維持したまま流

通させることで、地域の決済を保持する方法である。しかし、その流通には課題が多い。そもそも法定通貨が流通しているにもかかわらず、コストをかけて地域通貨を流通させようとすることから、誰がコスト負担するかという課題が残っている。結局は利用者（加盟店等）の負担が多く、地域通貨の普及の障害となっている。

　確かに、近年では金融機関、事業会社、官民共同の運営体による発行事例が多く、特に地銀や信用組合といった地域密着の金融機関が中心となって発行された地域通貨が増えた。金融機関や事業会社が発行主体となる事例が増えたのは、運営コストをある程度負担してでも、地域通貨の発行が結果として自身の本業に有益であるとの思惑からだろう。民間の本業貢献を前提とした場合、当然、地域通貨の流通量を増やすことが重要となる。近年発行される地域通貨は、消費促進型の地域通貨がほとんどを占める。

　民間の金融機関や事業者が主体となって発行されている近年の地域通貨は、運営コストが利用者（加盟店等）の負担となっているものが多い。地域通貨の発行主体が民間の場合、「利益率」が事業継続上の明確な指標として存在する。単純に地域通貨の運営のみで利益を出せなくても、自身の本業に貢献することで全体として成長することが確認できるのであれば、発行主体は地域通貨の運営を継続するという可能性が高まる。

　近年発行される地域通貨の一部では、キャッシュレス決済、ブロックチェーンなどが活用されている。その付加価値としては「利便性の高さ」「拡張の容易さ」「コスト低減」などが挙げられる。例えば、多くの事例で確認されるモバイル決済では、地域通貨がスマートフォンのアプリケーションを通じて提供され、店舗の決済用端末にかざしたり、店舗のＱＲコードを読み取ったりするだけで決済が完了する仕組みを採用している。店舗用端末が不要な仕組みであれば、利用先が拡大しやすいと考えられる。

　なお、ブロックチェーン技術の活用事例は、流通範囲や期間を限定した実証実験にとどまっており、恒久的な実用化に至った例は見られない。これまでの事例からは、地域通貨の発行主体である金融機関や事業会社、あるいはそれらと提携・協力または受託する形で開発に携わるIT企業（FinTech企業）のいずれかにおいて、コストに見合うブロックチェーン技術の活用を実現するためのノウハウや人材が十分に蓄積されていないように見受けられる。ブ

ロックチェーン技術を用いる場合、製品選定やカスタマイズ等にコストがかかる。一般に、情報システムは標準的な製品を活用すればコストを低減できるとされるため、ブロックチェーン技術に関しては、全世界で標準的に採用されるような製品の開発や運用方法の確立が期待される。

地域密着型情報銀行

　前述したように、地域密着型情報銀行とは、安全、安心な状況で域内の情報をオープンにフローさせることを目指す情報銀行である。情報銀行の中心的な役割を銀行が果たすことで、域内の付加価値の高い情報が域外に流出し、域外のプラットフォーマーが利益を得ることを可能な限り回避しようとする試みである。ただし、域内の住民がその価値に賛同して、情報を提供するに値するサービスを、地銀を含めた様々な域内企業が提供できるかが地域の決済基盤を維持する上での鍵になる。域外のプラットフォーマーの方が、合理的な価格設定で、優れたサービスと商品を提供できるのであれば、消費者は域外のプラットフォーマーを選択するだろう。

　前述のように、地域密着型情報銀行だけではコスト負担が増えるだけで地銀の収益の柱にはならないし、決済基盤を維持することも難しい。このため事前に銀行あるいは金融グループの中に、情報の循環が販売力につながり、収益を生むような仕組みを、構築しておく必要があるだろう。つまり、最初に金融プラットフォームで得た顧客情報を集約させ、分析することで金融プラットフォームの販売力を高めて、決済基盤の活用を増やしていくような情報の循環を創出する必要がある。このような循環を生み出す仕組みを構築した上で、地域密着型情報銀行に将来的に発展させていくことを検討できる。

(4) 地銀のその他の戦略：②コンサルティング ③地域商社 ④農業

　プラットフォーマー戦略以外では、前掲の**図表IV-17-2**にある②コンサルティング、③地域商社、④農業の戦略が挙げられる。地域の中小企業等との顧客の接点を強化して、質の高い情報を集めて伝統的な銀行口座での決済基盤を死守することが目的だろう。これまでの中小企業との「つながり力」をコンサルティングの能力向上によって強化し、地方創生にもつながる農業、地域商社へつなぐことを想定している。この背景には、中小の地銀は、リテ

ール顧客向けの決済基盤については、地域のプラットフォームを構築したとしても、デジタルプラットフォーマー、メガバンクおよび地域のトップ地銀との競争には勝てないと見込んでいることがある。独自の経営資源では競争が難しいため、プラットフォームに力を入れず、地元の企業との提携によって費用対効果が高い地域密着の戦略を採用していると考えられる。

ただし、相対的に規模の大きい銀行が構築する資金決済基盤の枠内に入ることを経営戦略の選択肢に入れつつ、域内の企業と連携しながら、域内の資源を域内で循環させる比較的小規模かつ先行投資が少ない仕組み（＝プラットフォーム）を構築することを実行に移しているとも言える。いわゆる域内の資産を余すことなく活用するシェアリング・ビジネスのプラットフォームの発想である[*14]。このプラットフォームは当初、スモールスタートとなるが、情報の範囲を拡大し、収集することによって大規模化することも可能であり、将来のビジネスの柱となる可能性がある。

域内の人の循環を目指す観点からは、人材派遣業プラットフォーマー（経営者、各種専門人材等。地域によってはインバウンド人材を含む）の取り組みが挙げられる。さらに域内のモノ・サービスの循環[*15]を目指す地域商社、6次産業化ビジネス、環境ビジネス、観光ビジネス、産学連携を含む教育・研究開発、事業承継などのプラットフォーマーが挙げられる。

域内のカネの循環を目指す観点からは、クラウドファンディング運営者などのプラットフォーマーが挙げられる。地銀だけでは域内の隅々まで資金を循環させることが難しいため、クラウドファンディングなど地域金融の担い手を多様化させつつ、地銀が中心となって新たな地域金融のプラットフォームを拡充していく必要がある。一部の地銀が取り組んでいるCVC（コーポレートベンチャーキャピタル[*16]）との共同事業も考えられる。

域内の情報を循環させるという視点からは、情報のプラットフォームの構

---

*14　これが集積することで地域のシェアリングエコノミーが構築され、地域経済のエコシステムの変換を目指すことが可能となる。
*15　地域商社、6次産業化などは、"外貨獲得"の効果も期待できる。
*16　ベンチャー・キャピタルが通常行うベンチャー投資を、事業会社が自社の戦略目的で実施することを指す。オープン・イノベーションの1つの手段として活用する動きもある。事業会社が投資資金の一部をCVCファンドへの出資に割り当て、ベンチャー企業のイノベーションに資金を流す仕組みである。

築が考えられる。域内の人・モノ・カネの経営資源は域内の付加価値の高い情報によって効果的に循環させることが必要になる。経営資源を新しい発想によって動かし、ビジネス化していくことも情報の収集と分析に大きく依存する。前述したように、地域銀行が中心となって地域密着型情報銀行のような情報のプラットフォームを構築して定着させ、地域経済を持続可能なものとすることが求められている。

　ただし、金融プラットフォーマー、地域プラットフォーマーも、コンサルティング、地域商社、農業の戦略を同時に採用している。これはアプローチや戦略上の優先事項の違いだけであって、同じ方向を目指していると考えられる。

第18章　地銀の次世代ビジネスモデルの基本構想

金融とAIのプラットフォームがベース

　第16章と第17章を踏まえて、本章では地銀の次世代のビジネスモデルを形にしていく。今後10年程度を見据えると、複数の地域を対象とすることを含めて、地域密着型のプラットフォーマー戦略を採用することが地銀の次世代ビジネスモデルの主流となっていくと想定される。つまり、地域においてもスマホ上の地域密着型スーパーアプリが主流となることから、まず独自の金融プラットフォーム（非金融のサービスを含む）を構築する必要がある。

　次に、その金融プラットフォームで得た顧客情報をAIで収集・分析するAIプラットフォームを構築する。「金融プラットフォーム×AIプラットフォーム」が次世代のビジネスモデルの基本となる。この2つのプラットフォームを付加価値の高い情報の循環で強力に「つなぐ」ことによって、金融プラットフォームの販売力を高め、地域の決済基盤を維持する仕組みをつくることが基本構想である。

1. 地銀の次世代銀行ビジネスモデル

(1) 金融プラットフォームから展開する仕組み

　今後10年程度を見据えると、地銀においても、スマホ上の金融アプリ、非金融アプリが混在するスーパーアプリの構築が主流となると想定される。このため地銀は、程度の差はあれ独自の地域密着のスーパーアプリ＝金融プラットフォームをオンライン上に構築しておく必要がある。決済基盤を維持していくためには、この金融プラットフォームを中核とする基本構想が必要だろう（**図表IV-18-1**）。

　ただし、地銀の顧客である預金者、地元企業、大手事業会社など域内のステークホルダーが、金融プラットフォームの利活用を活性化させることが前提となる。そのためには、地銀が、多種多様な顧客ニーズに合わせた様々な金融商品・サービス、非金融分野の商品・サービスを提供することが必要だ。それによって域内のステークホルダーの取引が増えれば、銀行は決済基盤を

図表IV-18-1　求められる地銀の次世代ビジネスモデル

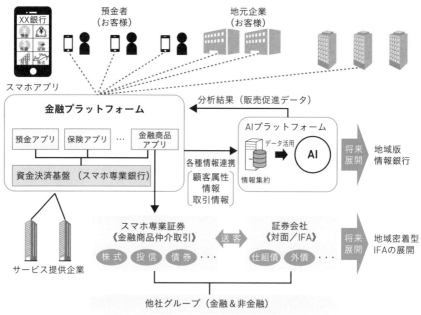

（出所）大和総研

維持できるようになる。

(2) AIプラットフォームの創設と金融プラットフォームとの顧客情報による連携強化

　ただし、金融プラットフォームの活用頻度を高めるためには、顧客属性、取引情報などのいわゆるビッグデータを情報集約（データレイク）して膨大な情報を分析する「AIプラットフォーム」と情報連携させる必要がある。その分析結果を販売促進データとして、金融プラットフォームにフィードバックするという「効果的な情報循環」を創出する必要がある。先述のFFGの事例では、デジタルバンクという決済基盤を有する金融プラットフォームとAIプラットフォームを総合して地域版トータルマーケティングプラットフォームとしていると推察される。この循環を創出し続ければ、将来的には地域密着情報銀行に発展させられる戦略の選択肢が見えてくる。

(3) リアルな販売チャネルとのデータでのつながりを強化

　銀行の金融プラットフォーム上の金融アプリは、例えばグループ内のスマホ専業証券子会社と連携させるとより販売促進効果が期待できる。デジタル上だけではなく、金融商品アプリを通じた顧客の反応をグループ内の証券会社にリアルタイムで紹介（トスアップ）し、連携して約定につなげることも期待できる。また、販促情報の有効性が確認できれば、地域密着のIFA（独立フィナンシャルアドバイザー）の活用によりさらにコストを下げることもできるだろう。

　ポイントは、証券子会社に対面営業によってライフスタイルの情報を収集させることである。これがリアルとデジタルの融合を成功させる鍵となる。最終的には人のつなぐ力が販売力強化にとって最も重要視される要素となる。つまり、リアルの窓口でのライフスタイルなどアナログの顧客情報の収集に価値がある。アナログ情報がデジタル化されることで、デジタル上で収集した情報の質が高まり、販売力向上に効率的・効果的につながる確率が高まるだろう。

（4）具現化に向けて先頭を走るFFGの金融プラットフォーム

これをFFGのプラットフォーム戦略に当てはめれば、**図表Ⅳ-18-2**に示す通りになる。FFGがこれまで実現してきたプラットフォーム戦略を踏まえれば、FFGの戦略における金融プラットフォームとAIプラットフォームの情報共有における「つながり」が強いため、様々な情報が蓄積しやすく、AIを活用したデータ分析の高い効果が期待でき、その有効性の高い分析データを金融プラットフォームにフィードバックできるという好循環が生まれやすくなると考えられる。

（5）何のための金融プラットフォームかと言えば一にも二にも販売力

リアルな店舗や人の対面チャネルにおいて、顧客とのリアルなつながりの中で、どのようにしたら効率よく付加価値の高い情報の収集能力を高められ

図表Ⅳ-18-2　FFGのリアルとデジタルの融合の仕組み（想定）

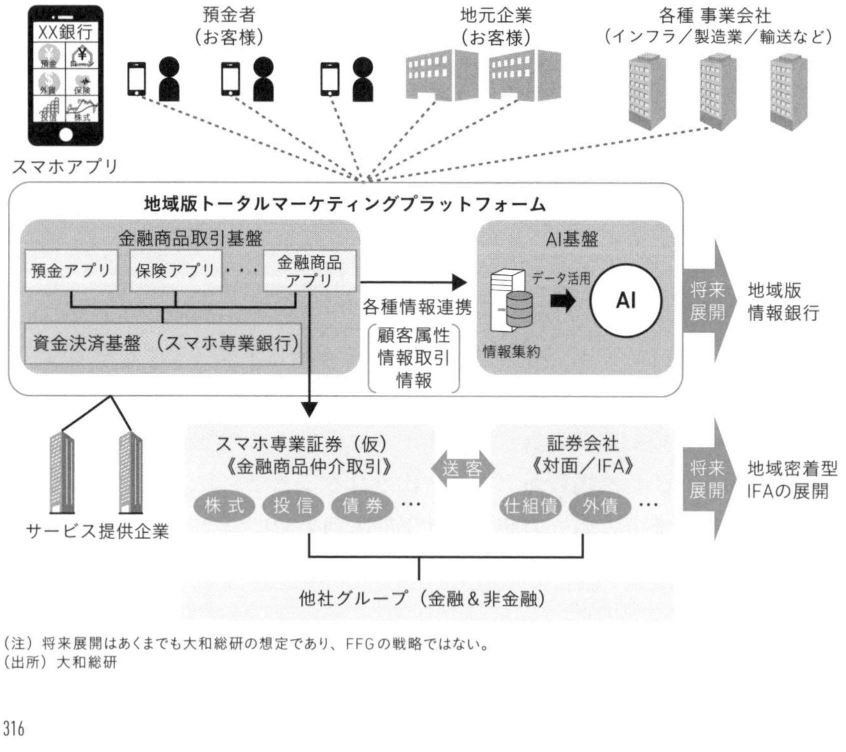

（注）将来展開はあくまでも大和総研の想定であり、FFGの戦略ではない。
（出所）大和総研

るかという課題がある。この課題解決のためには、提供する商品ポートフォリオの多様化と販売員のコンサルティング能力の向上が欠かせない。この場合にも、リアルな販売チャネルで対応する顧客の数を絞り込むために、デジタルの販売チャネルに顧客を誘導する必要がある。ただし、金融プラットフォームに直接顧客を誘導するのではなく、例えば自行ブランドのスマホ上の販売チャネルを準備しておく。それがあるからこそ、金融業態別の販売チャネルの有効性が高まる。例えば、生命保険商品など比較的長期にわたる契約を結ぶことで、顧客のライフスタイル、生涯設計などの情報を得やすくなるため、生保の販売チャネルを対面による付加価値の高い情報取得の軸にするなどの戦略が考えられる。

(6) リテールだけではなく法人への展開が可能

これらの戦略は個人の顧客に対する戦略ではあるが、法人顧客にも応用できる。定型の金融商品・サービスなどはデジタルのプラットフォームに誘導して資金決済基盤を維持すると同時に、顧客データの収集分析のAIプラットフォームを維持しながら、徹底的な効率化を目指す。その上でリアルなチャネルでは、コンサルティングなどの付加価値の高いサービスを提供し、アナログ情報を収集して、データ蓄積を図る戦略である。

デジタルの販売チャネルのウエイトは増やしていくものの、リアルな販売チャネルは質の高さを維持していく。それによって、リアルな販売チャネルから得た質の高い情報をデジタルの販売チャネルに流すことで、AIが分析対象とする情報の質も高くなり、デジタル上の成約率も改善する。このような好循環を創出していく必要があるだろう。

ただし、上記のプラットフォームに対して中途半端に取り組む姿勢では、次世代銀行ビジネスモデルは成り立たない。次世代銀行ビジネスモデルに取り組むのであれば、データの収集、活用において、銀行内のコンセンサスを得た上で、明確な指針の下、組織として実行する覚悟が求められる。

2. 地域の問題に寄り添うための次世代ビジネスモデル

(1) 地銀だけでは地方創生に向けて地域金融を担っていくのは困難

　地銀だけでは地方創生に向けて地域金融を担っていくのは困難である。そのため地域金融のエコシステムを大きく変えていくような大きな視点が必要であろう。具体的には地域金融の担い手を多様化して、様々なファイナンスのニーズにきめ細かく対応していくことである。現状でも地域金融の担い手は多様化しているものの、第15章の「**図表Ⅲ-15-1　地域金融のエコシステムの主な構成要素**」で示した地域金融エコシステムの再構築を促すような本格的な多様化が進展することが重要だろう。

(2) 多様化が進む条件とその目的

　本格的な多様化が進む条件は、①労働生産性の低い産業の付加価値を高めることにより資金ニーズを創出すること、②金融（資金）の仲介業務の大幅な効率化、の2つと考えられる。その目的は地域内に人、モノ、カネを循環させる仕組みを強化し、域外への流出を防ぐことである。この仕組みが機能するには、③域内の資金を域内の運用先につなげること、④域内の消費を囲い込むことが必要だ。これらの条件が揃えば、地域経済・社会の持続可能性は高められるだろう。

　上記4つの条件を踏まえると、地銀、クラウドファンディング、あるいは前述した地域通貨の3つが、地域金融の多様化を推進するメインプレーヤーとして期待される。ただし、通常のファイナンス、ソーシャル・ファイナンスという各々の得意領域での役割を果たすことが重要だ。

(3) 地域全体の産業の付加価値を高める役割を期待

　地銀は、条件①の「労働生産性の低い産業の付加価値を高めることにより資金ニーズを創出すること」を効率よく行うことが求められる。サービス産業、農林水産業等の付加価値が低い産業全体の成長を促すような「域内産業改革」ともいうべき取り組みが該当する。前述のアグリクラスター構想が代表例である。この取り組み自体は、10年以上前から、地域密着型金融ですでに取り組まれていることで、あまり目新しいことではない。しかし、当時

から叫ばれていた「線から面」への活性化という地方共通の課題は依然残っている。

　ただし、地銀に、この課題に取り組む人材が不足していることが障害となっている。地域活性化による貸出金残高の増加が地銀にとっての最終成果であるため、審査モデルに依存する貸出の現場において、事業性評価を担う人材の確保・育成が重要だ。

　地銀は、条件②の「金融（資金）の仲介業務の大幅な効率化」に取り組むことも求められる。地域を深掘り（＝中小企業融資比率の向上）するために、FinTech を活用した大幅な効率化が求められる。例えば、顧客との情報の非対称性を解消できるような情報の囲い込みが必要だ[*17]。クラウド会計[*18]を活用することによって、常時顧客とネット上で接続して、顧客の商流を常時把握する仕組みに取り組む地方銀行もある。これらを踏まえて、地銀が、例えば自ら地域商社を保有し、e-コマースを運営するなど、地域内外の商流を効果的に活性化するような機能の強化を担うことも現実味を帯びてくる。

(4) 地域の事業インフラの役割を担う域内のオープン・プラットフォーム

　現在の地銀の非金融の事業の特性をまとめると、地域活性化、地方創生を目的とした地域密着型金融に基づく地域産業や企業の事業支援の色合いが濃い。現在の銀行自体の支店を中心としたネットワーク（プラットフォーム）に新しい機能を付加しながら再活用することを前提に、新規の事業の特性を拡張していけば、地域の事業のインフラとしての役割を担う地域のプラットフォームを必然的に目指すことになる。このような地域プラットフォームは、テクノロジーの活用によって本業ビジネスを効率化し、新規の事業の成果を取り入れることで事業インフラとして付加価値の高いものとなっていく。加えて、現在行内で進められている SDGs と ESG が地銀に根づくことで、社会課題への解決の意識が高い地域プラットフォームとなることも期待される。

＊17　内野逸勢「10年後に求められる地方銀行の姿に向けて　金融レポート、金融行政方針を踏まえた地方銀行の本質的な課題」2017年3月10日大和総研レポート
＊18　会計のソフトウェアを購入することなく、インターネットへの接続環境とパソコンがあれば、場所を問わず会計処理ができる会計システム。

このようなプラットフォームの担い手であれば、域内のステークホルダーの情報が集まりやすくなり、地域密着型銀行としての役割が担える可能性も高くなる。このプラットフォームを域内でオープン化することで、ビジネスとして成立させることを目指してはどうだろうか。

第19章　銀行の次世代ビジネスモデルは花開くか

1. 銀行の次世代ビジネスモデルは花開くか

　日本では現在、銀行もデジタルプラットフォーマーもともに収益の低迷期にあると考えられる。2020年代の今後10年を見据えた時、これまで述べてきたような次世代の銀行ビジネスモデルは花開くのだろうか。

　次世代銀行ビジネスモデルのベースモデルとして期待されているデジタルプラットフォーマーの成長が今後も続くかというと、最近では疑問視されている。特に、個人情報保護に関連する規制が強化されており、膨大な顧客データに着目したビジネスモデルが曲がり角にきていると想定され、ビジネスモデルの戦略が見直しを迫られている可能性がある。加えてビッグデータという言葉が頻繁に使われるほど稼ぐ仕組みへの期待がバブル化しているように思える。収益性が向上しなければ、銀行のプラットフォームビジネスと同じ道を歩まないとも言い切れない。**図表IV-19-1** に示すように、過去10年程度のデジタルプラットフォーマーの収益性を見ると、米中は依然高い水準にある。だが、日本は、近年のQRコード等の決済システムへの大規模な投資が一部のプラットフォーマーで過大な負担となっている点を考慮しても、相対的に低迷していると言える。

2. 次世代銀行ビジネスの成否を左右する付加価値の相性

　次世代銀行ビジネスモデルの収益性の向上は、「デジタルプラットフォーマーのビジネスモデル上の付加価値」と「銀行業の付加価値」が相乗効果を発揮することで達成できると考えられる。ただし、この両者の相性の良し悪しが問題となる。両者は、前述したように「情報」と「つなぐ」というビジネスモデル上の特性として類似の付加価値を持つ。デジタル中心の世界か、リアル中心の世界かという点において相違はあるが、そもそも銀行業は情報産業であることから、これまでもデジタル化の流れに対応して付加価値を高

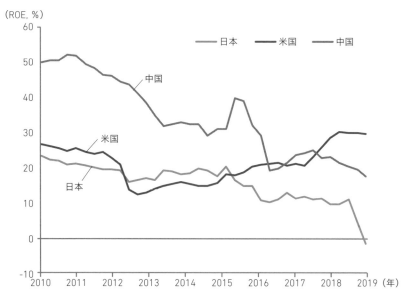

図表Ⅳ-19-1　米英中のデジタルプラットフォーマーの収益性（ROE）

（注）日本（Zホールディングス、LINE、楽天）；米国（アルファベット、アップル、Facebook、アマゾン）；中国（バイドゥ、アリババ、テンセント）。2010年6月30日から2019年9月30日の期間の四半期ベース。
（出所）各社資料から大和総研作成

　めてきた。この意味では相性は良いと言える。

　とはいえ、相性が良すぎることでカニバリゼーション（自社の商品が自社の他の商品を侵食してしまう「共食い」現象）の状況に陥ることはないだろうか。デジタル化が進めば、究極的にはオンライン上で金融商品サービスの手続きのすべてが完結する可能性が考えられる。とすれば、顧客のデジタル化に耐えうる効率性を持つ主体が、最後には主導権を握る。問題は銀行業自体が免許制であるため、銀行免許の範囲の中の業務は銀行に依存せざるをえないことだ。ただし、銀行が銀行免許だけに頼れば顧客との接点が奪われ、先述のBaaPのように、顧客の接点以外のミドル・バック機能を担当する金融業のインフラ会社としての役割の比重が高くなるだろう。第Ⅱ部で述べたように、既存の銀行・金融機関が金融インフラの役割を期待され、小売の機能は既存の金融機関から分離されてプラットフォーマー等に開放されるような「横断的な金融サービス仲介法制」が立法段階にある。このような政策の動向を踏まえれば、銀行だけではなく、金融業全体が上下分離、製販分離の

方向性にある。政府の重視する「顧客本位」「Society5.0」などの政策の中心的な理念を見ても、この方向性は将来的に変わらないと考えられる。

とすれば、金融をデジタルの世界に押し込める一方、地域の非金融のビジネスに本格的に取り組むことが求められる。その際には、情報をキーワードとして、地域の様々なビジネスの事業インフラの役割を担う、地域内のオープン・プラットフォームを構築していく発想が求められる。現在の変革は、長期的にはそのための準備期間として捉える必要があるだろう。

3. 結局は人の「つなぐ力」で次世代銀行ビジネスモデルは花開く

将来的には、テクノロジーの進展により銀行業がオープン化するため、オンライン上では非金融と金融の業際が曖昧になっていく。

今後10年間は、「オープン化する世界」と従来型の「銀行の世界」とのはざまにおいて、オープン化する世界に参入しながらも、従来型の銀行を機能ごとに分解し、販売力という付加価値を高め、収益を上げていくことができるかが試されていると言える。

そのためには、銀行業がオープン化する中でテクノロジーを活用して業務の効率性、情報の収集分析能力を極限まで高め、人の活用が必要になる銀行の顧客本位の体制を強化する必要がある。一方で、顧客のニーズの多様化はさらに進展し、法人であればビジネスモデルの多様化、個人であればライフスタイルの多様化など、これまでよりも多様化の幅が増し、深度が高くなる。これに対しては個々の顧客のニーズを網羅的に把握できるような仕掛け、例えばオンライン上のアプリを活用した金融プラットフォーム、情報銀行などの活用が考えられる。

以上のように、銀行自体が次世代銀行ビジネスモデルに対応するためには、銀行の企業文化・慣習を変えていく必要がある。長年、定着し、企業文化とも言える販売方法を180度変えながら、生産性を高めていくことが求められているのである。

これらを踏まえると、中長期的に次世代銀行モデルを花開かせるためには、テクノロジーを導入するだけではなく、人とテクノロジーの融合を丁寧に行

っていくことが重要だ。丁寧な融合とは、オープン化する世界の中で発達していくAIと、地域社会の中で知恵と経験を積み上げてきた人との補完関係を築いていくことである。地銀がAIあるいは人のどちらかに傾倒してしまうと、次世代ビジネスモデルが見当違いの方向に向かう可能性が高まる。

ただし、AIとの補完関係の中においては、AIと対等のインテリジェンスを維持する必要がある。人のインテリジェンスは、知識と知恵のバランスにより強みを発揮する。特に、知恵とは、人の判断・思慮分別と知識が相互補完関係にある「バランスの取れたインテリジェンス」である。将来的には、AIが膨大な知識を得ることにより、この知識と知恵のバランスが崩れる可能性がある。このため、人も絶えず知恵を強化する努力が求められる。それが結果的にオープン化する世界とクローズした世界との両立を可能にする。

ただし、地銀の知恵は、オープン化する世界の中でも、行員が顧客と商品・サービスをつなぎ、地域の課題とソリューションをつなぐことでしか、強化されないだろう。地銀の次世代ビジネスモデルが花開くかは、人のつなぐ力に大きく依存する。地域が求めているのは、テクノロジーに翻弄された愚者としての地銀ではなく、先人の知恵および知識からあらかじめ言動の是非を知る賢者としての地銀である。

優れた知恵を活かせば、次世代ビジネスモデルが1つではないことは自明の理である。「地域×銀行」がオープン・イノベーションとなり、多様な次世代ビジネスモデルを生み出すことが地域銀行に求められる強さではないだろうか。

［数字・アルファベット］
5G……………………………………………280,282,283
AIプラットフォーム……………………300,307,313,314,315,316,317
APIエコノミー………………………………273
BaaP（Bank as a Platform）…………91,92,103,104,171,172,178,180,302,304,322
ESG金融…………………………………149,150,153,155,157
ESG情報…………………………………151,153,154,156,157,158
ESG地域金融……………………………152,155,158
ESG融資…………………………………148,149,150,151,152,153,155,159
FinTech（フィンテック）世代…………90,91
G-SIBs………………………………………175,176
iDeCo………………………………………13,141,142,143,234
IFA（独立フィナンシャルアドバイザー）…………279,291,300,314,315,316
OHR（Over Head Ratio）…………29,39,50,51,52,53,54,55,58,63
RegTech………………………………………171
RPA（Robotic Process Automation）………83,89,97,98
PDS（パーソナルデータストア）……………167
SDGs実施指針……………………………149
TCFD（気候関連財務情報開示
　　タスクフォース）………………………149,150
UI（ユーザーインターフェイス）……………93,144

［あ行］
アジャイル（アジャイル型開発）………………84,282
預かり資産比率……………………………17,18
預かり資産利益率…………………………19,20,21,59
アナログデータ（アナログ情報）……………280,292,293,315,317
新たな仲介業（ワンストップの仲介サービス）…117,118,119,121
アリペイモデル……………………………181,271,276,277,278,279,284
イールド・カーブ…………………………5
遺産整理業務………………………………201,205
遺産動機……………………………………135,136
インオーガニック戦略……………………23,24,66,291,292,303,308
インフラ・イノベーション…………………87,89,94
役務取引等収益……………………………10,12,13,47
役務取引等利益……………………………8,11,12,20,48,50,57,58,59

エコノミック・ガーデニング ························184,308

横断的な金融サービス仲介法制
　（金融サービス仲介法制）···············iii,81,82,89,105,110,111,112,117,121,277,322

オーガニック戦略·····························23,24,66,291,292

オーバーバンキング ·························27,40

オープン・イノベーション ···············i,100,187,304,308,311,324

オープンAPI ···································88,93,177,178,179

オープン型情報銀行 ·························168,169,170,287

オープン・プラットフォーム···············165,217,319,323

［か行］

貸出業務利益率 ·······························8,11

貨幣流通速度·····································72,73,74,75

規制サンドボックス··························177,178,180

基礎的ビジネスモデル·····················iii,94,95

キャッシュレス化 ·····························122,161,176,279,280,284

共通KPI ··19,23,124,294

業務粗利益 ·······································29,30,48,51,54,55,56,57

銀証連携 ···21,23,24

金融イノベーション ·························84,85,86,87,90,91,92,93,94,96,97,103,164,165,166,
　　　　　　　　　　　　　　　　　　167

金融ジェロントロジー（金融老年学、
　フィナンシャル・ジェロントロジー）···············137,197,198

金融仲介機能ベンチマーク ···············154

金融版CASE ···································92,93,94

金融プラットフォーマー ···················304,305,306,307,312

金融プラットフォーム·····················280,300,305,306,310,313,314,315,316,317,323

金融リテラシー·································144,199

クラウドファンディング···············88,93,159,190,212,213,259,261,277,311,318

クローズ型情報銀行 ·························168,169,287

計数目標 ···42,43,44,46,47,50,51,53,54,57,58,61,62,63,64,65

軽度認知障害（MCI）·······················136,196

コア業務純益·····································8,49,50

合計特殊出生率
　（TFR; Total Fertility Rate）···············206,207,208

後見制度支援信託 ·····························199,200,205

コーポレートガバナンス・コード ···············151,152

顧客本位の業務運営···············12,13,19,23,25,57,120,123,124,150,294,295

顧客向けサービス業務利益率 ···············2,8,10,11,25,39,40

コンビニ・スマホ（SNS）銀行 ……………………122,162,275,279,280

[さ行]
サブスクリプション …………………………………146,212,217,274,276
シェアリングエコノミー……………………………185,186,190,209,211,212,274,311
資金移動業（者）……………………………………110,111,112,113,115,116,117,120,121,162,163,178
資金移動ネットワーク ………………………………30,275
資金利益 ………………………………………………5,21
収納代行（・代金引換）……………………………111,114,115
上下分離 ………………………………………………81,82,83,84,103,104,171,172,178,302,322
証券子会社 ……………………………………………18,21,22,23,24,58,315
証券ビジネス …………………………………………13,22,23,51,66
進化型UI（自然言語／
　動画プラットフォーム）…………………………88,93
人生100年時代 ………………………………………13,134,195
スーパーアプリ ………………………………………99,274,276,279,280,284,301,313,314
生産年齢人口 …………………………………………6,7,11,34,159,261,269
製販分離 ………………………………………………104,275,322
潜在成長率 ……………………………………………5
送金等上限規制 ………………………………………112
ソーシャル・イノベーション ………………………87,88,89
ソーシャル・ファイナンス…………………………159,258,259,260,261,318
「損失限定型」の投資信託 …………………………202

[た行]
団塊ジュニア世代………………………………………60,90,123,124,125,126,127,128,138,139,140,141,
　　　　　　　　　　　　　　　　　　　　　　　142,193,194
団塊世代 ………………………………………………60,220,242,243
地域金融エコシステム………………………………41,76,158,159,258,261,262,269,318
地域プラットフォーマー ……………………………304,307,308,312
地域密着型情報銀行 …………………………………287,288,289,290,304,310,312
つみたてNISA ………………………………………62,141,142,143,144,234
データサイエンティスト ……………………………22,80,97,99,218,269,282
データポータビリティ………………………………169
デジタル・トランスフォーメーション ……………270
デジタルバンク（チャレンジャーバンク）…………iv,24,87,88,90,91,92,99,103,171,172,177,178,180,
　　　　　　　　　　　　　　　　　　　　　　　268,283,302,305,315
デジタルプラットフォーマー ………………………iii,83,88,89,90,95,96,99,100,121,165,181,217,266,
　　　　　　　　　　　　　　　　　　　　　　　267,271,272,273,274,276,277,279,280,282,284,285,

	292,301,311,321,322
電子マネー………………	00,09,93,161,162,163,164,272,275
店舗内店舗………………………………………………	32
投信ビジネス……………………………………………	12,13,14,15,23,294
トンチン年金……………………………………………	12,205

［な行］

| ノンテック世代………………………………………… | 90,91,92 |

［は行］

バックキャスティング …………………………………	44,185,187,255
半オープン型情報銀行 …………………………………	168
ビッグデータ……………………………………………	85,86,262,269,286,292,315,321
フォーキャスティング…………………………………	25,44,184,185,187
プラットフォーマー……………………………………	iii,33,83,86,88,89,90,95,96,97,99,100,101,102,104,
	105,107, 110,111,117,121,164,165,171,178,180,
	181,217,266,267,271,272,273,274,276,277,278,279,
	280,281,282,283,284,285,292,301,303,304,305,306,
	307,308,310,311,312,313,321,322
フリーランス ……………………………………………	210,211,212
フルバンキング店舗 ……………………………………	30,32
プロセス・イノベーション……………………………	87,89,92
プロダクト・イノベーション …………………………	87,88,89,92
ブロックチェーン………………………………………	85,86,88,93,109,306,309,310
ポストペイサービス……………………………………	111,116,117

［ま行］

前払式支払手段（プリペイドカード）…………………	111,112,114,116,117,162
ミドル・バック業務……………………………………	98
ミドルリスク……………………………………………	7,8
ミレニアル世代…………………………………………	123,124,126,138,139,140,141,142
民事信託…………………………………………………	200,205
モバイル決済……………………………………………	88,89,93,99,121,160,161,162,164,272,274,275,276,
	309

［や行］

遺言信託…………………………………………………	201,205
遺言代用信託……………………………………………	201,202,205
預貸ギャップ……………………………………………	11,13,31

預貸金利鞘 ……………………………………4,11,38
預貸ビジネス ……………………………………8,10,47

［ら行］
ライフサイクルモデル ………………………………135
ラストワンマイル …………………………………262,276
ラップ口座……………………………………202,203,205
リスクアペタイト・フレームワーク………………9
利用者トラブル ……………………………………111,116
ロボアドバイザー（ロボアド）…………………88,93,144,145,146

内野 逸勢(うちの はやなり)

大和総研 金融調査部 主席研究員（編著　第1章、第2章、第3章、第4章、第5章、第6章（一部）、第7章、第8章（一部）、第9章（一部）、第10章、第11章、第15章、第16章、第17章、第18章、第19章担当）

1990年慶應義塾大学法学部卒業、大和総研入社。企業調査部（金融サービス担当）、経営コンサルティング部（金融機関担当）、大蔵省財政金融研究所出向（1998年～2000年）、金融調査部にて主にFinTech、金融機関経営、地域金融、グローバルガバナンスを担当。2017年より現職。日本証券経済研究所「証券業界とフィンテックに関する研究会」委員（2017年～2018年）、国際監査・保証基準審議会（IAASB）に対する諮問・助言委員（2005年～2014年）。著書に『FinTechと金融の未来』（主著、共著、日経BP）、『JAL再生』（共著、日本経済新聞社）。金融関連の執筆多数。

横山 淳(よこやまじゅん)

大和総研 金融調査部 主任研究員（第6章（一部）担当）

1990年、東京大学法学部卒業。1995年大和総研入社。経済調査部、制度調査室、制度調査部等にて主に金融商品取引法、会社法、取引所規則、金融制度などを担当。2012年より現職。主な著書に『株券電子化のしくみと対応策』（日本実業出版社）、『金融・証券ビジネスパーソンのための金融商品取引法ガイダンス』（共著、中央経済社）、『資本市場の変貌と証券ビジネス』（共著、日本証券経済研究所）、『FinTechと金融の未来』（共著、日経BP）、『フェア・ディスクロージャー・ルールブック』（共著、金融財政事情研究会）など。

太田 珠美(おおた たまみ)

大和総研 金融調査部 主任研究員（第8章担当）

2003年慶應義塾大学法学部卒業、大和証券入社。支店営業や経営企画部を経て2010年に大和総研に転籍。日本株式ストラテジストやコーポレートファイナンスに関するリサーチを担当し、2019年よりSDGs/ESG投資に関するリサーチを担当。東京工業大学大学院非常勤講師（2017～2019年度下期「金融・経済活動と企業戦略」担当）。著書に『理系人材のための金融経済リテラシー』（共著、金融財政事情研究会）、『証券市場のグランドデザイン－日本の株式市場はどこに向かうのか－』（共著、中央経済社）。

鈴木 文彦(すずき ふみひこ)

大和エナジー・インフラ株式会社 投資事業第三部 副部長（第14章担当）

1993年立命館大学産業社会学部卒業、七十七銀行入行。財務省（東北財務局上席専門調査員）出向等を経て、2008年大和総研入社。経営コンサルティング部等を経て2017年より金融調査部。2018年から現所属に出向中。財務省関東財務局「平成30年度 金融仲介の質の向上に向けたシンポジウム」基調講演など講演、執筆および公職多数。2012年から西東京市行財政推進委員会委員。日経グローカルに「自治体財政 改善のヒント」、財務省広報誌ファイナンスに「路線価でひもとく街の歴史」を連載中。中小企業診断士、1級FP技能士。

長内 智（おさない さとし）
大和総研 金融調査部 主任研究員（第1章（一部）、第12章（一部）担当）

2006年早稲田大学大学院経済学研究科博士課程単位取得退学、大和総研入社（金融資本市場担当）。2008～2010年大和証券に出向（海外市場担当）、2010年大和総研に帰任（新興国、日本経済担当）。2012～2014年内閣府参事官補佐として経済財政白書、月例経済報告などを担当。2014年大和総研に帰任（日本経済担当）、2018年より現職（金融資本市場担当）。著書に『この1冊でわかる　世界経済の新常識2019』（共著、日経BP）、『日経プレミアシリーズ：トランプ政権で日本経済はこうなる』（共著、日本経済新聞出版社）、『リーダーになったら知っておきたい　経済の読み方』（共著、KADOKAWA）。

矢作 大祐（やさく だいすけ）
大和総研 金融調査部 研究員（第9章、第10章、第17章（一部）、第18章（一部）担当）

2012年慶應義塾大学大学院法学研究科政治学専攻修士課程修了、大和総研入社。金融調査部（金融・資本市場調査を担当）、財務省国際局国際機構課出向（2013年～2015年）、中国社会科学院金融研究所に訪問研究員として派遣（2016年～2017年）、ニューヨークリサーチセンターにて、米国経済・金融を担当。2019年より現職。著書に『FinTechと金融の未来』（共著、日経BP）、『エンジニアが学ぶ金融システムの「知識」と「技術」』（共著、翔泳社）、『明解　日本の財政入門』（共著、一般社団法人金融財政事情研究会）。経済・金融関連の執筆多数。

鈴木 雄大郎（すずき ゆうたろう）
大和総研 経済調査部 エコノミスト（第12章（一部）担当）

2017年慶應義塾大学商学部卒業、大和総研入社。経済調査部にて、日本経済、地方経済・地方創生を担当。2018年より現職。著書に『この一冊でわかる 世界経済の新常識2020』（共著、日経BP）。

藤野 大輝（ふじの だいき）
大和総研 金融調査部 研究員（第9章（一部）担当）

2017年東京大学経済学部卒業、大和総研入社。金融調査部制度調査課にて、主に情報法制（個人情報保護法など）、会計制度、企業開示制度等を担当。2018年より現職。現在、個人情報保護法の改正や情報銀行の事業化状況などについて調査に従事。

坂口 純也（さかぐちじゅんや）
大和総研 金融調査部 研究員（第3章（一部）担当）

2018年北海道大学文学部卒業、大和総研入社。金融調査にて、金融資本市場や地域金融機関を担当。2019年から現職。

地銀の次世代ビジネスモデル
押し寄せる業界再編の波を乗り越える

2020年5月13日　第1版第1刷発行

編　著　　大和総研
発行者　　村上広樹
発　行　　日経BP
発　売　　日経BPマーケティング
　　　　　〒105-8308 東京都港区虎ノ門4-3-12
　　　　　https://www.nikkeibp.co.jp/books/

装　幀　　小口翔平＋喜來詩織（tobufune）
制　作　　朝日メディアインターナショナル
印刷・製本　　大日本印刷

Printed in Japan
ISBN978-4-8222-8989-8

本書籍に関するお問い合わせ、ご連絡は下記にて承ります。
http://nkbp.jp/booksQA